생태 생명의 위기와 대안적 성찰

과학을 넘어 종교와 철학에서 길을 찾다

생태 생명의 위기와 대안적 성찰

과학을 넘어 종교와 철학에서 길을 찾다

서강대학교 생명문화연구소 편

KSI 한국학술정보(주)

◈◈ 발간사 ◈◈

　서강대학교 생명문화연구소는 1991년 '세상의 생명을 위하여(Pro mundi vita)'라는 기치를 내걸고 창립된 지 올해로 20년이 되었다. 그동안 우리 연구소는 생명존중의 문화를 발전시켜 우리 사회에 정착 및 확장, 보급시키고자 많은 활동을 해왔다. 이를 위해 본 연구소에서 추진한 사업들로는 정기적인 세미나를 비롯하여 국제학술 세미나, 명사초청 특강, 연구 프로젝트 및 교재 개발 그리고 『생명연구』 발간 등등이 있었다.

　그러나 정기적인 학술지 발행 사업 외에 생명문화를 더욱더 널리 그리고 가능한 많은 사람에게 보급하기 위해 그동안 정기간행물 『생명연구』에 실렸던 글들을 주제별로 모아 단행본으로 발간할 필요성이 제기되어 현재 이 사업도 병행하고 있다. 그래서 이미 2011년 12월에 자살과 관련된 윤리적, 정신의학적 그리고 시회학적 문제를 다룬 기존 논문들을 모아 『현대사회와 자살: 왜 한국 사람들은 스스로 생명을 버리는가』라는 단행본을 출간한 바 있고, 또 2012년 4월에는 생명과학이 발달하면서 제기되는 의학적이고 윤리적인 문제들을 다룬 논문들을 모아『생명과학과 생명윤리: 생명과 과학의 공존을 바라보다』라는 제목의 단행본을 출간한 바 있다. 그리고 드디어 이번에는 『생태 생명의 위기와 대안적 성찰: 과학을 넘어 종교와 철학에서 길을 찾다』라는 세 번째 총서를 내놓게 되었다.

기존의 총서들이 다루는 주제들이 인간생명을 둘러싼 윤리적이고 사회적이고 과학적인 문제들이었다면 이번 총서는 동물 생명, 식물 생명은 물론 생명과 무생물적 환경이 상호작용하는 생태로서의 생명까지 포괄하는 모든 생명들을 둘러싸고 벌어지는 문제라고 할 수 있겠다. 생명문화란 인간, 사회, 환경이 상호작용하여 창조질서에 상응하는 생명성의 고양을 도모하는 인간의 이성적 활동, 즉 제도, 규범, 가치 실천의 총체를 잠정적으로 의미한다면 우리는 이제 인간 생명을 넘어 이러한 개별 생명을 가능하게 하고 존속시켜 주는 사회나 자연 생태계와 같은 전체로서의 체계에 대해 관심을 갖지 않으면 안 된다.

특히 오늘날은 자살이나 테러, 국가 간 분쟁, 여성차별, 인권말살 등으로 인한 인간생명의 경시풍조뿐만 아니라 자연환경 및 생태 생명의 파괴로 기후변화, 에너지고갈, 식량 및 물 부족 등의 다중적 위기를 겪고 있는 상황에서 생태 생명에 대한 과학적인 고민은 물론 종교적이고 철학적인 고민을 자극하는 이러한 단행본의 발간은 더욱더 의미 있고 가치 있다고 할 수 있을 것이다. 끝으로 이 책의 발간을 위해 심사숙고해 논문을 선별하고 편집하느라 애써 주신 본 연구소 상임연구원 김완구 박사에게 감사의 말씀을 전한다. 그리고 본 연구소의 생명문화 발전, 보급을 위한 단행본 발간 사업에 기꺼이 동참하여 변함없이 늘 애써 주시는 한국학술정보(주)에도 감사드린다. 여러분들의 노고가 생명 문화 발전을 위한 씨앗이 되고 나무가 되어 그것이 인류의 행복이라는 열매로 귀결되리라 확신해 마지않는다.

2012년 7월
서강대학교 생명문화연구소장 김용해

생태 생명의 위기:

과학을 넘어 종교와 철학에서 길을 찾다

대표 저자 서문

지난해 유엔사무총장으로 연임된 반기문 사무총장이 한국을 방문했다. 방문 기간 중 그가 한국방송기자클럽 주최 생방송 토론회에 초청되어 제일성으로 내던진 말은 "현재 인류 전체는 기후변화, 식량위기, 물 부족, 질병 등 다중적 위기에 처해 있다"는 것이었다. 인류가 처한 다중적 위기라는 것이 여러 가지 있겠지만 이와 같이 무엇보다도 먼저 언급되는 것은 대부분 환경이나 생명 관련 문제이다.

사실 정치, 경제, 외교, 안보 그리고 테러, 빈곤, 차별 등등 모든 분야의 모든 문제들이 인간의 행복을 위해 중요하지 않은 것이 없고 우리 모두가 잘 관리하고 다스려야 할 부문들이지만, 특히 환경은 이러한 모든 것들을 수행하는 우리 생명유지의 필수 조건이기에 그 무엇보다도 중요하다. 다시 말해 환경은 삶을 통해 행복이라는 궁극목적이나 그 밖에 그 무엇인가를 이루려는 '생존주체'로서의 우리가 존재하기 위한 전제 조건이다. 뿐만 아니라 환경이라는 개념 자체도 이러한 생존주체와 관련해서만 그 의미를 부여받게 되어 있다. 물리적 존재나 현상으로서의 산과 들 그리고 도시나 문화적 기구들은 어떤 주체의 주관적인 관점이나 욕망과 상관없이 객관적으로 존재한다. 하지만 이것이 '환경'이 되거나 '환경'으로 불리기 위해서는, 다시 말해 환경이라는 범주에 포함되기 위해서는 인간이라는 '욕망주체' 혹은 동물이라는 일종의 '욕망이나 생존주체'에 비추어서만 가능하다. 따라서 환경이란 그러한 주체들을 떠나서는 의미를 지닐 수도 없는 것이다. 요컨대 환경은 생명체에 의존해서만 존재로 인정되거나 의미를 가지는 상대적 존재이다.

그러나 우리는 이러한 환경을 너무도 당연한 것으로 생각하여 그 중요성이나 의미들을 별로 의식하지 않고 살아왔다. 그러는 동안 환경은 이제 지나치게 남용되거나 착취되어 회복할 수 없을 정도로 황폐화되었다. 이로써 인류는 무엇보다도 생존 자체에 대한 위협을 느끼며 생태적 파멸을 걱정해야 하는 지경에 이르렀다. 그리고 이러한 위기는 정치, 경제, 사회, 문화, 과학, 윤리 등등 우리 인간 삶의 모든 분야들에서의 중심 틀을 온통 뒤바꾸어 놓는다.

그리하여 마침내 이런 여러 분야들에서는 환경문제에 대해 저마다의 관심 방향과 나름대로 접근방식을 가지고 깊은 고민을 하기에 이른다. 그리고 여러 가지 해법들을 쏟아 놓는다. 문제가 된 환경이나 파괴된 환경을 정화하거나 복원하거나 보호 관리하기 위해 과학기술을 이용하기도 한다. 또한 환경 자체를 직접 다루기보다는 환경오염과 환경파괴의 근원이 되는 인간들의 마음가짐 및 태도 문제에 관심을 집중하기도 한다. 또한 정책적이거나 경제적인 사안으로 보고 관련정책 등을 개발하기도 한다. 혹은 이러한 개개의 접근 방식들이 한계를 가진다면 학문 연계적인 혹은 학제 간의 접근방식을 시도하기도 한다.

그런데 이러한 여러 가지 중에서도 문제가 된 환경을 해결하기 위해 제일 쉽게 그리고 흔히 생각되었던 해법은 과학적이거나 기술적인 해법이었다. 사람들은 흔히 환경오염은 과학문명의 발전에 기인하고 그 해결책 또한 그러한 오염을 방지하거나 오염된 환경을 정화하는 과학기술 등을 개발하는 것에서 찾아야 한다고 보는 경향이 강했다. 실제로 사물에 대한 불편부당하고 객관적인 탐구방식으로 알려진 과학적 방법은 여러 가지 문명의 발전을 가져왔을 뿐만 아니라 인류의 삶을 풍요롭고 안락하게 만들었으며 사람들이 직면한 많은 문젯거리들을 직접적이고도 빠르게 효과적으로 해결해주었다. 그렇기에 사람들은 과학이라는 것을 맹신하는 과학주의(scientism)와 같은 일종의 신앙을 갖게 되었다. 이로써 많은 사람들은 이제 과학이 보다 나은 삶을 가져다주리라고 확신하게 되었고, 앞으로 과학으로 해결하지 못할 일은 점점 없어질 것이라는 생각을 하게 되었다. 뿐만 아니라 과학적 방법이나 생각은 가장 절대적인 객관적 기준인 것처럼 생각이 되어 모든 학문은 과학적 방법으로 행해져야만 한다고 생각하기에 이른다. 이러한 생각은 환경과 관련된 문제들에도 그대로 반영되어 왔다.

　사람들은 과학을 통해 원자력기술, 태양열(광) 발전 기술, 풍력이나 조력 등을 이용하기 위한 에너지 기술을 개발할 수 있다면, 그리고 그러한 것을 시행할 경제적인 유인책 등을 제도적으로 만들기만 한다면, 지구 온난화와 같은 기후변화 그리고 에너지 및 자원고갈 등의 여러 환경 관련 문제들을 몽땅 해결할 수 있는 것으로 생각하는 경향이 있다. 실제 우리나라의 경우 국립환경연구원에서 시행하는 프로젝트 대부분이 환경기술 개발에 집중되어 있다. 물론 이러한 현상은 과학기술적 접근이 눈앞에 나타난 환경오염, 파괴 등을 해결하는 데 가장 직접적이고 실질적인 데다 효율적이고 경제적인 이익이라는 부가적인 가치까지 만들어 내기 때문일 수도 있다.

그러나 이런 생각을 하게 되는 바탕에는 이렇듯 과학주의라는 것도 한몫하지만 다른 이유를 찾아볼 수도 있다. 이것은 우리가 일상적으로 사용하는 어휘와 관련된다. 사람들은 지구나 환경 혹은 생태계가 '건강하다'느니 '병들었다'느니 하는 말을 종종 사용하는데, 바로 이러한 어휘의 사용이 문제가 된다는 것이다. 이러한 어휘의 일상적인 사용은 환경문제의 본질을 인간들의 마음가짐이나 태도에서 찾지 않고 환경 자체에서 찾는 우리의 사고를 반영한다는 것이다. 그래서 우리는 환경문제의 해결을 위해서는 그 근원이 되는 자연환경을 대하는 인간의 태도를 교정하려고 하기보다는 으레 병든 지구나 파괴되고 훼손된 환경과 생태계 등을 구제하거나 치료하려고 달려들게 된다는 것이다.

데일 제이미선(Dale Jamieson)은 『도덕의 진보(Morality's Progress)』에서 바로 이러한 어휘의 사용은 사람들이 환경 문제를 다룰 때, 문제가 되고 있는 것이 인간의 생각 혹은 인간들의 태도라기보다 환경 자체라고 보는 태도의 근원이 된다는 것을 지적하면서 이것을 자연에 대한 인간의 관계를 "의료적인 것으로 만들어(medicalizing)" 버리는 것이라고 묘사한다. 즉, 이것은 나와 자연, 인간과 자연의 관계를 의사와 환사의 관계로 보고 병든 자연을 인간들이 치료하는 위치에 있다고 보는 것이고, 게다가 이는 과학적 탐구나 과학적 기술을 통해서만 가능하다고 보는 아주 잘못된 사고방식의 근원이 된다는 것이다. 이렇듯 우리는 이러한 어휘의 사용이 환경문제를 바라보는 아주 잘못된 시각의 원인이 될 수도 있다는 것을 알 수 있다.

그러나 문제가 되는 것이 이렇듯 환경을 파괴하고 남용하는 인간의 마음가짐이나 태도 문제 등은 제쳐놓고 환경만이 문제인 것으로 보면서 과학기술을 이용해 해결하려는 태도에만 있는 것은 아니다. 더욱더 중요한 것은 환경문제를 해결해 주는 것으로 알려진 이러한 과학기술들이 문제를 해결하기보다는 해결하는 만큼의 또 다른 문제들을 만들어 낸다는 것이다.

물론 오염방지 및 정화기술 등과 같은 과학기술이 환경문제들을 즉시에, 일시적으로 그리고 효과적으로 눈에 띄게 해결해 주는 것처럼 보이기도 한다. 그러나 인류가 발전시켜온 이러한 과학기술은 그것이 환경 기술이건 무슨 기술이건 거의 모두가 양면성을 지닌다는 것이다. 과학기술은 긍정적 가치와 부정적 가치를 동시에 지닌다. 우리가 늘 사용하는 자동차가 가지는 긍정적 가치와 부정적 가치를 잠시만 생각해 보아도 그것은 분명해진다. 두말할 필요 없이 자동차는 먼 거리를 빠르고 쉽게 이동할 수 있게 하는 이점을 지닌다. 그리고 무거운 짐을 한꺼번에 많이 그리고 멀리까지 운반해 주기도 한다. 그러나 이것이 주는 폐해 또한 적지 않다. 자동차는 먼저 대기를 오염시키고 지구 온난화를 일으키는 배기가스 배출의 주범이기도 하다. 이러한 대기오염이나 환경오염뿐 아니라 자동차를 위한 도로건설 등으로 산림이나 습지 환경을 파괴하기도 한다. 이 밖에 자동차 사고로 인한 인명 손실, 교통 혼잡, 소음, 주차문제 등 수없이 많은 또 다른 문제를 만들어 낸다. 에너지 고갈 문제나 이산화탄소 배출 문제의 해결을 기대하고 추진된 핵발전소도 마찬가지다. 값싸고 이산화탄소 배출이 적은 기술이기는 하지만 핵 쓰레기나 원자력발전소 사고 위협

등의 심각성은 우리가 두 눈으로 똑똑히 보고 있다. 그 외 홍수와 가뭄 혹은 에너지를 위해 건설되는 댐, 그리고 대체에너지와 관련된 조력발전, 풍력발전, 태양광 발전기술 등과 관련된 문제를 둘러싸고 벌어지는 논란들을 보면 우리는 과학기술이 항상 우리의 문제를 해결해 주는 것만이 아니라 필연적으로 해결하는 만큼의 또 다른 문제를 인간들에게 발생시키고 있다는 것을 쉽게 알 수 있다.

그런데 환경문제와 관련된 과학의 역할이나 한계는 이러한 부분적인 것들에 국한되지 않는다. 과학은 자연환경이 무엇인가 라는 사실에 대한 문제뿐만 아니라, 자연환경의 어떠한 상태가 건강하고 안정되고 온전한 이상적 상태인지, 우리는 어떠한 상태를 목표로 삼고서 어떠한 방법을 활용해 자연을 보존, 보호, 관리해야 하는 것인지를 판단하고 결정해주는 데에도 상당한 기여를 해야 한다. 여기에는 바로 생태학이라는 과학이 주로 그 역할을 담당하는 것으로 되어 있다. 실제로 생태학은 자연 생태계의 작동방식에 대해 많은 정보를 주고 있을 뿐만 아니라 자연환경에 대한 사실적 이해의 폭을 넓혀 주고 있다. 우리는 생태학을 통해 세계에 대한 더 좋은 이해와 통찰력을 얻고 있는 것이다. 게다가 생태학은 환경의 무질서를 진단하고, 무질서를 교정하는 정책을 입안하는 데 상당한 역할을 한다. 더욱이 생태학은 환경을 바라보는 우리의 태도 및 관점을 형성하는 데에도 상당한 기여를 해 왔다. 생태학적 세계관이라는 말이 유행할 정도다.

자연을 탐구하는 데 있어 생태학자는 전통적인 생물학자나 동물학자와 달리 개별 유기체가 아니라 그것들의 상호의존성과 관계에 관심의 초점을 맞춘다. 말하자면 생태학은 개별 유기체들에 관심을 갖기보다는 이러한 상호 의존성에 의해 형성된 생태공동체들(ecological communities)에 관심을 가진다. 19세기 초 생물과 환경 사이의 상호관계를 연구하는 학문으로서 등장한 생태학은 따라서 특히 자연과 인간에 대한 생각에 많은 영향을 미쳤다. 생태학은 우리가 살아 있는 지구환경 안에 둘러싸여 있고 포함되어 있으며 맞물려 있다는 것을, 즉 그것과 뒤얽혀 존재한다는 사실을 분명하게 해주었고, 그러므로 필연적으로 생태학은 우리 자신은 물론 인간의 본성 및 자연에 대한 생각을 크게 바꾸어 놓았다. 그중 몇 가지 언급하면, 생태학의 시대에 과학에서의 패러다임은 원자론에서 총체론으로, 결정론에서 비결정론으로, 기계론에서 유기체론으로, 자연과의 관계에서는 자원으로서의 자연에서 생물학적 다양성으로 그리고 인간 중심에서 생물 내지 생태 중심으로, 자연의 도구적 가치에서 본래적 가치로, 경제체제는 경쟁에서 협력으로 그리고 무한 진보에서 성장의 한계로, 경제발전에서는 안정 상태나 지속가능성으로, 기술적 측면에서는 화석연료에서 재생 가능한 것으로, 이익을 위한 기술에서 적정기술로, 농업에서는 단일재배 농법에서 다경작과 영구농법으로, 공장식 농업에서 공동체와 가족농업으로의 전환을 이루고 있다.

그런데 생태학에 의한 세계관의 이러한 전환은 과거의 세계관과 다르게 생태파멸의 위기에 직면해 있는 인류에게 중요하고도 긍정적인 역할을 할 것으로 기대되었다. 실제 생태학은 생태적 파멸의 위기에서 인류의 사고를 전환시킬 뿐만 아니라, 생태위기를 해결하기 위한 이론적 배경을 제시하려고 노력하고, 현실적으로는 환경영향평가, 환경법, 환경정책 및 계획을 세우는 데 이바지하기 위한 노력들을 하고 있다. 그런데 과학으로서의 생태학은 많은 이러한 기여에도 불구하고 여러 한계를 지니고 있다. 그래서 여전히 환경문제들에 대한 이상적이고 최종적이며 결정적인 해결책을 제시해 주지는 못한다.

그 한계로 먼저 지적될 수 있는 것은 생태학은 단일한 하나의 통일된 과학이 되지는 못한다는 것이다. 생태학자들은 적합한 과학적 방법들, 모델들 그리고 결론들에 관해 완전한 의견일치를 보지 못하고 있다. 게다가 생태학은 어떤 관심, 주제, 계층, 규모를 다루느냐에 따라 그 정의가 다양할 수 있고, 또 그 종류는 생태학자만큼이나 많다고 할 정도로 명확하게 규정하기 힘든 학문이다. 이를테면 생태학은 엄청나게 크고 복잡한 생태계를 쉽게 이해하기 위해 복잡한 현상 중에서 가장 중요하고 기본적인 특성만을 간추려서 간략하게 설명하는 방법으로 생태학적 모델을 이용하는 데 이러한 것들이 아주 다양하다는 것이다. 유기체 모델(organic model)이라든가 공동체 모델(community model) 혹은 카오스 모델(chaos model) 등과 같은 것들이 그러한 것들이다.

이와 관련해 몇 가지 문제가 제기되는데 먼저 간단하게 생태계를 설명하기 위해 이러한 모델을 이용하는 것 자체의 문제를 지적할 수 있다. 이를테면 생태계 내에서의 종들 사이의 그리고 무생물적 환경들 사이의 관계를 이러한 모델들을 사용하여 단순하고 획일적으로 설명하는 것은 생태계에 대한 이해를 왜곡시킬 위험이 도사리고 있다는 것이다. 즉, 이러한 모델 자체가 생태계의 실제 모습이라고 착각하게 만들 수 있다.

그런데 너욱 문제가 되는 것은 바로 생태학적 이해의 다양성이다. 만일 생태학자들이 생태계를 이해하는 방식이 다양하다면 그에 따라 생태계를 다루는 방식도 당연히 다양하고 상이하게 되어 생태계 보호의 목표나 방법 등은 천차만별이 될 수 있다. 이렇게 되면 생태계

보존이니 보호니 하는 우리의 행위를 안내하는 윤리적 결론들이 과학적인 관찰들로부터 명확히 도출 가능한지가 상당히 의심스럽게 된다. 게다가 사실에서 가치가 도출될 수 없다는 전통적인 자연주의적 오류의 문제는 제쳐놓더라도 동일한 생태학적 사실로부터 아주 다른 규범적 결론들을 이끌어내는 것이 가능하고 다른 생태학적 관찰들로부터 동일한 규범적 결론들을 이끌어내는 것이 가능하다는 문제도 등장한다. 이를테면 우리는 이러한 생태학적 연구, 말하자면 생태계의 정상적인 발전에 대한 자연과학적 기술로부터 체계를 구성하는 요소들이 좋은지 나쁜지, 또는 옳은지 그른지, 아니면 건강한지 건강하지 않은지를 추론할 수 있는데, 우리는 이러한 자명하다고 생각되는 과학적 사실들(생태계에 대한 모델들)로부터 잡다하고 혼란스러울 정도로 다양한 윤리적 결론들을 이끌어낼 수 있다는 문제다.

예를 들어 일반적인 생태계 모델에 따라 생태계는 자연적인 평형 상태를 유지한다는 것이 사실이라고 할 경우, 이것으로부터 환경보호를 위한 다양한 행동지침이나 정책을 제시할 수 있게 된다. 먼저 자연은 그냥 내버려둔다면 안정과 균형과 조화를 위한 가장 좋은 방식을 찾을 것이라는 것이다. 따라서 생태계 안에서의 자연적인 조화와 협동을 가정할 경우 이것은 우리로 하여금 자연의 방식을 존중하거나 자연적 체계들을 보호하는 행위나 정책 방향으로 나아가도록 할 것이다. 아니면 이것은 또한 자연은 어차피 안정과 균형을 찾아가기에 우리는 환경을 마음대로 다루어도 된다는 결론을 도출할 수도 있을 것이다. 또한 우리는 생태학으로 인해 자연의 균형을 이루는 방식을 알기에 생태계를 이상적이거나 바람직한 방향으로 관리하고 통제하는 것이 더 좋다는 결론에 이를 수도 있을 것이다.

교란 생태학이나 카오스 모델이 함축하는 의미도 마찬가지로 애매하다. 생태학의 지배적인 원리가 안정보다는 변화이고 사물들의 자연적인 상태는 조화와 균형이라고 하기보다는 무질서와 끊임없는 유동성이라고 결론짓는다면, 우리는 생태계를 보존하거나 복원할 자연적 질서가 없다는 이유로 그것의 보호나 복원에 반대하는 근거로 이용할 수 있을 것이다. 모든 종들은 혼돈된 세계에서 생존하기 위해 투쟁하기 때문에 인간들 또한 자기 이익을 위해 자신들의 환경을 관리하려는 자연적인 성향이 있다고 주장할지도 모른다. 또한 우리는 자연이 복잡하고 무질서하다는 것은 우리가 자연에 대해서 행동할 때는 보다 신중해야 한다는 결론을 도출할 수도 있다. 이것이 보여 주는 것은 이제 논란의 여지가 없어 보이는 객관적인 생태학의 과학적 사실로부터 다양하고 심지어는 서로 상반되거나 모순되기까지 한 윤리적 결론들을 도출해 낼 수 있다는 것이다. 그래서 환경적 관심사들에 대한 생태학의 중요성에도 불구하고 이러한 과학만으로는 경쟁적인 환경정책들 중 어떤 것을 결정짓기가 충분치 않다는 것이다. 결국 이러한 논의들은 교란생태학이건 그 어떤 생태학이건 생태학은 결국 인간들이 자연환경이나 생태계들을 대하는 결정적이면서도 구체적인 행동 규범이나 정책을 마련해 주는 데 상당한 한계를 가진다는 것을 적나라하게 보여 준다.

　　하지만 이러한 과학이나 과학기술적 접근의 여러 가지 한계나 문제에도 불구하고 그동안의 환경문제에 대한 진단과 그 해결을 위한 노력들은 대체로 인간의 편의를 위한 과학적이고 기술적인 진보들에만 지나치게 집중된 것은 사실이다. 말하자면 인간의 행동 목적의 배경을 마련해 주는 우주론이나 종교 그리고 윤리들을 등한시한 채 인간의 복지와 과학적 지식 그리고 기술적 방법에만 특권을 주어 왔다. 그럼에도 환경 정책들에는 불확실성이 만연되어 있었고 그 실행과정에는 항상 갈등이 뒤따랐는데 이것은 바로 사회적이고 생태학적인 체계들에 대한 인간들의 과학적 이해가 상당히 불완전하다는 사실을 반영하는 것이다. 그러므로 과학과 과학기술을 포함하여 생태학이 환경논쟁에서의 최종적 권위가 되는 것으로 오해하지는 말아야 한다.

과학이 최종적 권위가 아니라면 우리는 이제 어떻게 해야 하는가? 어떤 것도 확실하지 않으므로 아무래도 좋은 것인가? 그러나 다행인 것은 이러한 한계에 대한 인식이 우리를 아무래도 좋다는 절망이나 체념의 상태에 빠지게 하지는 않는다는 것이다. 이러한 한계가 오히려 우리에게 제시해 주는 중요한 교훈이 있다. 생태학적 지식의 한계는 이제 생태계를 조작하거나 다루는 구체적인 방법을 제시하기보다는 우리들을 덕의 윤리라는 방향으로 나아가게 한다. 생태계가 복잡하고 끊임없는 변화를 겪는다는 것을 가정한다면, 어떤 특정한 경우에서 어떤 고정대상을 어떻게 보존하거나 보존하지 않아야 한다는 것을 안다고 얘기하는 것은 건방진 태도일 뿐만 아니라, 그러한 신념을 고집하는 것은 오히려 죄악이 된다. 모든 인간의 지식은 불완전하고 잠정이라는 과학적 사실은 행위에 대한 깊은 함축을 가지는데 이것은 복잡계를 다루는 데 상당한 주의를 기울일 것을 요구한다. 이러한 상황에서 행위의 직접적인 지침이나 방침을 요구하는 것은 적절하지 않고 오히려 생태계와 같은 복잡계에 대해 가져야 하는 태도는 겸손(humility)이나 절제, 존중 그리고 신중함과 같은 것이다. 따라서 우리는 어떤 경우든 우리의 이해가 제한적일 때 무지를 고백하고 신중한 것이 오히려 분별 있는 행동이라는 것을 깨우쳐야 한다.

이러한 신중함의 요구는 이제 자연스럽게 다음과 같은 것을 함축한다. 복잡한 생태계들과 같은 것들은 이제 과학적이거나 기술적인 것만으로 다루기에는 부족하기에 이제 그것들은 문화적이고 종교적이고 윤리적인 보다 폭넓은 체계들의 일부로서 다루어져야 할 필요가 있다는 것이다. 또한 더 나아가 과학적이고 기술적인 지식은 윤리학, 공평함, 절제 그리고 정의에 대한 숙고들과의 관계 속에 자리 잡아야 한다. 이는 생태계이건 자연환경이건 이것들에 대한 고민과 탐구는 이제 단지 과학보다 더 큰 이야기의 틀에서 신중하고 겸손하게 이루어져야 한다는 것이다. 이것은 우리를 다시 종교나 철학으로 안내하는 것이다. 환경문제에 관심을 가질 때 우리는 환경 자체만을 문제 삼지 말고 그것을 환경에 대한 인간의 마음가짐과 태도의 문제로 볼 필요도 있다. 우리는 무엇이고, 자연은 무엇이며 그것들과 우리는 어떠한 관계를 맺고 있는지 그리고 그것들과 어떠한 관계를 맺어야 하는지 등등에 대한 종교적이고 철학적 접근은 환경문제 해결을 위해 필연적인 것이 된다. 더 나아가 이제 과학과 과학기술적 해결책들 자체 또한 종교와 철학의 비판적 검토 대상이 되어야 한다.

따라서 여기에서는 바로 과학을 넘어 환경에 대한 인간의 태도에 대한 반성과 전환을 요구하는 종교적이고 철학적인 글들을 소개하고자 했다. 그동안 과학이 인간을 제쳐놓고 주로 자연환경 자체의 문제를 분석하고 그 해결책을 제시한 데 반해 이러한 접근은 이제 인간 자신이나 자연에 대한 근원적이고 비판적인 성찰은 물론, 자연환경에 대한 인간의 태도나 인간과 자연의 관계 등등의 문제에 집중한다. 우리는 이제 환경 문제를 단순히 기술을 이용해 오염을 정화하고 줄이는 문제 혹은 경제적 이익 여부의 문제차원에서뿐만 아니라 우리는 누구이고 환경과 더불어 어떻게 살 것인가 라는 보다 근본적이면서 깊이 있고 폭넓은 다각적인 차원에서 문제에 접근해야 할 필요가 있는 것이다. 말하자면 여러 종교적 전통과 철학적인 차원에서는 환경 문제 및 위기를 어떻게 진단하고 그 해법이나 그를 극복하기 위한 방안으로 어떠한 것을 제기하고 있는지를 살펴볼 필요가 있는 것이다.

그런데 이러한 접근들에서 가장 일반적인 문제이면서도 비중을 두고 고민하는 것은 자연환경을 대하는 인간들의 시각이나 태도의 전환일 것이다. 말하자면 인간이 자연의 지배자나 정복자로서 단순히 자연을 수단으로 여기고 이용해 먹는 존재라고 보는, 이른바 인간중심적 사고에서 인간은 이제 자연의 일부인 자연의 동등한 구성원으로서 혹은 자연과 하나로서 자연에 본래적인 가치를 부여하고 자연을 소중히 여기며 자연과 조화를 이루고 살아가야 하는 존재로 보는 생태중심적 사고로의 획기적인 전환이다.

여기에 실린 글들은 그동안 서강대학교 생명문화연구소에서 발간했던 학술지 『생명연구』에 실렸던 글들로 대부분 이러한 사고의 전환을 요구하는 글들이다. 같은 취지의 이러한 내용에 부합하는 글들을 모아서 나름의 의미 있는 순서로 배치를 했다. 먼저 1부는 환경문제에 대한 종교적 논의들을 가나다순으로 배치했다. 첫 번째 글「물리적 환경과 생명에 대한 신학적 고찰」에서는 그동안 인류가 직면한 환경위기의 사상적 바탕이 서양의 종교적 전통에 있었다는 것을 인정하면서도 그것을 극복하기 위한 해결책을 다시 성서 내에서 재발견해보려는 논의가 이루어진다. 이를 저자는 성서가 말하는 본래적 생명관, 생명의 원천으로서의 하느님 그리고 인간 생명과 자연과의 관계를 중심으로 논의해 나간다. 「동학의 생명관」에서는 먼저 한울님 관념을 통해서 동학의 생명관을 살펴보고 환경파괴에 대한 오늘의 문제점을 개관하면서 동학이 지향하는 '다시 개벽'에 초점을 맞추어 우리의 문화, 즉 삶의 틀을 재편할 방향을 모색한다. 특히 여기에서는 "온 천지 생명체계로 돌아가 한 몸처럼 되자"는 동귀일체(同歸一體) 등등의 여러 가지 동학의 가르침을 통해 정신적인 의미의 세계를 넓힐 때 환경과 더불어 진정으로 잘사는 세상을 만날 수 있다는 점을 강조한다. 「불교적 사유로 인식한 생태적 세계관과 생명윤리」에서는 환경운동이 파괴된 자연을 회복시키는 운동을 넘어 불교 등의 종교적 가르침을 통한 의식과 생활양식의 변화이어야 한다는 것을 강조한다. 「주역에서는 보는 인간과 자연의 관계」도 마찬가지로 생태계 전체의 생존위기에서 의식의 혁명적 전환을 요구하는데, 특히 여기에서는 도구적 타자관의 극복을 위한 근거를 『주역』의 '물(物)'이라는 개념으로 대표되는 유교적 타자관에서 찾는다.

이 밖에 철학적이고 윤리적인 논의는 2부에 배치되었다. 맨 앞에 배치된 「환경철학과 윤리에서의 생명」은 환경에 대한 윤리적이고 철학적인 접근의 전반적인 논의를 소개한다. 특히 환경철학과 윤리에서 생명과 환경이라는 것이 어떻게 연관되어 논의되는지를 소개하면서 도덕적인 고려범위 혹은 본래적 가치부여 범위가 개별 생명에서 생태와 같은 전체로 확장하기 위해 벌이는 철학적 논의에 대한 비판적 검토가 이루어진다. 「무엇을 먹어야 하는가에 대한 윤리학적 고찰」은 동물 복지 및 동물 생명익 도덕적 지위에 대한 논의로서 먹을거리 선택에서 우리는 육식보다 채식을 하는 것이 윤리적으로 올바른 선택이라는 주장을 철학적 논의를 통해 뒷받침하고 있다. 「환경갈등에 대한 철학적 반성을 통한 자아실현」은 우리 사회에 환경 문제 및 환경과 관련한 갈등이 만연한 것은 개인적 욕구실현자가 많기 때문이라는 점을 지적하면서 발전된 사회가 지속되기 위해서는 자연에서 공존하는 생물들처럼 자신의 제한된 능력 내에서 생존을 위해 애쓰지만 무심하게 공존하는 태도가 사회적으로 대세가 되어야 한다는 점을 강조하고 동시에 개인을 넘어 사회의 공동선을 추구하는 탈자아적 자아를 실현하는 것이 개인의 사회적 성공이라는 점을 강조한다. 「인간과 자연: 큰 자아실현과 다중심주의」는 인간과 자연 자체는 물론 인간과 자연의 관계에 대한 전통적인 여러 견해들을 검토하면서 생태 생명의 위기에 직면해 그 대안이 될 만한 심층생태학의 '큰자아실현'과 '다중심주의'의 입장을 비판적으로 검토한다.

   그러나 이러한 여러 논의나 노력들에도 환경문제는 그리 간단하게 해결되지 않는다. 환경문제는 그 속성상 우리 주변만의 문제가 아니다. 전 지구적 차원의 문제이거나 생태적 차원의 문제이기에 광범위하고 복잡하다. 또한 우리 세대 사람들만의 문제가 아니라 먼 미래세대나 동물, 식물 등의 전체를 포함하는 세대 간이나 종간의 문제이기도 하다. 따라서 고려대상의 폭이 넓고 크다. 문제의 이러한 특성은 또한 그 해결책을 쉽게 제시하지 못하게 만든다. 해결책이 제시되어도 미봉적이거나 임시방편적이기 쉽다. 또한 지구 온난화문제나 새만금방조제 건설사업 그리고 4대강 살리기 사업 등의 환경쟁점에서 보이는 바와 같이 낙관론과 비관론이 늘 병존하기도 한다. 그리하여 논쟁이 끊이질 않는다. 설사 이러한 싸움 끝에 결말이 난다고 하더라도 환경문제는 경제문제 등 여타의 다른 문제들처럼 그 성과가 명확하게 눈에 띄거나 직접적이지도 않다. 효과는 간접적이고 게다가 장기적이다. 그 수혜의 범위도 넓을 뿐이다. 따라서 관심의 우선순위에서 항상 뒤로 밀리게 된다. 그리고 설사 관심이 고조되더라도 그 실천 가능성이 의문스럽다. 불행하게도 이것이 환경문제에 대한 우리의 현실이다. 그러나 환경 문제는 생존의 문제다. 여기에서 멈추어서는 안 된다. 우리는 관심의 폭과 깊이를 더욱 확대해가며 비판적 고민을 끊임없이 진행해야 한다.

김완구(편집자)

•● 목차 ●•

1부

종교와 생태 생명의 대화

가톨릭:
물리적 환경과 생명에 대한 신학적 고찰[1]

심상태(수원가톨릭대학교 명예교수)

I. 주제 설정

인명경시(人命輕視)와 환경파괴(環境破壞) 등 반생명적 풍조가 현금 우리 사회 안에 만연되어 있는 느낌이다.[2] 사회 안에서 과거 오랜 세월 지속되어온 권력남용에 의한 인권 유린 행위가 서서히 감소되는 추세이기는 하지만, 물질주의의 팽배로 인한 여러 유형의 인명경시 행위들은 끊이지 않고 발생하는 실정이다. 그리고 지난 1960년대 이래 가속화되고 있는 사회의 산업화로 말미암아 우리의 물리적 자연환경이 심각하게 파괴되고 있는 실정이다. 그래서 국민 대다수가 최근 우리 사회의 반생명적 풍조는 심각한 정도에 이르렀다고 간주하고 있다. 차제에 2000년대의 여명기에 해당하는 현금 인류가 직면한 최대의 재난이라고도 일컬어지는 생태학적 위기를 극복하려는 취지에서 '물리적 환경과 생명'을 주제로 세미나를 개최하게 됨은 매우

---

1) 이 글은 『생명연구』 제2집(1994년 10월)에 실렸던 것을 편집한 것이다.

2) 이 주제발표는 『神學展望』 92(1991 봄), 87~113에 수록된 졸문, 「生態界 危機」와 그리스도 信仰」과 생명에 관한 고찰을 새로 보강하여 정리한 내용임을 밝힌다.

시의적절한 일이라고 생각한다. 우리는 이 주제를 신학적 관점에서 구론하고자 한다.

'환경(環境)'이란 용어가 오늘날 일상생활 및 여러 학문 분야에서 자주 사용되고 있다. 이 용어가 광범한 분야에 적용되어 외연(外延)이 넓고, 내포(內包)가 깊어서 엄밀한 개념 규정을 통하여 정의하기가 용이하지 않다. 일상적으로 사용되는 '환경'이라는 말은 본래 '중간 공간(中間空間)'의 의미를 지니는 라틴어 'medius locus'와 동의어로 프랑스어 'milieu'에서 번역된 말이나. 이 말을 18세기 프랑스의 물리학 분야에서 '물질이 운동을 할 때 통과하는 물질적인 공간'으로 규정되었으며, 후에 생물학에 도입되어 '모든 유기체의 생존에 필요한 여러 종류의 외부조건의 전체'라는 의미로 사용되기에 이르렀다.[3] 1982년 12월 31일 법률 제3642호로 공포된 우리나라의 「환경보전법」의 제1장 총칙, 제2조 1항은 환경 용어를 다음과 같이 정의하고 있다. '環境'이라 함은 自然의 狀態인 自然環境과 사람의 日常生活과 密接한 關係가 있는 財産의 보호 및 動·植物의 生育에 필요한 生活 環境을 말한다."[4] 인간을 비롯한 생물을 둘러싸고 있는 주위의 자연세계가 물리적 '환경'으로 이해될 수 있겠다.

또 다른 한편으로, 생명은 죽음과는 상극이 되는 지고의 존재양식으로서 인간을 비롯한 모든 생명체에게 있어 그지없이 소중한 자산이다. 그런데 생명 자체는 객관적 관찰이 가능한 실재는 아니다. 생명의 상극적 실재로서의 죽음 자체가 사고를 통하여 정체를 정확히 파악할 수 없는 비대상적 실재이듯이 생명 역시 적절한 서술을 통한 개

---

3) '환경' 개념에 관하여 朴奉奎, 『환경과 인간』, 서울(이화여자대학교 출판부), 1986, 19 이하 참조.
4) 연세대학교 환경공해연구소, 『복지국가를 위한 환경대책과 자연보호』, 서울(한국환경보전연구소), 1985, 1657.

념 파악이 지극히 어려운 비대상적 실재이다. 이 생명은 그리스도 신앙 안에서 오로지 창조주이신 하느님과의 관계 안에서만 올바로 이해되고 평가된다. 여기서 세계 안에서 현전(現前)하거나 현존(現存)하는 모든 생명체는 우연히 소여된 실재가 아니라, 하느님의 자유로운 창조행위를 통해서 생성된 실재로 파악되기 때문이다. 그리고 생명이 인간에게는 누리도록 제공된 선물(膳物, Gabe)이면서, 동시에 가꾸도록 부과된 과업(課業, Auf-gabe)이기도 하기 때문이다.

그런데 하느님의 고귀한 선물로서의 생명의 영위를 가능케 하는 조건이자 전제가 되는 실재가 바로 객관적으로 파악 가능한 인식대상으로서의 물리적 환경이다. 그리스도 신앙은 이 환경 역시 순전히 인간의 노작의 산물이 아니라, 생명처럼 하느님으로부터 향유하도록 제공된 선물이면서 동시에 수호하도록 부과된 과업에 속하는 실재로 보고 있다. 특정한 물리적 환경이 생명을 영위하는 데 적합한지 또는 부적합할 뿐만 아니라 치명적으로 위협적인지 여부는 고도로 발달한 현대과학의 수준에서 비교적 정확하게 판정된다. 그런데 '환경'은 오늘날 모든 생명을 위협할 정도로 심각하게 오염되어 있다고 거의 일반적으로 판정되고 있는 실정이다. 온 인류가 범세계적으로 직면하고 있는 환경오염의 역사적 위기는 '생태계(生態界) 위기'라고도 지칭하기도 한다. 환경오염이 악화되면서 자주 사용되는 이 말은 이른바 '생태학(生態學)'에서 전문적으로 취급되는 문제이다. 생태학(生態學, ecology; Ökologie)은 어원상 '집(οἴκοσ)'과 '학문(λόγου)' 단어의 복합으로서 '집에 관한 학문'을 뜻한다. 즉, 인간을 비롯한 만물이 생활하는 터전으로서의 환경과 인간이 어떻게 관계를 맺으며 살아가는가를 구명하는 학문을 의미한다.[5] 생태계 위기란 생활의 터전으로서의 물리적 자연

환경이 인간의 착취에 의해 파괴되면서 결과적으로 재난에 처해지게 된 인간과 다른 모든 생물의 처지를 뜻한다.

　가톨릭교회는 현금 환경문제에 커다란 관심을 기울이고 있다. 1990년대가 시작되는 시점에서 온 인류가 열망해 마지않는 '평화(平和)'가 '환경보존'과 직결되어 있음을 알리는 교황 요한 바오로 2세의 세계평화의 날 담화문 "창조주 하느님과 함께하는 평화, 모든 피조물과 함께하는 평화"가 발표되었다.[6] 그리고 한국 가톨릭교회 역시 수년 전부터 1960년대 이래 우리 사회 안에서 급속한 속도로 진행되는 산업화 과정으로 말미암아 야기된 생태계 파괴의 문제에 대하여 깊은 관심을 표명하고 그 실상을 파악하여 문제를 해결하려는 노력을 다방면으로 기울여 왔다.[7]

　우리는 다음 현금의 환경파괴로 인한 생태학적 위기의 실상과 요인, 그 사상적 근원 내지 배경을 규명하고 이어서 가톨릭 신앙의 관점에서 생명을 논하면서 온 인류가 직면한 환경적 위기를 극복할 수 있는 도정을 단편적으로 모색하고자 한다.

---

5) J. 몰트만, 앞의 책, 10; 오싐 K. 프게히트하임, 앞의 책, 114: "(생태학)은 자연의 영위에 대한, 또는 더욱 정확히는 생물 상호 간의 그리고 생물의 환경에 대한 교호관계(交互關係)에 대한 학문인, 새로운 학문으로 형성되었다."

6) 한국천주교 정의평화위원회 편, 『모든 피조물과 함께하는 하느님의 평화. 1990 세계평화의 날 교화 담화문 해설. 환경문제 자료집-두 번째』, 서울(한국천주교정의평화위원회) 1990, 8~13; 그리고 한국기독교 사회문제 연구원 편, 『정의, 평화, 창조 질서의 보전 세계대회 자료집』, 서울(민중사), 1990 참조.

7) 이에 관해 졸문, 「生態界 危機와 그리스도 信仰」, 『神學展望』 92(1991년 봄), 87 이하 참조.

Ⅱ. 물리적 환경파괴의 실상과 요인, 그리고 사상적 근원

물리적 환경파괴로 말미암아 야기된 '생태계 위기'의 실상과 요인을 간략히 서술하고, 이어서 그 사상적 근원 내지 배경에 대해 언급하고자 한다.[8]

1. 물리적 환경 파괴의 실상

1) 인간의 물리적 자연환경은 실로 장구한 역사를 간직하고 있다.[9] 오늘날 과학자들은 태양이 대략 50억 년 전에 생성되었으며, 지구의 역사는 45억 내지 47억 년에 이른다고 추산한다. 생명의 원천인 유기물(有機物)은 약 30억 년 전에, 원시 생명체는 약 20억 년 전에, 그리고 녹색식물(綠色植物)은 약 4억 5천만 년 전에 등장한 것으로 추산되고 있다. 오늘날과 같은 자연환경이 생성된 것은 대략 3억 5천만 년 전의 일로 추산되고 있다. 최초의 인간(homo habilis)은 180만 년 전에 지구상에 출현했다고 추정되며, '호모 사피엔스(homo sapiens)'로서의 인간들의 역사는 수십만 년 전으로 소급되며, 인간으로서의 문화가 형성된 것은 불과 6,000여 년 전의 일로 추정되고 있다. 이렇게 자연환

---

8) 이에 관하여 주로 졸문, 「그리스도와 구원」, 『그리스도와 구원-전환기의 신앙이해』, 서울(성바오로출판사) 1981, 162~181. 특히 166 이하; J. 몰트만, 『창조 안에 계신 하느님』, 김균진 옮김, 서울(한국신학연구소) 1987; 오심 K. 프레이트 하임, 『미래는 그래도 구원될 것인가?-인류의 현재와 미래』, 이동승 역, 서울(探究當) 1987; 김용준, 「자연에 대한 인간의 책임」, 『基督敎思想』 393(1991. 9), 17~25; 이정배 편저, 『생태학과 신학-생태학적 정의를 향하여』, 서울(종로서적) 1989; 같은 저자, 「생태학적 과제-이론적 논쟁점을 중심으로-」, 『基督敎思想』 393(1991.9), 26~41 참조.

9) 자연환경의 역사에 관하여 P. Overhage/K. Rahner, Das Problem der Hominisation, Freiburg 1961; K. Rawer/K. Fahner, "Weltall-Erde-Mensch", in: F. B ckle u. a.(Hrsg.), Christlicher Glaube in moderner Gesellschaft Ⅲ, Freiburg 1981, 15~36 ; 박봉규, "인간과 환경", 『基督敎思想』338(1987. 2), 49 이하 참조.

경은 인류 출현 이전부터 오랜 세월 동안 존속되어 온 것이다.

성서 '창세기'에는 하늘과 바다, 땅과 그 가운데 있는 모든 것, 그리고 인간이 창조된 후, "하느님께서 보시니 참 좋았다"는 구절이 되풀이되고 있다(창세 1-3).[10] 또한 피조물의 선과 아름다움을 거듭 반복해서 이야기하는 성서 구절들이 있다(시편 8, 2; 104장; 지혜 13, 3~5; 집회 39, 16. 33; 43, 1.9; 다니엘 3, 57~88). 하느님이 아름답다고 보았던 세계가 바로 우리에게 알려진 형태의 자연환경이라고 보아야 할 것이다. 우리 민족의 자연환경 역시 고래로부터 '금수강산(錦繡江山)'으로 예찬되어 왔다. 물론, 우리의 자연환경이 일본 식민치하에서 대규모의 벌목(伐木)과 수탈로 말미암아 훼손되기 시작하였으며, 해방 이후의 혼란기와 6·25 동란을 겪으면서 산이 헐벗겨지는 일이 발생하였다. 그러나 1950년대까지 오늘날과 같은 심각한 정도의 환경오염 문제는 대두되지 않았다.[11]

우리의 환경은 1960년대 이래 충격적으로 급변하고 있다. 수억 년에 걸쳐 유구하게 존속해온 것이 틀림없는 아름다운 자연환경이 불과 20~30년이라는 짧은 기간 동안에 세계에서 환경오염이 거의 가장 극심한 지역 중의 하나로 악화되기에 이른 것이다. 대규모 공장들로부터 공해(公害)를 유발하는 유독성 가스와 매연 그리고 분진(粉塵)이 대기 속으로 대거 유출되고 각종 산업폐기물이 대량 방출되면서 수질과 토양이 심각할 정도로 오염되기에 이르렀다. 그동안 점차적으로 가속화되는 사회의 산업화에 의한 대기(大氣)와 수질(水質) 그리고 토양(土壤) 오염 등으로 말미암아 우리의 환경이 극도로 황폐화되어감

---

10) 교황 요한 바오로 2세, 「1990 세계 평화의 날 담화문」, 3항 참조.

11) 『모든 피조물과 함께하는 하느님의 평화』, 26 이하 참조.

을 모두 피부로 느낄 수 있게 된 것이다.[12] '한국천주교정의평화위원회'가 1990년 9월 7일자로 발표한 성명서 「오늘의 사회현실을 우려하는 우리의 호소」에는 생을 영위하도록 마련된 인류 공동유산으로서의 자연환경이 근년에 와서 극도로 오염되어 건강한 생활을 우려하게 되었음을 지적하고 있다.[13]

2) 환경오염이 전 세계적 문제가 되어 있음은 이미 주지된 사실이다. 지상의 생물들을 유해한 자외선, 우주선 그리고 감마선 등으로 보호해주는 성층권(成層圈)의 오존층 파괴, 인구증가와 산업발전에 따라 증가하는 탄산가스나 메탄가스로 말미암은 지구의 온실효과, 건강에 해로운 아황산가스의 농밀화로 말미암은 대기오염, 그리고 상수원과 지하수 및 해양오염과 같은 수질오염 등이 부분적으로 치유 불가능한 단계로 악화되고 있는 실정이다.[14] 1990년 3월 서울에서 개최되었던 정의, 평화, 창조질서의 보전 세계대회의 '공식 문서'는 생태계 위기상황을 충격적으로 묘사하고 있다.

> "매분마다, 전 세계의 국가들은 미화 천 8백만 달러를 군사무기에 소비하고 있다."
> "매시간, 1,500명의 어린이들이 기아로 죽어 가고 있다."

---

12) 우리나라의 대도시나 공업단지의 대기 오염도는 세계 최고의 수준으로 평가되고 수질의 경우에 대부분의 상수원수가 식수로 보급하기 어려운 3등급으로 평가되고 있으며, 하천이나 호수 및 지하수 그리고 해양을 가릴 것 없이 회복이 불가능할 정도로 심하게 오염되었다는 진단이 나오고 있다. 위의 문헌, 28~33; 김상종, 「한국 환경오염의 현황과 문제점」, 『司牧』 139(1990. 8), 6~17; 황상익, 「환경오염과 국민 건강」, 같은 잡지, 47~63 참조.

13) 천주교 서울대교구 선교사목국 간, 『서울 주보』 667(1990. 9. 30), 5면.

14) 교황 요한 바오로 2세는 앞에서 언급된 담화문에서 오늘날 인류가 처한 생태계의 위기실태를 다음과 같이 묘사하고 있다. "오존층의 점진적인 파괴 그리고 이와 관련된 '온실효과'는 이제 위기의 지경에 이르렀습니다. 이는 산업의 발전, 거대한 도시 집중화, 막대한 에너지 수요의 증대로 인한 귀결입니다. 산업폐기물, 화석연료의 활용, 제초제, 냉각제 추진 연료의 사용 등 이 모든 것은 대기 환경에 유해한 것으로 알려져 있습니다. 그에 따르는 기상 및 대기의 변화는 건강의 손상에서부터 장차 낮은 대지의 해거 침몰 가능성에까지 이르고 있습니다." 1990년 세계 평화의 날 교황 요한 바오로 2세 담화문, 6.

"매일, 한 종류의 종(種)이 멸종되고 있다."

"매달, 세계의 경제체계는 제3세계 국민의 등에 이미 짐 지워진 1조 5천억 달러(미화)의 엄청나게 감당할 수 없는 부채에 750억 달러를 추가하고 있다."

"매년, 한반도의 3/4 정도 크기의 열대림지역이 황폐화되고 있다."

"십년마다, 현재 전 세계의 고온현상의 결과로 바다의 해수면이 1.5미터 정도씩 높아져 지구 특히 해안지역에 파괴적인 결가를 경고하고 있다."[15]

이처럼 구체적 자료에 입각하여 제시되는 생태계 위기의 가공스러운 실상을 대하면서 다음의 성서 구절이 오늘의 현실을 적절히 표현한다고 여기게 된다. "우리는 모든 피조물이 오늘날까지 다 함께 신음하며 진통을 겪고 있다는 것을 알고 있습니다(로마 8, 22)." 이 생태계 위기는 지구상에 있는 만물의 사활이 걸려 있는 문제이다. 그리고 적정한 해결책이 제시되어 광범위한 변화가 조속이 일어나지 않는다면 미구에 전 인류의 '총체적 재난'의 파국적 결과가 초래될 단계에 접어들고 있다.

2. 환경파괴의 요인

생태계 위기의 주요 요인으로서 자연적, 생태적 그리고 경제적 요인 등 여러 분야의 요인들이 환경문제 전문가들에 의해 열거되고 있다. 흔히 자연적 요인으로 자연자원의 한정성(限定性)이 손꼽히고 있다. 생태적 요인으로 인구증가, 도시에로의 인구집중과 산업의 집중이 열거되고, 경제적 요인으로는 소비(消費)의 증대와 생산구조의 변

---

15) 『정의, 평화, 창조질서의 보전 세계대회 자료집』, 70 이하.

화를 들 수 있으며, 과학-기술의 무분별한 적용과 적정한 대책의 결여가 지적되고 있다.[16] 생태계 위기를 초래하는 제 요인들이 상호 간 불가분리적 연관성을 지니고 있음을 본다. 여기서는 상호 밀접한 관계를 맺으면서도 약간 성격을 달리하는 요인들, 즉 자연자원의 한정성과 인구증가와 같은 자연적 성격을 보다 많이 지니는 요인과 과학기술의 무분별한 적용과 같은 도덕적 요인에 초점을 맞추어 보려고 한다.

1) 오늘날 폭발적인 인구 증가가 환경과의 불균형을 초래한다는 사실을 환경문제 분야에서는 널리 주지되어 있다. 1600년대까지의 세계 인구는 10억이었으나 1900년 초에는 20억으로 늘었고, 1970년에 이르러 37억으로 기하급수적 증가를 보였다. 인구가 2배로 증가하는 데 10억부터 20억까지는 300년이 걸렸으나 20억에서 37억까지는 70년밖에 걸리지 않았으며, 2000년대에는 세계 인구가 70억이 될 것으로 예상되고 있다. 1990년 10월 16일 세계 식량의 날에 발표된 유엔식량농업기구(FAO: Food and Agriculture Organization)의 보고에 따르면 오는 2025년에는 세계인구가 85억 명으로 증가될 것으로 전망되고 있다.[17]

그런데 세계 안에서 생존을 위해 이용이 가능한 토지 면적, 태양광선, 대기 및 수량(水量)은 무제한적이지 않고 한정되어 있으며, 동식물과 미생물의 분포나 자연의 자정능력(自淨能力) 또한 한정되어 있는 실정이다. 그리고 인간의 활동이 이루어지게 되는 자연 공간과 그 기능을 환경용량(環境容量, Environmental Capacity)이라고 하는데, 환경용량에 비해서 인간활동이 점증되면, 자연의 평형(平衡)에 이상이 생겨

---

16) 朴奉奎, 앞의 책, 32～37; 延世大學敎環境公害硏究所, 앞의 책 59～65 참조.
17) 『평화신문』 104(1990. 10. 21), 1 참조.

동식물의 생존에 유해한 물리화학적 변화가 수반되기에 이른다. 우리
나라처럼 국토 면적과 이용 가능한 토지 및 하천 수자원이 극히 한정
된 지역 안에서 급격한 인구증가로 인하여 발생하는 환경오염량에
대한 환경용량이 감당할 수 없는 포화상태에 이르게 되면, 회복하기
힘든 자연 파괴현상이 유발될 것이 분명하다.[18] 인구의 증가가 구밀
도의 상승을 초래하여 환경오염의 악화를 유발하는 변수(變數)라는
사실이 중시되어야 할 것이다.

2) 하지만 이러한 다소간에 자연적 요인보다도 자연에 대한 인간의
그릇된 생활양식이 현금 환경파괴의 재난을 초래하는 결정적 요인이
라고 지적해야 할 것이다. 그래서 인류가 직면한 생태계의 위기는 일
차적으로 도덕의 위기문제로 보아야 한다.[19] '정의, 평화, 창조질서의
보전세계대회 문서'도 이와 같은 입장을 표명하고 있다. "현재와 같
은 곤경을 초래케 한 진정한 원인은 피조물인 인간의 마음과 심리상
태, 수세대에 걸쳐서 형성되어온 태도와 목표, 가치관에서 찾아야 한
다."[20]

오늘날의 생태계 위기는 자연에 대한 인간의 그릇된 관계로부터
야기된 역사적 귀결로 규정되어야 마땅하다.[21] 현대 산업사회 안에
서 인간은 자연에 대해서 '지배의 관계'를 맺고 있다고 말할 수 있을
것이다. 자연에 대한 인간의 지배는 18세기 산업혁명 이후 서구 과학
기술 문명에 의해 본격적으로 전개되어 금세기 후반기 이래 소위 제3

---

18) 인구가 증가하면 이는 국민총생산량(GNP)의 증가를 유발하며, 증가된 GNP는 종래보다 증가한 만큼의 환
    경을 악화하는 영향을 더 많이 끼친다는 주장에 유의할 필요가 있다. 朴奉奎, 위의 책, 33 참조.

19) 교황 요한 바오로 2세, 앞의 담화문, 6~8항 참조.

20) 『정의, 평화, 창조질서의 보전 세계대회 자료집』, 109.

21) J. 몰트만, 위의 책, 35~49 참조.

세계로까지 확대되어 전 세계에서 이루어지고 있다. "자연이나 여타의 것을 지배하는 힘을 통해서 우리는 우리 종(種)이 영원히 추구해온 안정을 획득했다고 생각하게 되었다. 지배를 위한 시도가 우리 삶의 한 방식이 되어 버렸다. 보다 큰 이윤을 획득해야 한다는 것이 경제적 거래관계에 있어서 너무나 자명한 동기가 되어 버렸다."[22]

현대의 조직사회 안에서 과학과 기술이 사회의 지배적 요구들에 의하여 큰 영향을 받고 있음이 사실이다. 한 사회를 지배하는 기대와 요구 그리고 이상(理想)들의 전체를 '지배적 가치'라고 부를 수 있다. 현대의 과학기술 문명은 발전과 팽창 그리고 정복을 지향하여 설계되어 있는 '지배(支配)의 체계'의 성격을 지니고 있다. 과학기술을 이용한 자연적 힘의 획득과 활용이 현대문명을 주도하는 가치들이라고 보아야 할 것이다.[23] 그래서 생태계 위기의 원인은 자연을 지배하는 데 도구로 이용되는 과학기술 자체 안에서만 보려고 해서는 안 되고 자연 지배를 통한 인간의 힘의 극대화를 꾀하는 정치·경제·사회적 요인들 속에서 찾아야 할 것이다.

인간은 힘을 추구하는 자신의 욕구를 과학기술을 통하여 실현시킨다.[24] 그리고 현대 과학기술 문명은 주지된 바와 같이 서구 세계로부터 400년 이래 발전되어 왔다. 서구세계가 금세기 초엽까지 과학기술에 의한 자연정복에 열광하였음이 역사적 사실이다. 이는 현금의 생태계의 위기 발생에는 당시 서구 세계의 '지배적 가치'가 크게 작용하였음을 시사한다. 소위 '인간학적 전환(人間學的 轉換)'을 이룩한 근

---

22) 『정의 , 평화, 창조질서의 보전 세계대회 자료집』, 109.

23) 교황청 신앙교리성서, 「그리스도인의 자유와 해방에 관한 훈련」, 『자유와 해방』, 강대인 역, 서울(한국천주교중앙협의회) 1986, 7항.

24) J. 몰트만, 위의 책, 38~49 참조.

세 이래 서구의 주도적 사고(思考)는 모든 실재를 객체화(客體化)시키고 분석하며, 귀납하는 방법으로 발전되었다.[25] 사고가 사물이나 사건을 과학적 개념을 통하여 정의(定義)하고, 정의를 통하여 그것을 대상으로 파악한다. 이러한 사고의 관심(關心)은 사물들을 지배하는 데에 있다. 물리적 자연법칙들에 대한 과학적 인식의 목적이 일반적으로 자연에 대한 힘의 획득을 통한 지배에 있다고 볼 것이다. 과학이 힘의 획득을 목적으로 삼는 한에서 과학의 인식은 '지배의 지식'이라고 볼 수 있다. 그리고 자연과학의 목적은 인간을 '자연의 주인과 소유자'로 만드는 데 있다고 볼 수 있다. 자연 세계의 사물들을 분석하고 대상화하는 방법은 이 사물들을 인간의 의지 아래에 복종시키는 법이다. 이로써 인간이 자연의 주체로서 자연에 대치하게 된다. 그는 창조된 무수한 피조물들의 한 지체로서가 아니라, 창조의 주인과 소유자로서 자기를 드러낸다. 그래서 인간은 세계 안에서 유아독존적 '주체'가 된다. 과학을 통한 자연의 대상화가 기술을 통한 자연의 이용, 더 나아가 착취를 초래하고 있음이 엄연한 현실이다. 현대 산업국가들에 있어서 인간과 자연의 관계는 자연의 힘들의 소유와 자연의 착취를 통한 지배의 관계이다.

그리고 20세기에 들어오면서 과학과 기술을 통한 인간의 자연지배 능력은 엄청나게 증대되었다. 생태계의 파괴 과정은 힘을 추구하는 욕망이 전혀 통제되지 않는 사회에서 급속도로 진행된다. 그리고 이 과정들은 서로 의존하며, 서로를 가속화시키고 있다. 욕구들의 충족

---

25) J. 몰트만, 위의 책, 42 이하; 졸문, 「신관의 어제와 오늘」, 『續, 그리스도와 구원−전환기의 신앙이해』, 서울(성바오로출판사) 1984, 30~40; 졸저, 『익명의 그리스도인−칼 라너 학설의 비판적 연구』, 서울(성바오로출판사) 1985, 39~47 참조.

과 함께 요구들이 증가한다. 증가하는 요구들은 증가하는 생산의 추진력이다. 역사상 유례없다고 평가되는 극도의 사치와 과소비 현상이 그치지 않고 확산되는 우리 사회의 현실이 생태계 위기를 악화시키는 소비성 생산을 촉진시키고 있음은 널리 알려진 사실이다.

3. 생태계 위기의 사상적 근원

1) 현대의 산업화 사회를 주도하는 사상은 '인간중심적 사상(人間中心的 思想)'이라고 규정될 수 있다. 현대 세계의 상이한 정치적이고 경제–사회적 체제를 주도하는 사상과 행동양식은 거의 '인간중심적 성격'을 지닌다고 볼 수 있다. 현대 자본주의나 공산주의 국가들이 인간의 지적 활동의 산물인 과학기술의 발전에 전폭적 신뢰를 보이며 풍요로운 세계 건설을 꾀하고 있는 한에서 인간중심적 사고와 행동양식에 머물러 있다고 보아야 할 것이다. 자기 자신의 존재 이외의 다른 전제(前提)를 따로 지니지 않는 주체로서의 인간에 의해 성취되는 과학기술의 발전을 통한 이상적 세계건설을 꾀하는 입장은 '발전 이데올로기'로도 지칭될 수 있을 것이다.[26)]

오늘날 자본주의가 지배하는 서방 세계나 공산주의가 지배하는 나라들에서 거의 공통적으로 과학기술의 발달을 통한 사회발전을 꾀하려는 입장이 선호되고 있다. 여기서는 비약적 발달을 이룩하고 있는 현대 과학기술이 종래에 가서 세계의 모든 문제들을 해결하고 모든 유형의 소외(疎外)가 극복된 이상적 세계를 이룩할 수 있다는 낙관론

---

26) 교황청 신앙교리성, 「그리스도인의 자유와 해방에 관한 훈령」, 『자유와 해방』, 강대인 역, 서울(한국천주교중앙협의회) 1986, 7항 참조.

이 지배하고 있는 셈이다. 정치 이데올로기의 상위성을 초월해서 현대 여러 나라들 안에서 정책수립과 행정업무를 주도하는 기술관료들이 대체적으로 이러한 과학기술주의 내지 발전 이데올로기를 신봉하고 있는 것처럼 보인다.

과학기술이 인류의 생활수준을 향상시키는 데 크게 이바지하고 있음이 인정되어야 할 것이다. 과학기술의 반전을 통하여 "인간이 자연재해로부터 완전히 벗어나지는 못했지만, 자연의 수많은 위험들은 제거되었다. 갈수록 많은 사람들이 적설한 영양섭취를 보상받고 있다. 새로운 운송과 교역 수단들이 식량자원, 원자재, 노동력, 기술 등의 교환을 용이하게 하여, 인류로 하여금 가난으로부터의 자유와 더불어 품위 있는 생활을 큰 무리 없이 바라볼 수 있게 하였다."[27] 교황의 평화의 날 담화문 역시 과학기술의 발전이 인류에게 명백한 혜택을 가져다주었음을 진술하고 있다.[28]

그러나 과학기술이 인간의 개인적이고 집단적 삶을 결정적으로 규정하는 산업사회에서 새로운 형태의 불평등을 야기시키는 데 이용되고 있는 사실이 간과되어서는 안 될 것이다. "기술을 가진 사람은 누구나 지구와 인간을 지배할 힘을 갖는다. 이 결과로서, 여태까지는 알지 못했던 형태의 불평등이 지식을 소유한 자들과 단순한 기술 이용자들 사이에 일어나고 있다. 새로운 기술력은 경제력에 연결되고 또 경제력의 집중으로 이어진다. 그러한 까닭으로, 한 국가 내에서 그리

---

27) 교황청 신앙교리성성, 앞의 글, 7항 ; 교황청 신앙교리성성, 「해방신학의 일부 측면에 관한 훈령」, 앞의 책, 5항: "인류가 과학기술의 놀라운 발전에 힘입어, 인구 증가에도 불구하고, 인간으로서의 품위가 요구하는 최소한의 재화를 모든 사람들에게 보장해줄 수 있다는 사실은 문맹자들 가운데서도 모르는 사람이 없다." 교황 요한 바오로 2세 역시 최근의 과학기술의 발전들이 인류에게 명백한 혜택을 가져다주었다고 진술하고 있다. 앞의 담화문, 6항 참조.

28) 위 담화문 6항 참조.

고 국가들 사이에 종속관계가 증대되어 왔으며, 이는 지난 20년 동안 새로운 해방을 요구하는 계기가 되어 왔다."[29] 인류는 현대에 와서 이전 시대에 상상할 수 없었던 폭정의 형태와 전체주의 체제의 등장을 목격하고 직접 체험하고 있다.[30] 인간중심적 과학기술발전주의나 혁명주의가 지배적인 나라들 안에서 국가적 목표 달성을 위해 인권 유린 행위가 자행되고 있다.[31]

현대 세계를 특징짓는 극도에 이른 불의와 불평등의 요소들이 인간중심적 사고와 행동양식의 결과라고 볼 것이다. "소수의 특권층이 계속하여 과도한 재화를 축적해 가고 유용한 자원을 탕진하고 있는데 반하여 대다수의 민중들이 바로 생존의 최저 수준이라는 비참한 처지에서 살아가야 한다는 것은 명백한 불의입니다. 오늘날 생태계의 붕괴라는 이 비극적인 징조는 개인적이든 집단적이든 탐욕과 이기심이 창조의 질서, 상호 의존성을 그 특징으로 하는 창조 질서와 얼마나 상반되는가를 우리에게 가르쳐 주고 있습니다."[32] 그리고 점차 증가하는 난민문제 역시 전 세계적 문제로 부상하고 있다. 내란, 빈곤, 식량과 일거리, 주거, 종교적 차별, 그리고 환경의 악화 등의 요인들이 난민 숫자의 증가의 근본 요인이 되고 있다. 여기서 인간중심적 발전 이데올로기의 목적 달성을 위한 과학기술의 발전이 악화일로에 있는 불의 상황, 환경오염과 핵무기에 의한 위협에 직면해서 우주의 총체적 재난을 해결하기에는 한계를 지니고 있음이 분명히 드러난

---

29) 교황청 신앙교리성성, 앞의 훈령, 12항.
30) 위의 훈령, 14~17항 참조.
31) 『정의, 평화, 창조질서의 보전 세계대회 자료집』, 76.
32) 교황 바오로 2세, 1990년 세계 평화의 날 담화문, 8항.

다.[33] 유한한 물리적 환경 안에서 시시각각 수적 증가를 보이는 인간들로부터 발해지는 무한계적 요구가 인류 자신에 의해 충족될 수 없을 것이다. 제한된 자원을 가지고서 무한한 진보를 이룩할 수 없으며, 제한된 가능성을 가지고 무한한 욕구들을 만족시킬 수 없기 때문이다. 인간의 욕구들이 무제한하게 팽창하는 한, 이 지구는 위기에서 헤어나지 못할 것이다. 현금의 생태계 위기 상황은 과학기술에 의한 세계지배의 시대가 한계에 이르렀음을 분명히 시사하고 있다.

2) 그런데 현대 세계의 지배적 이데올로기로서의 인간중심주의의 사상적 근원이 바로 하느님중심주의를 표방하는 서구 그리스도교라는 사실은 지극히 역설적이다.[34] 그리스도교가 뿌리 깊이 정착되어 있는 서양 사회에서 만물이 창조주로서의 하느님의 피조물로 파악되면서 하느님 중심적 세계관이 정립되었다. 그런데 바로 이 성서-그리스도교적 유일신론적 하느님 중심성이 오늘날의 인간중심적 세계관의 사상적 뿌리이자 배경이 된다는 사실을 직시할 필요가 있다.

서구 그리스도교계 안에서 하느님은 삼위일체적이라고 고백되면서도 유일신론적 존재로 표상되어 왔다. 지난 세기에 가톨릭교회는 제1차 바티칸공의회(1869~1870)의 "가톨릭 신앙에 관한 교의헌장(Dei Filius, 1870)"에서 하느님을 다음과 같이 규정하고 있다.

> "거룩한 로마가톨릭교회는 한 분 하느님이 진실하시고 살아 계시며, 하늘과 땅의 창조자이시며 주(主)님이시고 전능, 영원, 무량(無量), 불가해(不可解)하시며, 당신의 지성과 의지의 모든 완전성(完全性)에 있어서 무한하시다는 것을 믿고 고백한다. 그분은 오로지 유

---

33) 교황청 신앙교리성성, 앞의 문헌, 40항 참조.
34) S. McDonagh, To care for the Earth, 107~142; 김용준, 앞의 글, 17~20 참조.

일무이하고 영적인 실체이며 온전히 단순하고 불변적이기 때문에 우리는 그분이 존재와 본질 안에서 세상과 구별되고, 자신 안에서 그리고 자신으로부터 지복(至福)을 누리시며 그분 이외에 존재하거나 생각될 수 있는 만물보다 형언할 수 없이 탁월하다고 선언해야 한다."[35]

여기서 하느님이 의인화(擬人化)되어 '종(從, servus)'의 대칭개념으로서의 '주(主, Dominus)'로 파악되고 있으며, 전능(全能), 무량(無量), 무한(無限), 지복(至福) 그리고 탁월(卓越) 등의 속성이 하느님의 속성으로 규정되고 있다. 여기서는 사랑의 자기희생(犧牲)이나 고난(苦難), 인내(忍耐) 그리고 무력화(無力化)는 하느님의 속성으로 헤아려지지 않는다. 지선(至善)보다는 '전능'으로 대표되는 탁월한 힘, 세력(勢力)이 하느님의 고유한 속성으로 파악된 것이다. 인간은 이러한 전능한 주로서의 신 상념에 입각해서 '하느님의 모상(imago Dei)'으로서 하느님의 모상성을 획득하기 위하여 힘과 초능력을 얻고자 노력하기에 이른 것이다. 그리고 인간은 과학과 기술을 통하여 하느님과 비슷하게 될 수 있는 힘을 얻을 수 있다고 믿게 된 것이다.

하느님이 '하늘과 땅의 창조자이자 주(主)님(Creator et Dominus caeliet terrae)'으로 고백되고 '절대적 주체(主體)'로 생각됨으로써 세계는 하느님의 창조와 유지, 그리고 구원의 '대상적 객체(客體)'로 간주되기에 이르렀다. 하느님이 세계를 초월(超越)하는 분으로 생각되면 될수록 세계는 더욱더 내재적(內在的)으로 파악되었다. 하느님은 탈세계화(脫稅界化)되고, 세계는 더욱더 세속화(世俗化)가 되었다. 그리스도교적

---

35) H. Denzinger – A. Schönmetzer, Enchiridion Symbolorum, Definitionum, et Declarationum de rebus fidei et morum, Barcelona 1965, 3001; J. Neuner – J. Dupuis(editiors), The Christian Faith in the Doctrinal Documents of the Catholic Church, London(Collins) 1982, 327; G. 하셴휫틀, 『하느님–과학시대를 위한 신론 입문』, 서울(성바오로출판사) 1983, 267~273 참조.

하느님 신앙이 세계를 탈신격화(脫神格化)하고 탈신성화(脫神聖化)하며, 세계의 금기(禁忌)를 깨뜨리고 세계를 인간에 의해 조형되는 세속적 세계로 건설하도록 이끈 원동력이었다고 서구 그리스도교계는 보고 있다. "창세기의 두 창조기록들은 이미 세계의 탈물신화(脫物神化, Entnuminisierung)를 성취하고 인간을 실재의 주인공으로 설정하고 땅을 지배하도록 위탁한다. 때문에 근세의 세속화 과정이 그리스도교적으로 형성된 유럽 문명의 지반 위에서 일어난 것은 우연이 아니다. 이 세속화 과정은 — 나른 영향과 병행하여서 — 그리스도교의 정신사적이고 사회사적인 성과이기도 하다."[36]

이러한 정신사적이고 사회사적 분위기가 정착된 서구 세계에서 시간이 경과되면서 '하느님의 모상'으로서의 인간이 인식과 의지의 '주체(主體)'로 인식되고, 세계는 그의 객체(客體)로서의 '대상(大商)'으로 대치되기에 이르렀다. 하느님이 세계의 창조자요, 주인이며, 소유자인 것처럼 인간도 이에 상응하는 방식으로 세계의 주인이요, 소유자가 되고자 노력하게 되었으며, 그 역사적 귀결이 과학기술을 이용한 자연환경의 거의 무차별적 정복과 파괴로 나타나기에 이른 것이다.[37]

19세기, 아니 금세기 중엽까지 서구사회를 지배해온 가치체계가 성서-그리스도교적 성격을 띠고 있으며, 자연의 정복이 그리스도 교회 안에서 전승되어온 하느님과 세계의 구별과 상위성에 의하여 종교적으로 재가되어온 것이 역사적 사실이다. 서구 그리스도교계가 오늘의 생태계 위기에 대하여 공동 책임을 지고 있다는 점이 서구 출신 그리스도인들에 의해서까지 오늘날 시인되고 있다.[38] '하느님 중심주

---

36) W. 카스퍼, 『현재와 미래를 위한 신앙』, 졸역, 왜관(분도출판사) 1979, 21; J. 몰트만, 앞의 책, 42 이하 참조.
37) J. 몰트만, 앞의 책, 42~49 참조.

의'가 인간과 자연세계의 피조물성을 분명히 하고 그의 능력과 자연 자원의 한계를 드러내게 하여 하느님의 뜻에 따라 생활케 하는 데에서 불변하는 정당성을 간직하고 있다. 그러나 하느님과의 창조물의 관계를 '지배자적 군주(君主)와 피지배자적 종(從)'의 관계로 파악하고 있는 '유일신론적 신중심주의'가 오늘날 인류가 직면한 생태계 위기의 사상적 배경이 되고 있음은 그리스도인들에게는 적이 곤혹스러운 일이 아닐 수 없다.

Ⅲ. 그리스도 신앙의 생명 이해

물리적 환경파괴의 재난을 극복하려는 취지에서 그리스도 신앙의 생명관을 개략적으로라도 서술하고자 한다. 먼저, 그리스도 신앙의 전거로서의 성서에서 드러나는 생명과 생명의 원천으로서의 하느님의 실상을 간략히 소묘한 뒤에, 인간 생명과 물리적 자연 세계가 그리스도 신앙 안에서 어떠한 관계를 맺는지를 살펴보고자 한다.

1. 성서-그리스도교적 생명 개념

성서에서 생명(生命, vita)에 해당하는 개념은 히브리어 '하임'과 그리스어 '조에'이다.[39] 그러나 생명과 관련되어 사용되는 다른 단어들,

---

38) J. 몰트만, 앞의 책, 36 참조.

39) 이에 관하여 R. Bultmann/G. v. Rad/G. Bertram, Z★★, Z★★★ in: *Theologishces Wörterbuch zum Neuen Testament*(=ThWNT)Ⅱ, hrsg. v. G. Kittel, Stuttgart, 1935, 833~874; W. Bü hlmann, Leben - - Sterben - Leben, Graz 1985; P. M. Coyle, Life, concept of(in the Bible), in: New Catholic Encyclope-

히브리어 '루아하'나 '네페쉬' 그리고 '바사르'나 그리스 단어 '프네우마'와 '프쉬케', '소마'와 '사르크스' 등도 생명과 관련하여 중요한 의미를 지닌다.

1) 구약성서에서 생명을 뜻하는 히브리어 '하임(hajim)'은 다양하게 작용하는 생명력의 정수로서 신체적이고 기관적 생명을 뜻한다. 이 말은 우선적으로 '움직임'과 상관한다(창세 1, 28~30; 7, 21 이하; 시편 69, 35). 살아있다고 볼 수 없는 원천(源泉)으로부터 용솟음쳐 오르는 물이 살아 있다고 지칭되는 것도 이러한 관점에서 형성된 것이다(창세 26, 19; 레위 14, 5; 민수 19, 17; 예레 2, 13). 신약성서에서 생명을 뜻하는 '조에(ζωή)'는 그리스어에서 본시 동물과 인간 그리고 식물 등 유기체의 신체적 생동성을 뜻한다. 생명은 하나의 사상(事象) 내지 사물로서가 아니라 일어서고 움직이며, 본연의 힘을 가지고 있는 등 생명체의 특징을 나타내는 '살아 있음'으로 이해되면서 우선적으로 죽음과 상반되는 자연생명과 관련하여 사용된다. 살아 있는 자는 죽은 무생물과는 달리 일어서 움직이며 무엇인가를 이룩한다. '하임'이나 '조에'는 본래의 의미에서 무엇인가를 이룩해 낼 수 있는 능력인 활력(活力)으로서의 생명을 의미한다. 그래서 힘으로 충만한 하느님의 말씀이 생명적이라고 지칭되고 있다(사도 7, 38; 히브 4, 12; 1 베드 1, 23). 구체적으로 생명은 할 수 있음, 희망함, 역사(役事)함, 향

dia(=NCE),Ⅷ, New York 1967, 739~744; J. B. Long, Life, in: The Encyclopedia of Religion(=TER)Ⅷ, edited by M. Eliade, New York 1986, 541~547; F. Mussner, Leben, in: Lexikon für Theolgie und Kirche(=LThK)Ⅵ, hrsg. v. J. Höfer/K. Rahner, Freiburg 1961, 853~856; F. Mussner, Leben, in: *Handbuch theologischer Grundbegriffe(=HthG)* Ⅱ, hrsg. v. H. Fries, München 1963, 25~30; G. Mller, Leben, in, Lexikon der Religiones(=LdR), hrsg. v. König/Waldenfels, Freiburg 1987, 373f; J. Nelis, Leben, in: *Bibel-Lexikon*(=BL), hrsg. v. H. Haag, Einsideln 1968, 1021~1027; A. -A. Viard/J. Guillet, Life, in: *Dictionary of Biblickal Theology*(=DBTh), edited by X. Léon-Dufour, New York 1977, 313~316; 한스발터 볼프, 『舊約聖書의 人間學』, 文熹錫 옮김, 왜관(분도출판사) 1976; 졸저, 『인간-신학적 인간학 입문』, 서울(서광사) 1989 참조.

유함이며(전도 9, 4~10), 세상의 좋은 일에 참여함이다(욥 33, 28~30; 시편 36, 10; 전도 11, 7 이하). 그래서 생명은 건강과 기쁨, 힘과 성공 등 행복함을 아울러 뜻한다.

  2) 생명의 성서적 개념을 포괄적으로 이해하기 위하여 생명의 직접적 원인이자 담지자(擔持者)를 나타내는 말들을 주목해야 하는데 먼저 '루아하(ruah)'를 꼽을 수 있다. '루아하'는 본시 '기운(氣運)', '바람', '영(靈)'을 의미하는 단어이다. 이 '루아하'가 인간을 살아 있는 생명체로서 지탱시켜 주는 활력으로서 하느님으로부터 부여된 '생명의 영'을 의미한다. 이 '루아하'가 하나의 실재에 들어오면 생명이 시작된다(창세 2, 7; 시편 104, 30; 예제 37, 8~10; 루가 8, 55; 묵시 11, 11; 13, 15). 그리고 죽음은 '루아하'가 완전히 빠져나가서 인간이 더 혼자서 있을 수 없게 되는 것으로 파악된다(1열왕 17, 17; 욥 12, 10; 시편 104, 29; 전도 12, 7; 집회 9, 13; 마태 27, 50; 루가 23, 46; 요한 19, 30; 사도 7, 59). 신약성서에서의 '프네우마(πνευma)'는 구약에서의 '루아하'처럼 지상세계에서뿐만 아니라, 천상세계에서도 영속하는 '생명의 영'을 뜻한다. 이 '프네우마'가 무엇인가를 살아 있게 하는 바로 그것이다(요한 6, 63; 2고린 3, 6). 육화된 하느님의 말씀 그리스도 안에서 실현되고 하느님에 의해 모든 인간에게 가능하게 된 생명이 바로 '프네우마'의 생명, 곧 영적 생명이다. '프네우마'는 하느님의 영(로마 8, 9)이나 예수 그리스도의 영(필립 1, 19)으로서 인간 안에서 수용된 생명을 부어하는 힘으로 볼 수 있다(루가 11, 13; 요한 3, 5; 시도 8, 19; 16, 6; 에페 5, 18; 2데살 2, 8). 이 '프네우마'는 인간의 초월적이고 초의식적 인격 중심으로서 본질적으로 하느님과 연관되어 있고 하느님의 작용을 수용할 수 있는 요체인 셈이다.

히브리어 '네페쉬(nephesch)'나 그리스어 '프쉬케(ψυχή)'는 흔히 '생명의 영'을 뜻하면서(1열왕 17, 21; 사도 20, 10) 대개는 '영혼(靈魂, anima)'으로 번역되는데 개인의 자연적 생명 또는 영원한 생명이 포함된 생명 일반을 뜻하며, 이 생명의 담지자(擔持者)를 의미하기도 한다. 이를테면 '네페쉬', '프쉬케'는 생명 일반의 터전인 셈이고 하느님 낙원에 있는 나무로부터 영양을 필요로 하는 소인(素因)이다(창세 3, 9; 묵시 2, 7; 1고린 15, 45). 그러나 인간이 범죄함으로써 죽음의 지배하에 놓이게 되면서 '네페쉬'나 '프쉬케'는 죽음의 터전이 되었다(로마 5, 14). 그런데 '네페쉬'는 본시 신체기관의 일부인 '목구멍', '식도' 내지 호흡기관을 나타내는 말이다. 고대 셈 민족은 목구멍으로 먹고 마시며, 호흡도 한다고 여기어 목구멍을 생명의 근본 요소가 머무는 곳으로 보았다. 인간이 살기 위해 음식과 호흡을 불가피하게 필요로 한다는 사실에 입각해서 '에페쉬'는 바로 생명 자체로 파악된다. 이 '네페쉬'가 피 안에 위치한다고 간주되어 피가 생명과 동일시되기도 하였다(창세 9, 4; 레위 17, 14; 신명 12, 23). 그런데 셈 민족에게서 생명의 의미로 사용되는 '네페쉬'가 육신의 생명과 구별되어 별도로 존재하는 영혼 생명을 뜻하지는 않는다. 물론 구약성서에서 '네페쉬'가 사랑과 증오의 주체로서 인간의 정신적 감정과 정서적 상태의 본거지로서의 영혼의 의미를 지니기도 한다. 요컨대, '네페쉬'는 육신과 분리된 가운데 독립적으로 존재하는 '영혼'을 지시한다기보다 '살아 있는 인간 존재'를 뜻한다고 볼 수 있다.

이 성서적 통찰 안에서 심장 내지 마음을 뜻하는 '레밥(lebab)'은 인간이 내적으로 생각하고, 기억하며, 결정하는 바를 따라 자유롭게 움직이고 더 나아가 하느님의 말씀을 청종하는 등 그의 내적 생명이 이루어지는 자리로 간주되고 있음도 주목할 일이다(잠언 3, 5; 4, 20~22; 시편 14, 1; 15, 2; 이사 10, 7).

히브리어 '바사르(basar)'나 그리스어 '소마(σῶμα)'는 본시 '뼈'와 구별되는 살아 있는 '몸(corpus)'을 나타내는 말이다. 그런데 '바사르'나 '소마'는 단순히 물리적 신체를 뜻하기보다는 인격적 실재의 가시적 형체의 성격을 지니는 '몸'을 나타내기 때문에, 인간 존재 내지는 생명의 일부가 아니라 그 구현으로서 우선적으로 육신이 보이는 부분을 표시하고 인간의 가시적인 몸 전체를 표현하는 말로도 사용된다. 살아 있는 몸으로서 '바사르'나 '소마'는 하나의 객체가 아니라, 말하고 행동하면서 살아가는 가능성의 의미를 많이 지닌다. 하지만 이 말들이 다른 동물에게도 그대로 적용되어 사용되는 사실로 미루어 보아 이 말이 동물과 인간에게 공통적으로 속하는 특성을 표현하고 있다고 간주된다. '바사르'나 '소마'는 인간 생명의 나약성과 사멸성에 초점을 맞추면서 인간 생명 전체를 아울러 지칭하고 있어서 인간 생명은 자체로서 몰락할 허약한 존재로서 피조물의 무력성을 가리키는 데 쓰인다. 바울로의 서간들에서는 '육신' 내지 '몸'으로 이해될 수 있는 '소마' 이외에 '살'로 이해될 수 있는 '사르크스(σάρξ)'라는 단어가 등장한다(로마 8, 4 이하; 2고린 10, 3; 갈라 2, 20; 골로 2, 1). 바울로는 이 말로서 '몸' 자체를 나타내기보다는 육체성에 얽매여 헤어나지 못하는 부패한 인간 본성을 지칭하였다. 여기서 '사르크스'는 이 세상에서 살아야 하는 인간의 육신적 생명 자체가 아니라, 하느님을 거슬러 덧없는 '살'에 탐닉되어 있는 삶 자체를 의미한다. 여기서 바울로는 피조물로서의 육신적 인간의 나약성과 영원한 하느님 생명의 위대함을 대치시키고 있는 것이다.

인간 생명을 위시한 모든 생명이 신성한 하느님으로부터의 선물이
라면 생명 자체가 그지없이 신성하고 고귀한 실재임에 틀림없다. 실
제로 성서 보도를 다르면 생명은 지속되고 번성하도록 하느님의 특
별한 축복을 받는다(창세 1, 22~28). 그리고 인간은 삶이 갖은 노고를
동반함에도 불구하고 생명을 보존하기 위하여 만사를 희생하고자 한
다(창세 2, 4). 바로 이 때문에 생명의 살상 행위가 엄금되고 있는 것
이다(창세 9, 5 이하; 출애 20, 13; 신명 5, 17). 오늘날 생명 일반의 고
귀성과 손엄성이 다방면에서 강조되고 있음은 성서-그리스도교적 생
명관과 전적으로 부합된다.

2. 생명의 원천으로서의 하느님 이해

성서는 애당초부터 생명을 선사하는 하느님의 역사(役事)에 대한
증언이다.[40] 여기서 우주 삼라만상의 창조가 하느님의 첫 역사적 행
위로 묘사되고 있으며, 역사(歷史)의 시작과 동시에 개시되는 위대하
고 유일한 주제가 바로 곧 생명이다.

1) 활동성 내지 역사성(歷史性)이 생명과 동의어로 파악되는 성서적
전승 안에서 우주창조와 이스라엘, 그리고 그리스도 교회의 역사는
바로 하느님이 살아 계신 분임을 웅변적으로 증언한다. 하느님의 무
한한 생명이 우선적으로 창조를 통해서 현시된다. 여기서 결정적으로
체험되는 사실은 하느님은 '살아 계신 분'이고 '생명의 하느님'이라

---

40) 이하 내용에 관하여 앞에서 제시된 문헌 이외에 S. McDonagh, *The Greening of the Churche*, New York
1990; G. 하센휫틀, 『하느님−과학 시대를 위한 신론 입문』, 졸역, 서울(성바오로출판사) 1983; J. 몰트만,
『창조 안에 계신 하느님』, 김균진 옮김, 서울(한국신학연구소) 1987; 졸저, 『續. 그리스도와 구원−전환기
의 신앙이해』, 서울(성바오로출판사) 1984, 15~169 참조.

는 점이다(출애 3, 14; 33, 14 이하; 여호 3, 10; 1열왕 19, 4; 시편 42, 3; 예레 2, 13; 10, 10; 다니 6, 37; 마태 16, 16; 요한 6, 57; 사도 14, 15; 로마 9, 26; 묵시 7, 2). 이 하느님은 영원하신 분으로서 힘이 솟구쳐 피곤을 모르면서 슬기가 무궁한 분이다(이사 40, 28).

하느님은 지고의 의미로서의 생명이라고 지칭될 수 있다. 다른 모든 생명체가 모래알이나, 뜬구름, 또는 들에 핀 꽃처럼 단편적이고 무상한 데 비해서 하느님은 당신 안에서 생명을 원천적으로 보유하는 영원한 생명존재이기 때문이다(집회 19, 10; 욥 7, 9; 시편 102, 12; 103, 15; 이사 40, 6; 1베드1, 24). 그래서 하느님의 생명은 무엇과도 비견될 수 없다(출애 15, 11; 이사 40, 25). 살아 계신 하느님은 '생수의 원천(예레 2, 13 ; 17, 13)'이자, '생명의 원천'이다(시편 36, 10; 잠언 14, 27). 하느님의 충일한 생명은 창조적 행위를 통해서 현시된다(시편 2, 4; 16, 11; 35, 9; 욥 43, 14 이하). 창조를 통해서 생명을 선사하는 하느님은 살아 계신 영(靈) 자체인 분이다. 이를테면 하느님은 무한한 생명의 영이다. 성서가 증언하는 '살아계신 하느님'에 대한 상념 안에 이미 '생명'에 대한 높은 평가가 감지된다.

2) 그런데 그리스도 신앙은 모든 생명의 원천으로서의 하느님을 '삼위일체(三位一體)의 하느님'으로 고백하고 있다.[41] 그리스도인들은 우주만물을 창조한 하느님께서 피조물들로부터 떠나시지 않고 친히 인간이 되시어 피조물과 운명을 함께 나누는 '엠마누엘(Immanuel, 'Εμμανουήλ)' 하느님이고 지상(地上)에서의 삶을 마친 뒤에 성령으로서 피조물들 안에서 내주한다고 믿는다. 즉, 그리스도 신앙 안에서 한 분

---

41) 이하 내용에 관하여 주로 졸문. 「교회와 환경의 관계」, 성심여대종교교육연구소편, 『그리스도 신앙의 진리 ―그리스도교 입문』, 부천(성심여자대학교 출판부) 1991, 316~320 참조.

하느님이 하나의 '주체(主體)'로서가 아니라 '아버지(聖父)와 아들(聖子)과 성령(聖靈)의 세 위격(位格, Persona) 관계(relatio)의 하나 됨'으로 고백되고 있다.

'그리스도 신학은 하느님은 사랑이다(1요한 4, 8)'라는 성서의 진술로부터 출발하면서 하느님의 내적 삼위일체적 신비를 관계적 실재로서의 사랑으로 이해하고 있다. "당신의 내밀한 생명에 있어서 하느님은 '사랑이십니다.' 그분은 본질적인 사랑으로 이 사랑은 세 신적 위격들에 공통되는 것입니다."[42)

즉 하느님의 존재가 바로 관계이며, 하느님은 관계로서만 하느님으로 존재한다. 즉 그의 실재 자체가 관계이어서 자기 자신을 지향하는 '안에로의 존재(esse in)'가 아니라 자기 아닌 남을 지향하는 '에게로의 존재(essead)'이다. "관계는 자신의 동일성 안에서 동시에 항상 다양성이다. 관계실존이란 종결된 존재를 뜻하지 않고 '에게로의 존재', 즉 개방성이자 삼중적 관계로 생각될 수 있는 자기전달(自己傳達)이다. 이처럼 하느님 안에서의 위격개념은 전통적 교리에 따르면 자기 개현, 완전한 개방성, 온전한 투명, 자기 자신의 초극(in-sich-selbst-Überschreiten)이다. 하느님의 위격이란 자기 자신을 위해서는 아무것도 아니려 하고, 만사가 타자를 지향하여 존재하는 것이며, 자신에게로가 아니라 타자를 지향하여 존재한다는 것을 의미한다. 전달될 수 없는 것이 조금도 남지 않고 전적인 헌신, 전적인 선물로 존재한다는 것을 의미한다. 하느님은 절대적 자기 진술이고, 사랑의 선물이다."[43)

---

42) 교황 요한 바오로 회칙, 『생명을 주시는 주님-Dominum et Vivificantem』, 이병호 역, 서울(한국천주교중앙협의회) 1986, 10항.

43) G. 하센휫틀, 앞의 책, 251 이하.

그래서 하느님의 구별되는 위격들의 관계는 영원하고 무한한 사랑의 대화(對話)로 묘사될 수 있기도 하다. "즉 성부는 자신의 원천을 지니지 않은 근원적 존재로서 당신 자신을 진술하고, 이 진술된 말씀이 곧 성자이며 따라서 성부와 성자는 필설로 형언할 수 없는 사랑 안에서 서로를 인식한다. 그리고 이 성부와 성자 사이에서 생기는 인격적인 사랑, 곧 이 두 위격으로부터 발출해 나오는 사랑이 성령이다."[44] 하느님의 본질이 사랑이기에 그의 의지 또한 순수한 사랑이라고 보아야 할 것이다. 그리고 창조가 하느님의 자유로운 의지의 행위라면 또한 하느님의 사랑의 행위이기도 하다는 사실이 필연적으로 따른다. 비신적(悲神的)인 조물들을 창조하고 생명을 부여하는 동기는 하느님의 헤아릴 수 없는 사랑이다. 하느님은 사랑하기 때문에 인간을 위시한 우주 삼라만상을 창조하고 생명을 선사한다. 사랑으로서의 하느님은 애당초 자기 자신을 지향하는 존재가 아니라 타자를 위해 자기 자신을 건네주는 존재이기 때문이다. 사랑은 본시 자기 아닌 '것'을 '살아 있는 너'로 존재케 하는 원초적 힘이다.[45] 또한 이 사랑은 상대방인 '너'의 삶이 유한하지 않고 무한히 영속하기를 바라는 힘이기도 하다. 하느님은 바로 참사랑 자체로서 창조된 피조물의 세계가 당신처럼 영원히 살아 존재하기를 바라는 분이다. 삼위일체의 하느님은 자유로운 사랑의 풍요 속으로부터 나와서 당신과 다른 창조 세계를 이룩한다. 성자(聖子)를 통하여 하느님은 만물의 창조를 이룩하고 살아 있는 피조물들을 화해케 하며 구원한다. 성령(聖靈)을 통하여서는

---

44) W. 바이너르트, 『창조신앙-그리스도 중심의 창조론 입문』, 졸역, 서울(성바오로 출판사) 1986, 118.

45) 이에 관하여 졸저, 『인간』, 306: 요한네스로쯔, 『사랑의 세 단계-에로스, 필리아, 아가페』, 졸역, 서울(서광사) 1985, 87~133 참조.

하느님은 당신의 창조물 안에서 임재하면서 살아 있게 한다.

태초에 생명은 하느님의 성자 말씀(λόγοσ) 안에 존재한다. 생명 자체인 분이 육화되어 예수 그리스도로 육화된 것이다(요한 1, 1~4; 14, 6). 그래서 그는 자신을 생명이라고 부르기도 한다(요한 11, 25; 14, 6). 예수 그리스도의 활동 중심부에 '하느님 나라(βασιλεία του θεού)'가 위치하고 있으며, 이 나라가 죽음 이후에 따라오는 타계로서의 피안 세계(彼岸世界)에만 속하지 않고 예수 그리스도의 인간적 현존과 함께 현세에서 실현된다는 사실이 간과되어서는 안 될 것이다.[46] 이 하느님 나라는 무조건적 하느님의 사랑에 의해 실현되는 나라이다. 그는 하느님 나라의 실현을 통하여 세계를 구원하고자 고난을 당하고 십자가에 처형된다. 그리스도의 십자가에서 하느님은 무력(無力)하게 나타난다. 이 하느님의 무력은 인간 및 피조물과 일치하는 하느님의 절대적 임재(臨在)의 표현으로 이해될 것이다. 십자가는 피조물과 일치하는 하느님 임재의 한계를 긋는 것이 아무것도 없음을 보여 주고 있다. 십자가에서의 하느님은 임재를 통해서 하느님의 권능이 사랑이라는 것이, 하느님이 당신 자신을 십자가에서의 허무성과 죽음 안으로까지 낮춘다는 것이 분명하게 되었다. 그리스도인들은 하느님이 십자가를 통하여 사람이 시험을 통과하였으며, 십자가는 하느님 나라가 사랑 안에서 실현되는 나라임을 알게 된다. 그리스도는 십자가의 죽음을 이기고 부활하였다. 그리고 부활의 영광 중에 있는 그리스도는 생명을 부여하는 영으로 존재한다(1고린 15, 45). 이러한 그리스도의 삶과 죽음 그리고 부활은 생명의 원인으로 머문다(요한 10, 10; 로마

---

46) 이에 관하여 졸문, 「그리스도 구원의 해방적 요소」, 『宗敎神學硏究』 第4輯, 서울(西江大學校 宗敎神學硏究所) 1991, 92~110 참조.

4, 25; 5, 10; 2고린 5, 15).

성령은 성부와 성자의 영으로서 위격인 사랑이다. 이 성령에 해당하는 히브리 개념 '루아하(ruah=πνεῦμα)'는 앞에서 이미 시사한 바와 같이 본시 생동적인 '기운(氣運)', '바람'을 뜻한다. 살아 움직이는 기운이나 바람은 스스로도 움직이면서 다른 무엇인가를 움직이게 하는 실재이다(창세 8, 1; 출애 10, 13~19; 14, 21; 이사 7, 2). 하느님은 성령을 통하여 피조물들 안에 현존하며 그들을 생기 있게 한다. 하느님의 성령이 생기가 없는 조물을 생명 있는 존재로 변화시키어 하나의 살아 있는 인간이 된다(창세 2, 7). 살아 움직이는 하느님의 기운으로서 성령은 '창조되지 않은 사랑-선물'로서 인간을 위시한 피조물들에게 선사된다. "우리는 또 하느님께서 성령을 통해 선물이라는 양식으로 '존재'하신다고 말할 수도 있습니다. …… 동시에 성령은 …… 사랑이요, 창조되지 않은 선물이신데, 이 사랑을 원천(살아 있는 샘)으로 피조물들에게 부여되는 모든 선물들(창조된 선물)이 흘러나옵니다. 말하자면, 창조행위를 통해 모든 것들에게 존재를 선사하고, 전구원 경륜을 통해 인간들에게 은총을 선사하는 것입니다."[47]

3) 하느님은 세계를 창조하면서 피조물 일반, 특히 살아 있는 조물의 세계 안으로 들어간다. 세계를 초월하는 하느님은 세계 안에 내재하는 하느님 바로 그분이다. 세계의 창조 속에서 하느님은 당신을 피조물들에게 내어 주며 그들과 함께 그들의 역운(歷運)에 동참하는 것이다. 하느님이 창조세계 안에 임재하고 있다면, 그분의 인간과 자연 세계와의 관계는 더 이상 일방적인 '지배와 복종의 관계'로서가 아니

---

47) 교황 요한 바오로 2세, 앞의 회칙, 10항.

라 다양한 '친교의 관계'로서 이해되게 마련이다. 삼위일체적 하느님
은 창조물에 대해서 일면적이면서도 다면적 관계들을 맺고 있음에
틀림없다. 독일 개신교 신학자 몰트만(J. Moltmann, 1926~)의 표현대
로 피조물에 대한 하느님의 관계 안에서 "'창조', '조존', '유지', '완
성'은 커다란 일면적 관계들을 표현하는 반면에, '거함', '함께 고난당
함', '참여', '동반', '인내', '기뻐함', '영광스럽게 함'은 하느님과 영과
그의 모든 피조물들 사이의 우주적 삶의 사귐을 나타내는 '상호적'
관계들이다."48)

창조 이래 진행되는 세계의 역사과정이 본질적으로 생명을 선사하
고 보전하기 위해 당신 자신을 희생하는 생명을 위한 하느님의 사랑
에서 시작되고, 또 거기서 끝나므로 그리스도인들은 하느님 안에서의
영원한 생명에 대한 희망을 지니며 생활한다. 당신 창조물에 대한 하
느님의 사랑에 의하여 생명이 죽음으로써 끝난다는 생각은 그리스도
인들에게서 타당성을 상실하며, 오히려 사랑이신 하느님이 앞으로도
계속하여 생명을 부여하시며 이 생명에 대한 신의를 보여 주시리라
는 희망이 강화된다.

3. 피조물 인간과 자연세계의 관계

그리스도 신앙은 인간생명을 위시한 모든 생명을 생명 자체이신
하느님께만 온전히 알려진 목적을 위한 하느님의 선물이라고 파악하
는 한편, 인간을 자연의 일부로 보면서 자신과 본질이 동일한 자연의

---

48) J. 몰트만, 앞의 책, 29 참조.

관리자로 소명된 창조물이라고 이해한다. 그리스도 신앙의 이러한 입장을 성서적 창조신앙에 입각하여 부연하여 보기로 한다.[49]

1) 기원전 900~1000년 열왕기 시대에 기록된 것으로 추산되는 야휘스트(Jahwist)계 문헌에 따르면 하느님은 자연세계를 창조한 뒤에 인간을 흙으로부터 조성하였다(2, 7). 이 문헌의 증언은 인간(아담, adam)과 흙(아다마, adama) 사이의 음성학적이고 현실적 연결을 시사하고 있다.[50] 이 두 말은 동일한 어원에서 나온 비슷한 말들이다. 이 말들의 어원의 의미는 '붉다'로서, 인간의 피부색이 적갈색이라는 뜻과 흙의 색이 적갈색이라는 뜻을 나타내고 있다고 간주된다. 인간은 흙과 삼종적 관계를 맺는다고 볼 수 있다. 인간은 흙에서 창조되었고(2, 7; 비교 3, 19. 23), 그 밭의 흙은 경작해야 하고(3, 23), 죽을 때에 그 밭의 흙으로 되돌아간다(3, 19). 아담-아다마의 연결관계는 창세기 2장 4b~25절 설화의 기본주제로서 모든 생명의 결속 관계로 볼 수 있다.

야휘스트계 문헌에서는 '흙(adama)'으로서의 인간(adam)은 동시에 '먼지(앗팔, afar)'로서의 인간이기도 함을 강조하여 인간의 '피조성'의 관념을 발전시킨다. 흙과 먼지는 동일 본질적이고, 흙으로부터 온 인간은 본질적으로 썩어 없어지는 먼지라는 것이다(3, 19). 인간의 본질이 곧 흙이고 흙이 곧 인간의 어머니라는 주장은 인간과 흙의 불가분리적 동일 본질성을 증언한다고 볼 수 있다.

이 창조설화에서 인간을 생명체로 만드는 것이 하느님의 '영(靈)'인

---

49) 이하 내용에 관하여 주로 W. 바이너르트, 앞의 책, 21~77; 서인석『한 처음의 이야기. 창세기 1~11장의 기호학적 설화분석』, 광주(생활성서사) 1986; 曹正憲 編著, 『創造論』, 왜관(분도출판사) 1989; 이정배, 「창조론에 대한 신학적 이해」, 『基督敎思想』 342(1987. 6), 13~27; 이기락, 「인간의 존엄성에 대한 성서학적 고찰」, 『가톨릭 신학과 사상』 7(1992. 6), 가톨릭대학교출판부, 34~53; 조규만, 「교의신학 관점에서의 인간 생명 존엄성의 문제 고찰」, 같은 잡지, 5~33; 졸문, 『교회와 환경의 관계』, 321~326 참조.

50) 이에 관하여 특히 이기락, 위의 글, 38~40 참조.

'루아하'와 '네페쉬'이다. 하느님이 흙으로 빚어 만든 형상의 코에 직접 당신의 영인 입김을 불어넣음으로써 살아 있는 인간을 만들었다는 진술을 통해서 창조자 하느님과 피조물 인간과의 직접성이 시사되고 있다. 그런데 여기서 인간이 '살아 있는 영'이라고 지칭되면서 동물들과 결합되어 있음도 아울러 시사된다. 동물들도 '살아 있는 영'이라 불리기 때문이다(창세 1, 30). 히브리어 '네페쉬'는 '호흡'을 뜻하기도 하기 때문에 인간은 동물들처럼 숨 쉬는 생물로서 똑같이 공기에 의존하며 살게 되는 피조물임이 시사되고 있는 것이다. 인간은 다른 모든 생명체처럼 하느님의 '영'인 입김에 의해 삶을 누리게 된다(시편 104, 30; 이사 42, 5 참조).

기원전 500~600년경 이스라엘의 유배생활 시기에 사제들이 백성들을 교육하고 이끌어 갈 때에 작성된 것으로 사료되는 제관(祭官)계 문헌(창세 1, 1~2, 4a)은 인간을 창조의 결론으로 보고 있다. 여기서 하느님의 만물을 창조하기 위해서 어떠한 수단이나 중재적 실재를 사용하지 않고 '무'로부터 만물을 창조하셨음('바라', barah)이 진술된다. 히브리어 '바라(barah)'는 인간이나 여타 동물의 행위와는 구별되는 하느님의 고유한 창조적 행위를 뜻하는 말로 사용된다. 인간의 경우에 무엇인가를 이룩하려 할 때에 특정 재료를 필요로 하는 데 비해서 하느님 사전에 존재하는 재료에 의존하지 않고 만물을 창조한다고 증언되는 것이다.

여기서 인간은 하느님은 특별한 결단을 통해서 '하느님의 모상(imago Dei)'으로 창조되고 있다.[51] "하느님께서는 '우리 모습을 닮은 사람을

---

51) 이에 관하여 특히 이기락, 같은 글, 40~46; 조규만, 앞의 글, 9~18 참조.

만들자!' 하시고 당신의 모습대로 사람을 지어내셨다(창세 1, 26 이하; 또한 창세 5, 1; 9, 6; 시편 8, 6; 집회 17, 3 참조)." 인간의 창조는 여타 피조물의 창조 경위와는 다르게 하느님의 특별한 결단이 선포되는 축제적인 입문과 함께 시작되고 특별한 축복과 사명이 따르는 가운데 이루어지고 있다. 빛과 식물 창조의 경우에는 하느님의 말씀과 동시적으로 생겨나는 것으로 진술되고 있고(창세 1, 3~13), 동물들의 경우에는 하느님이 말씀하시고 지어내셨다고 진술된다(창세 1, 20~21). 그런데 인간은 하느님의 창조적 말씀으로부터 직접 창조되지 않고 하느님의 특별한 결단으로부터 생성되는 것이다. 그리고 인간이 하느님의 모상으로 창조되었다는 상념에는 인간 생명의 하느님 생명과의 연관성이 시사되고 있음을 주목해야 할 것이다.

창세기에는 하늘과 바다, 땅과 그 가운데 있는 모든 것, 그리고 인간이 창조된 후, "하느님께서 보시니 참 좋았다"라는 구절이 되풀이되고 있다(창세 1~3). 또한 피조물의 선과 아름다움을 거듭 반복해서 이야기하는 다른 성서 구절들이 많이 있다. "야훼여, 손수 만드신 것이 참으로 많사오나 어느 것 하나 오묘하지 않은 것이 없고 땅은 온통 당신 것으로 풍요합니다(시편 104, 24 이하; 시편 8, 2; 104장; 지혜 13, 3~5; 집회 29, 16. 33; 43, 1. 9; 다니엘 3, 57~88 참조)."

2) 그리스도교계 안에서 인간의 세계 지배와 관련하여 성서 구절들이 오랜 세월 동안 오해되어 왔다. 창세기의 고대 자료 야휘스트계의 기록을 면밀히 유의할 필요가 있다. 창세기 2장 15절에서 하느님이 인간에게 에덴동산을 '갈고(섬기다) 지키는' 일을 위임하였다고 진술된다. 하느님의 모상으로서의 인간이 태초에 범죄하기 이전에 남자와 여자가 함께 더불어 사는 사회적 존재로서 살면서(창세 2, 18; 1, 27)

자연을 '갈고 지키는' 임무를 본질적 과업으로 부여받은 것이다. 땅에 대한 인간의 관계가 창조주 하느님을 대리해서 땅을 돌보고 유지하는 관리업무의 성격을 지니고 있음이 분명히 드러난다. 여기서 자연의 소유와 정복 그리고 착취는 전혀 해당되지 않는다. 인간은 자신의 소유가 아니라 하느님께 속하는 것을 단지 하느님의 위임을 받고 관리함으로써 하느님을 대리하고 그러한 중에 하느님을 닮게 되는 것이다.

문제가 되는 것은 야휘스트계 문헌지배'에 대한 명령보다 200~300년 후대의 제관계 문헌인 창세기 1장 26절 이하에 '정복하고 다스리라'라는 '지배'에 대한 명령이 발견된다는 점이다. "우리 모습을 닮은 사람을 만들자! 그래서 바다의 고기와 공중의 새, 또 집짐승과 모든 짐승을 부려라." 이 둘째 창조 기사는 세계가 인간을 위해 창조된 것 같은 인상을 준다. 그래서 근세 이후의 서구인들이 세계를 정복하는 데 있어 인간중심적 세계관 진리가 성서의 전거에 입각하고 있다고 믿었던 것이다.

그러나 '정복하고 다스리라'는 성서 표상은 '땅의 통치(dominium terrae)'로서 오랫동안 그리스도교계 안에서 이해되어온 '지배의 명령'과는 달리 이해되어야 한다. 여기서 말하는 '정복하고 다스리라'는 지배표상은 인간과 자연의 창조자요, 유지자 되시는 하느님이 창조물에 대하여 맺는 관계양식에 상응하는 양식의 관계를 맺는 일과 결부되어 있으며, 이 상응(相應)이 '하느님의 모상'으로 표현되어 있다. 동물에 대한 인간의 지배 관계는 '착취의 지배 관계'가 아니라, 큰 빛 태양이 낮을 다스리고 그리고 작은 빛 달이 밤을 다스리듯이(창세 1, 16), 인간 역시 관리하듯이 동물을 다스리고, 동물들은 인간이 관리하는 지배에 복종해야 한다는 것을 의미한다. 땅에 대한 인간의 지배관계 역시 착취적이 아니라 관리적 지배의 성격을 지니는 것이다.

창조 신앙 안에서 인간은 하나의 피조물이다. 물론, 하느님의 모상으로서의 인간이 세계 안에서 특별한 위치를 차지하고 있음은 사실이다. 그러나 인간의 하느님 모상성은 여타 생명체와 자연세계에 대치하는 인간에게서가 아니라 이들과 결합되어 있는 인간에게서 발견되는 것이다. 여타 생명체와 자연 세계에 대한 인간의 관계는 주인 하느님을 위한 관리자로서의 관계일 뿐이다. 그래서 하느님에 의해 재가된 인간의 처신은 사랑 자체이신 하느님을 반영하는 처신일 수밖에 없다. 인간은 하느님의 모상으로서 하느님이 창조세계를 다스리는 양식에 준해서 자연세계를 다스려야 한다는 말이다. 주지되고 있는 바처럼, 하느님은 창조세계를 물리적 힘으로 정복하거나 착취하지 않고, 사랑으로 존재토록 하고 보호한다. 목자가 인간의 음성을 가지고서 자기 양떼와 충분히 소통하고 양떼를 다스리듯이(요한 10, 1~21), 인간은 자연을 '돌보고 섬기며, 보호하는' 관리자의 신분에 머물러야 한다. 그래서 그리스도 신앙의 관점에서 인간은 자연의 소유주일 수 없다. 하느님의 창조물로서의 자연 세계가 하느님께 속하지, 자신 역시 창조물에 불과한 인간에게 속할 수 없는 일이다. 자연 세계는 하느님이 관리를 위탁한 것으로서 인간이 하느님의 뜻에 따라 충실하게 관리해야 할 실재이다.[52]

---

52) 교황청 신앙교리성성, 「그리스도인의 자유와 해방에 관한 훈령」, 『자유와 해방』 강대인 역, 서울(한국천주교중앙협의회) 1986, 34항: "인간은 자신과 같이 창조주이신 하느님 안에 그 기원을 두고 있는 물질 자연을 대하여야 하며, 자연의 '현명하고 기품 있는 보호자'가 되어야 한다."

Ⅳ. 인간의 생명수호 과업-결론을 대신하여

인간생명과 물리적 환경으로서의 자연세계가 하느님의 선물(Gabe)로서 베풀어져 있으며, 동시에 하느님의 모상인 인간에게는 생명과 자연세계를 하느님의 뜻에 따라 관리해야 할 과업(Auf-gabe)으로 부과되어 있음을 역설하였다. 이 과업에 관하여 좀 더 언급하기로 한다.

1) 인간이 하느님 모상으로서의 과업을 적절히 수행하기 위해서는 소여되어 있는 존재와 생명 질시에 상응하는 처신을 해야 할 것이다. 인간 자신이 물질적 육신의 존재이다. 이 육신은 이 세상의 다른 사물들처럼 화학 요소들로 구성되면서 모든 물리 법칙에 종속되어 있다.[53] 하지만 인간 육신은 무기체와는 달리 유기체로서 외부 세계에 적응하면서 생명을 유지한다. 인간 생명은 식물적 생명(植物的 生命)과 감각적 생명(感覺的 生命)으로 구별된다. 인간의 식물적 생명은 생명의 구성, 성장, 유지라는 생물학적 과정 안에서의 독자적 활동을 통해서 삶을 계발시키고 시간이 경과하면서 퇴화되거나 죽음에 이르게 된다. 이러한 식물적 생명은 호흡과 심장활동, 혈액순환, 소화와 다른 장기 기능처럼 대부분 의식(意識)과 상관없이 자동적으로 이루어진다. 그리고 인간의 감각적 생명은 감관을 통하여 외부의 자극을 수용하면서 기쁨과 슬픔, 즐거움과 분노 등의 감정적 반응을 나타낸다. 그런데 인간의 이러한 식물적이고 감각적인 육신적 생명은 정신적 생명(精神的 生命)을 통하여 한 단계 더욱 상승된다. 정신적 삶에 입각해서 인간은 사고(思考)할 수 있고 사고 내용을 수용하거나 능가하는 등 자

---

53) 이에 관하여 졸저, 『인간』, 77 이하 참조.

유의지를 통해서 감각적 본능(本能)의 힘을 초월할 수 있다. 여기서 인간 존재 내지 생명을 구성하는 상이한 단계의 생명 양식들이 각기 독립적으로 고유한 법칙을 따른다고 볼 것이 아니라 정신에 의해 규정되는 단일 구조를 형성한다고 볼 수 있다. 즉 인간의 식물적이고 감각적인 생명은 정신적 생명의 차원 안으로 통합되어 존속한다. 그래서 물질적 세계의 요소들이 인간 생명 안에서 절정에 이른다고도 말할 수 있다.

그런데 인간 존재 안에서 낮은 단계의 생명이 보다 높은 단계의 생명 조건이라는 사실을 주목할 것이다. 이를테면 육신적 생명은 물리적 환경에 전적으로 의존하는 물질적 육신 안에서만 가능하며 정신적 생명은 식물적이고 감각적인 육신적 생명 조건하에서만 가능하다는 사실이 중시되어야 할 것이다. 여기서 인간 존재와 생명을 구성하는 복합적 요소들이 상호 제약의 관계를 맺고 있음이 드러난다. 인간 존재 안에서 상이한 생명 단계들이 단일성을 이룩하고 있기 때문에 인간이 '소우주(小宇宙)'라고도 지칭되는 것이다.

2) 인간은 존재의 육신적 구조에 상응해서 개인적인 사회적 현존을 위해 물리적 자연세계와의 관계를 필요로 한다. 그러기에 하느님의 모상으로서 인간은 자연질서를 탐구하고, 질서를 보전하는 한계 내에서 이를 활용하도록 소명받은 것이다. 인간은 자신의 소명을 적절히 수행하기 위해서 다음의 사항을 유의해야 할 것이다. "그들(그리스도인)은 동료 인간들과 함께 현대문명과 문화, 과학과 기술, 기타 인간의 사상과 활동의 여러 분야에서 좋고 고상하고 아름다운 것이면 무엇이든 이를 계발하고 실현하기 위해서 노력합니다."[54] 그래서 인류가 직면하고 있는 현금의 생태학적 위기를 극복하는 데 있어 관건이

되는 자세는 인간에 의해 인식되고 지배되며, 이용될 수 있는 자연환경과 모든 생명을 하느님의 창조물로 이해하고 유사 이래 현금에 이르기까지 거의 고착되다시피 한 '반생명적 지배복종 관계'를 지양하고, '생명적 형제자매-친교관계'를 이룩하고자 노력하는 일이라고 생각한다.[55] 서양에서 베네딕도회 수도자들은 기도하면서 자연에 적극적으로 파고들어서 토양, 물, 동물상 및 식물상에 커다란 변화를 가져왔지만, 물리적 환경의 질을 손상시키지 않고 생태학적으로 환경의 질과 양립될 수 있는 현명한 방법으로 자연을 관리해 왔다. 여기서 관건이 되는 것은 사람의 손길이 전혀 미치지 않은 황무지로서의 자연환경에로의 복귀가 아니라, 프란치스코 성인에게서 실현되었던 것처럼 '형제자매화된 환경의 건설'이다.[56] 생태학적 조화를 적절히 살려 환경의 질을 적극적으로 향상시키는, 다시 말해 자연에 창조적으로 적극 참여함으로써 물리적 자연환경을 아름답게 '형제자매화된 자연'으로 가꾸는 일이야말로 생태학적 위기를 극복하는 길이다.

　장차 기하급수적으로 팽창하는 인류가 자원이 제한된 자연세계 안에서 다른 생명체들과 공존상생하기 위해서 생명의 존엄성을 더욱 분명히 의식하면서 공해를 유발하지 않는 대체 에너지를 개발하고 새로운 식량을 개발하는 등 과학기술의 발전을 통하여 현금의 인간

---

54) 교황 요한 바오로 2세, 「1990년 세계평화의 날 담화문」, 한국천주교 정의평화위원회 편. 『모든 피조물과 함께하는 하느님의 평화 1990년 세계평화의 날 교황 담화문 해설. 환경문제 자료집-두 번째』, 서울(한국천주교정의평화위원회) 1990, 13항.

55) 지배-복종 관계와 대조되는 형제자매적 친교 관계에 관하여 졸문. 「하느님 나라로서의 교회」, 『한국교회와 신학-전환기의 신앙이해』, 서울(성바오로출판사) 1988, 63~151; 「그리스도 교회의 본질」, 『그리스도 신앙의 진리』, 183~202; D. Dorr, Intergral Spirituality. Resources for Community, Peace, Justice, and the Earth, New York 1990; S. McDonagh, To care for the Earth, A call to a new theology, London 1986 참조.

56) S. McDonagh, To care for Earth, 129~134; 김용준, 앞의 글, 21 참조.

성 상실과 생태계 파괴의 위기를 적시에 극복할 수 있게 되기를 희망한다. 그래서 과학기술에 의해 규정되는 현대 세계를 무조건 배척하거나 어떤 '실낙원(失樂園)'으로 되돌아가려는 부질없는 소망을 가지려 하기보다는, 과학기술의 부정적 귀결에 대한 책임을 지고 먼저 지배-착취적인 반생명적 사고와 생활양식의 전환을 철저히 이룩하여 봉사-희생적인 생명적 사고와 생활양식으로 파괴된 물리적 자연환경을 회복시켜 생명을 수호하는 일에 누구나 적극 참여해야 할 것이다.

3) 요컨대, 인간이 자기중심적 '안에로의 존재' 자세를 지양하고 몰아적 '에게로의 존재' 자세로 모든 생명은 물론 자연환경마저 마치 자신의 형제자매처럼 존중하면서 생태학적 조화와 일치를 회복시키고자 노력할 때에, 현금의 역사적 위기를 극복하고 영원한 생명에도 참여하게 되리라 믿는다. "우리는 우리의 형제들을 사랑하기 때문에 이미 죽음을 벗어나서 생명의 나라에 들어와 있는 것이 분명합니다(1요한 3, 14; 또한 요한 3, 15~16; 5, 24; 6, 39~50; 11, 25~26)."

동학: 동학의 생명관[1)]
- 천도교에서 본 21세기 생명문화와 종교 -

표영삼(전 천도교중앙총부 상주선도사)

머리말

　"반생명적 형상 전반에 대하여 종교적 관점에서 무엇이 문제점인가를 제시하고 그에 대한 대안을 찾아 줄 것"을 요청하였다. 필자는 이 분야에 자신이 없어 동학의 생명관을 중심으로 한 몇 가지 견해를 살펴보는 것으로 대신할까 한다. 1924년 『신인철학』에서 이돈화(李敦化, 1884~1951)는 한울님은 곧 대우주 대생명이라 하였고, 1963년 『동학경전해의』에서 백세명(白世明, 1899~1970)은 대우주본체 생명은 곧 한울님이라고 하였다.

　한울님을 온 천지에 뻗쳐 있는 생명체계와 동일시하는 것은 대신사(大神師, 水雲 崔濟愚, 1824~1864)가 남긴 경전에 근거한 것이다. 동학의 한울님 관념은 생명 현상과 일치하고 있으며, 한울님이 곧 생명체계요, 생명체계가 곧 한울님이라고 동일시하게 되었다. 먼저 한울님 관념을 통해서 동학의 생명관을 살펴보고 환경파괴에 대한 오늘

---

1) 이 글은 『생명연구』 제4집(2001년)에 실렸던 것을 편집한 것이다.

의 문제점을 개관한 다음 동학이 지향하는 '다시 개벽'에 초점을 맞추어 우리의 문화, 즉 삶의 틀을 재편할 방향을 찾아보고자 한다.

한울님 관념과 동학의 생명관

대신사는 21세부터 31세(1854년)까지 10년간 세상을 누비다가 "십이제국 괴질 운수 다시 개벽 아닐런가"라는 결론을 내리고 6년간 고행하다 1860년 4월 5일에 그 해답을 찾아냈다. 이 다시 개벽의 길을 한울님이 가르친 길(天道)이라 하였고 무극대도라 하였다. 3년 만인 1861년 1월에 이르러 도인즉 천도라 하지만 학인즉 동학(東學)이라 하여 세상에 알리게 되었다. 동학의 신념체계는 한울님 관념에 집약되어 있다. 경전에 나타나 한울님 관념을 추려보면 다음과 같다.

첫째로 한울님은 유일한 분이며, 부모처럼 섬겨야 할 인격적인 분이며, 온 천지를 포용한 초월자이다. 그리고 저 세상에 있는 분이 아니라 우리 몸 안에 모셔져 있으며, 역사를 완성한 분이 아니라 되어져 가는 과정에 있는 분이다. 독특한 점은 몸 안에 내재해 있다는 시천주(侍天主) 관념이며, 노이무공(勞而無功)한 분으로 되어져 가는 과정에 있는 신이라는 점이다.

도덕가에서 "천상에 상제님이 옥경대 계시다고 보는 듯이 말을 하나 음양이치 고사하고 허무지설 아닐런가"라 하였고 교훈가에서는 "네 몸에 모셨으니 사근취원(捨近取遠)하단 말가"라고 하였다. 그리고 포덕문(布德文)과 용담가에서 "나 또한 공이 없으므로 너를 세상에 내어 이 법을 가르치게 하노라"라고 하였고, "나도 또한 개벽 이후 노이

무공하다 가서 너를 만나 성공하니……"라 하였다.

먼저 시천주(侍天主)의 신 관념을 살펴보고, 다음으로 노이무공하다는 신 관념을 알아보기로 하자. "네 몸에 모셔 있다"는 시자(侍者)에 대해서 논학문에 자세히 설명하였다. "시(侍)라는 것은 신령이 몸 안에 있으며, 밖으로 기화(氣化)함이 있어 온 세상 사람들이 각기 움직일 수 없는 사실로 알고 있는 것이라(侍者 內有神靈 外有氣化一世之人 各知 不移者也)" 하였다. 신령이 몸 안에 모셔져 있으며 이 신령이 밖으로 기화하고 있으니 한울님이 몸 안에 모셔져 있는 것이 틀림없다는 말이다.

몸 안에 신령이 있다는 말은 무엇을 뜻하는가. 신령이란 언어로 표현할 수 없는 신비하고 영묘한 실체를 지칭하는 말이다. 개체 생명 안에 실체로 자리 잡고 있는 것이 있다면 목숨일 것이다. 그러나 이 목숨은 생명현상일 뿐 개체 생명을 살아 있게 하는 원천적인 실체는 아니다. 우리는 흔히 핏줄을 물려받았다고 한다. 불연기연(不然其然) 장에서 "내가 나 된 것을 생각하면 부모가 이에 있고, 뒤의 뒤 될 것을 생각하면 자손이 저기에 있도다"라고 하였다.

핏줄을 물려받지 못하면 개체 생명은 태어날 수 없다. 이 핏줄은 다름 아닌 씨앗이라 하며 식물, 동물, 인간 등 모든 생물은 씨앗으로부터 탄생하였다. 대신사가 시천주(侍天主)의 시자(侍者) 설명에서 안에 신령이 있다고 한 것은 생명의 씨앗을 말한 것이 틀림없다. 이 씨앗에는 35억 년 전부터 이어져 내려온 복잡하고도 미묘하고 신비로운 생명체계를 압축한 요소와 질서가 담겨져 있다고 한다. 대신사는 이것을 한울님의 신령이라 보았으며 그래서 몸 안에 한울님이 모셔져 있다고 한 것이다.

"다음은 밖으로 기화하고 있다는 것"은 무엇을 말하는가. 대신사가 설명한 기(氣)를 보면 다음과 같다. 즉, 기라는 것은 "허령하며 창창하다. 사물에 섭리하지 않음이 없고, 사물에 명하지 않음이 없다. 마치 형상이 있는 듯하나 그 상태를 그려내기는 어렵고(如形而難狀), 생동의 소리가 들리는 듯하나 보기는 어렵다(如聞而難見). 그러나 이 또한 혼원의 한 기운이다"라고 하였다.

허령(虛靈)은 "기가 가득 차서 빈틈이 없는 상태(塞充實無有空闕)"를 말하는 것이고, 영은 그 실체가 영묘하다는 뜻이다. 창창은 빛깔이 새파랗다는 것으로 초목이 무성하게 자라는 상태를 이르는 말이다. 무사불섭 무사불명(無事不涉 無事不命)은 사물이 이루어지게끔 섭리하지 않음이 없고, 사물이 그 사물답게 이루는 데 명하지 않음이 없다는 뜻이다. 진순(陳順)은 "기가 이 사물에 이르면 곧 이 사물이 생기고, 저 사물에 이르면 곧 저 사물이 생기니 마치 누구의 분부나 명령에 의한 것과 비슷하다"라고 하였다.

여형이난상 여문이난견(如形而難狀 如聞而難見)은 생동하는 실체가 있는 것 같으나 말로 그려내기 어렵고, 생동하는 소리가 들리는 것 같으나 보기는 어렵다는 것이다. 그리고 이 기는 천지를 이루는 한 기운, 즉 유일한 기운이라는 것이다. 사물이 이루어짐에 섭리하지 않음이 없고, 사물이 그 사물답게 되게 하는 데 명하지 않음이 없는 이 기는 신비스러운 질서를 스스로 조직해 드러나게 하는 생명의 힘이라 할 수 있다.

다음으로 노이무공하다는 것은 무엇을 뜻하는가. 신이라면 초인간적인 능력과 위력을 가진 분이며, 모든 생물의 삶과 운명을 규정해 주는 거룩한 이라고 숭배하며 두려워하는 것이 일반적인 신 관념이다. 그런데 애를 썼으나 공을 이루지 못한 한울님이라고 하였으니 신이라 할 수 있을까. 대신사는 지금까지 보아 왔던 존재자로서의 신 관념에서 벗어나 색다른 한울님을 보았던 것이다. "지금도 들어 보지 못하고 옛날에도 들어 보지 못했던 이치며, 지금도 비할 데 없고 옛날에도 비할 데 없는 도의 법"이라고 하였듯이 전혀 새로운 시점에서 한울님을 보았던 것이다.

대신사는 초감성계의 한울님을 생각한 것이 아니라 감성계의 온 천지에 뻗어 있는 생명체계가 바로 한울님으로 비쳐왔던 것이다. 즉 한울님이 곧 온 천지를 이루는 생명 체계 그것이며, 온 천지의 생명체계 그 자체가 바로 한울님으로 보았던 것이다. 생명체계는 세포 차원의 생명체계, 개체 차원의 생명체계, 종의 차원의 생명체계, 태양계를 중심으로 한 차원의 생명체계, 온 천지에 뻗쳐 있는 차원의 생명체계로 나누어 볼 수 있다. 이 중에서 한울님으로 동일시하는 생명체계의 차원은 온 천지에 뻗쳐 있는 생명 체계를 말하는 것이다.

이러한 한울님 관념은 종래의 생각들을 크게 바꾸어 놓았다. 저 세상과 이 세상, 성스러운 세계와 속된 세계, 초감성계와 감성계, 마음과 몸의 세계가 다르다는 이원론적인 생각을 바꾸어 놓게 하였다. 그리고 이원론에서 비롯된 사회제도에도 큰 변화를 가져오게 하였다. 귀천을 인위적으로 나눈 신분제와 소수집단이 상층부에서 수직적으로 지배하는 왕조사회, 그리고 중앙집권제와 권위주의, 가부장제와 남녀 차별 등 피라미드형의 수직적 지배구조에 변화를 가져오게 하였다.

환경파괴와 보존책

16~17세기의 근대과학과 20세기의 원자론 및 상대론이란 새로운 과학이 대두되면서 과학기술은 놀랍게 발전하여 공업화 사회로 진입하게 만들었다. 그리하여 산업혁명을 계기로 유독물질을 방출하기 시작하면서 지역적으로 공해와 생태계를 파괴하는 초기 단계에 들어섰다. 1970년대를 맞이하여 공업화는 세계적으로 확산되었고 그러자 다양한 공해원인물질을 대량 방출과 대규모의 자연개발로 수십 억 년에 걸쳐 구축한 자연의 균형능력을 파괴하기 시작하였다.

1980년대에는 자원을 무제한 채취하여 대량생산, 대량판매, 대량소비, 대량폐기를 촉진하기에 이르러 지구규모의 환경파괴가 나타나게 되었다. 대기업들은 자본축적에 성공했을지 모르나 산과 땅과 하천과 바다와 대기는 오염되고 파괴되어 회복이 불가한 상태를 만들었다. 자본주의체제나 사회주의를 막론하고 경제발전과 기업의 이윤추구를 위해서는 수단방법을 가리지 않고 생산우선주의로 치달은 결과이다.

환경파괴는 곧 생명의 유지 향상에 막대한 지장을 초래하며 인간들 사이에 벌어지는 반생명적인 행위보다 더 심각한 반생명적인 결과를 가져올 것이다. 전문가 집단을 위시하여 시민단체들이 여러 대책을 촉구하고 있으나 아직 희망적인 결과는 보이지 않고 있다. "기술혁신은 사회발전의 원동력이라" 하여 그동안 발전전략에 치중한 나머지 돌이킬 수 없는 상황에 이르렀다 한다. 환경복원과 환경보존을 위한 대책들은 과학기술에 기대할 수밖에 없으나 이를 가능케 하는 사회제도나 문화적인 측면에서도 생각해봐야 할 문제이다.

생명을 존중하는 문화

과학기술에 못지않게 반생명적인 요소를 극복하기 위해서는 새로운 문화체제, 즉 새로운 삶의 틀을 창출하는 문제도 생각하지 않을 수 없다. 문화란 총체적인 생활양식이므로 바로 우리들의 삶의 틀이다. 오늘의 절박한 상황은 지금까지의 삶의 틀에 기인한다고 여겨진다. 즉 자본주의이건 사회주의이건 지금까지의 삶의 틀에 문제가 있다고 여겨진다. 생명을 존중하는 삶의 틀이 자리 잡을 때 환경문세도 제자리를 잡을 것으로 기대한다.

생명의 단위는 세포이지만 세포만으로 살아갈 수는 없다. 개체 생명체와 공동체를 이룰 때 세포의 생존은 가능하다. 개체 생명체는 반대로 단위생명체인 세포를 떠나서 존재할 수 없다. 한 차원 높여서 개체 생명체의 경우를 보아도 독자적으로 생명을 유지할 수 있을 것 같으나 태양계를 중심으로 한 여러 생명체계와 에너지를 신진대사하지 못하면 생존이 불가능하다. 태양계를 중심으로 한 생명체계도 역시 개체 생명체계를 떠나서는 그 실체를 찾아볼 수 없다.

하위생명체계와 상위생명체계는 상하관계, 주종관계, 주객관계가 아니라 주체와 주체와의 관계로 보아야 한다. 이 주체들이 생명공동체를 형성할 때 생명은 유지, 발전할 수 있는 것이다. 크게 보면 모든 차원의 생명체계는 독자성을 가지고 있어 알알이 떨어져 살아가는 것 같으나 온 천지의 생명체계라는 하나의 거대한 생명공동체에 연결되어 살아가고 있는 것이다.

이러한 생명원리를 살려나가는 생명존중의 문화가 하루빨리 이루어져야 한다. 동학은 1860년에 낡은 삶의 틀이 해체되고 새로운 삶의 틀이 나타나는 대전환기로 보았다. 그동안 사회 변동은 수없이 되풀이되었지만 삶의 틀이 대전환을 맞는 것은 유사 이래 처음이라는 것이다. 그동안 사회변동은 많았으나 외형적인 변동이었을 뿐 문화의 틀, 즉 삶의 틀 자체가 뒤바뀐 것은 아니라는 것이다. 타 문화와 접하거나, 다른 집단에 정복되거나, 과학기술이 발전하거나, 경제적 변화가 일어나거나, 새로운 지식을 받아들이는 등 여러 요인에 의해 사회변화는 수없이 되풀이되었다. 왕조도 수없이 바뀌었고 자본주의 사회니, 사회주의니 하는 사회제도도 등장하였다.

문화의 틀이 바뀌려면 문화체제를 이루는 네 가지 틀이 바뀌어야한다. 첫째 규범의 틀이 바뀌고, 둘째 경제관계의 틀이 바뀌고, 셋째 언어 표현의 틀이 바뀌고, 넷째 생각하는 틀이 바뀌어야 한다. 이 네가지 틀이 바뀔 때 새로운 삶의 질서가 나타나게 될 것이다. 대신사는 1855년에 "십이제국 괴질운수 다시 개벽 아닐런가"라고 선언하고 1860년 4월 5일을 새로운 삶의 틀의 시작이라고 하였다. 그의 형이상적 역사관인 창조적 순환사관에 의하면 삶의 틀은 유기체로서 5만 년전에 탄생하여 성장 → 융성 → 노쇠과정을 거쳐 해체기를 맞게 되었다는 것이다.

그런데 창조적 순환사관에 의할 때 낡은 삶의 틀이 해체되면 동시에 그 속에서는 새로운 삶의 틀이 씨앗으로 잉태하여 새 시대의 대전환을 이룬다는 것이다. 지금은 바로 낡은 삶의 틀과 새로운 삶의 틀이 뒤바뀌는 대전환기에 해당된다. 이 전환기는 대략 200년간으로 추산하며 1860년을 기점으로 보면 2000년인 지금 140여 년이 지난 셈이다. 앞으로 50년 후면 새로운 삶의 틀이 자리 잡을 것이다. 오늘날 환경파괴가 인간생존에 위협을 주는 것은 낡은 삶의 틀이 해체기를 맞은 징조로 보는 것이다.

새로운 삶의 틀은 저절로 오는 것은 아니다. 계절은 자연의 순환법칙에 따라오지만 어떤 농사를 지을 것인가는 농민이 결정하듯이 어떤 삶의 틀을 창출할 것인가는 역사의 주체인 우리들이 선택해야 한다. 대전환기를 맞아 우선 택해야 할 것은 최고가치체계에 대한 시점을 새롭게 정립하는 일이다. 새로운 규범, 새로운 경제관계, 새로운 언어 표현의 관계는 새로운 생각하는 틀에 달려 있기 때문이다.

새로운 생각하는 틀이란 어떤 변에서는 낡은 생가하는 틀과 정반대로 나타날 수 있다. 지금까지 기능하여 왔던 낡은 생각하는 틀은 이원론에 바탕을 두었다고 할 수 있다. 앞서 지적한 바와 같이 초감성계와 감성계라는 두 세계로 나누어 보는 이원론을 바탕에 깔고 있다. 사회구조도 이원론에 근거하여 피라미드형으로 이루어 수직적으로 지배하는 틀을 만들었던 것이다.

대신사는 6년간 고행하자 1860년에 종교체험으로 새로운 생각의 틀을 찾아냈다. 용담가의 표현에 의하면 귀미산 일대가 선경으로 변하여 어제 보던 산이, 어제 보던 시냇물이 새로운 산으로, 새로운 시냇물로 바뀌어 버렸다고 하였다. 6개월 전에 그렇게도 쓸쓸하고 어두웠던 용담 골짜기가 일순간에 생명력이 넘쳐흐르는 선경으로 바뀌었고 무미건조하던 온 천지가 의미로 가득 차 넘쳐흐르는 생명의 빛으로 바뀌었다.

오늘날 환경문제에 대한 해결 방향도 생명을 존중하는 문화를 정립시키면서 접근할 환경문제의 해결책도 자리 잡아 갈 것으로 기대한다. 환경문제는 전문가들에 의해 이미 제시되었으므로 어떻게 효과적으로 실천에 옮기느냐에 있다. 환경문제의 어려움은 경제발전은 계속되어야 한다는 데 있다. 모든 발전의 기초가 경제발전에 있으므로 경제발전 자체를 멈추거나 낮출 수는 없다. 많은 개발도상국에서는 의식주 문제도 해결 못하고 있어 경제발전 없이는 생존에 어려움이 있다.

유일한 대안은 지속 가능한 경제발전책을 모색하자는 것이다. 자원소비를 필요한도보다 최소한으로 줄이고, 가능한 대로 재생 가능한 자원을 이용하도록 하며, 유독물질의 방출을 금지하며, 생태계를 파괴하지 않는 범위 내에서 개발하도록 하자는 것이다. 지구온난화 방지를 위해서는 모든 과정에서 자원과 에너지의 낭비를 줄이고 효율적으로 이용할 수 있는 생산체제를 마련하자는 것이다. 그러나 이 중 어느 하나 쉽게 해결할 것은 하나도 없다.

다음은 모든 인류가 복지를 누릴 수 있게 발전시키자는 것이다. 과학기술의 발전이나 경제발전은 인류의 복지를 추구하는 수단이므로 모든 사람이 건강수준과 지식수준, 각종 기능을 향상시키게끔 보장해야 한다는 것이다. 셋째로 환경파괴, 환경오염을 전 지구적인 차원에서 해결하자는 것이다. 모든 생명을 유지할 수 있는 체계와 생태계를 완전히 보호하여 생물의 다양성을 확보해야 한다는 것이다. 경제적인 효과만을 중시하여 사회나 생태계에 주는 영향을 돌보지 않는 발전은 인류를 위한 발전이 아니라는 것이다.

넷째로 인구증가를 억제하고 인구의 질적 향상과 사회적 분배를 적정하게 이루자는 것이다. 인구증가수준은 이미 지구의 자정능력을 넘어섰음은 누구나 알고 있다. 우리나라의 경우 1900년 이전에는 화전민들이 산림에 불을 지르고 화전을 일구어도 탓하는 사람은 없었다. 인구밀도가 낮아 인위적인 환경파괴가 있더라도 자연은 자정해

낼 능력을 보유하고 있었기 때문이다. 그러나 오늘에는 엄청난 인구 증가로 소비는 폭발해 가고 있어 인구문제는 난관에 봉착하였다.

　개발도상국의 경우는 글을 모르는 농민이 대부분을 차지하여 인구의 질은 대단히 낮다. 이들을 지적인 자원이 되게 하자면 막대한 교육비 투자가 뒤따라야 하지만 그럴 형편이 못 된다. 생명을 존중하는 인구억제책은 마련되지 않았으니 장래가 어둡다. 이 어려운 과제들을 어떻게 해결할 것인가. 환경문제와 직결되어 있는 인구문제는 최소한 50년 내에 어떤 실마리가 잡혀야 한다.

결론

　대신사의 창조적 순환사관에 따르면 21세기는 낡은 문화가 해체되고 새로운 문화가 창조되어 가는 과도기에 해당된다. 그 새로운 문화는 역사의 주체인 인간의 선택에 따라 좌우되므로 생명을 존중하는 새로운 문화를 만들어 가는 데 힘을 기울여야 할 것이다. 여기서 우선할 것은 앞서 언급한 대로 최고가치체계를 새롭게 볼 수 있는 생각하는 틀을 이루어 놓아야 하는 것이다. 이에 대해 동학에서는 어떤 점을 강조하였는지 몇 가지를 찾아봄으로써 결론을 대신할까 한다.

　한울님, 즉 온 우주에 뻗쳐 있는 생명체계는 하나이며 개체 생명체계들은 독자적인 세계를 가지면서 공동체적인 관계를 가져야 생존이 가능하다. 그래서 대신사는 동귀일체(同歸一體)를 생활신조로 삼아야 한다고 강조하였다. 교훈가에서 "억조창생 많은 사람 동귀일체하는 줄을 사십평생 알았던가"라 하였고 권학가에서는 "쇠운이 지극하면

성운이 오지마는 현숙한 모든 군자 동귀일체 하였던가"라고 하였다.

동귀일체는 각자위심(各自爲心)의 반대 개념으로 사용하였다. 동귀일체는 온 천지 생명체계로 돌아가 한 몸처럼 되자는 것이고 각자위심은 온 천지 생명체계와 떨어져 자신의 이익만을 추구하자는 것이다. 포덕문에서 "근년에 이르러 온 세상 사람들이 제각기 자기 마음대로 하여 천리에 따르지 않고 천명을 돌보지 않으니 항상 마음이 편안치 않다"고 하였다. 온 천지 생명체계의 이치에 따르고 그 뜻을 돌보는 것은 동·귀 일체의 자세이고, 온 천지 생명체계의 이치에 벗어나고 그 뜻을 저버리는 것은 각자위심이라 할 수 있다.

그리고 바람직스러운 행실과 바람직스럽지 못한 행실의 기준은 여천지합기덕(與天地合其德)과 여천지위기명(與天地違其命)에 있다고 하였다. 여천지합기덕은 온 천지 생명체계에 합일하는 삶이라면 여천지위기명은 온 천지 생명체계와 어긋나는 삶을 말한다. 전자는 군자의 행실이고 후자는 소인의 행실이라 하였다. 여천지합기덕은 개체 생명이 차원 높은 생명체계를 생성, 발전시키는 데 어울리게 하는 것이라면 여천지위기명은 반대로 개체 생명이 생존욕구가 지나쳐서 차원 높은 생명체계의 생성 발전을 저해시키는 행실이라 할 수 있다.

동학의 신앙과 수행의 측면에서도 온 천지 생명체계인 한울님과 하나 되기를 목표로 삼고 있다. 신앙의 핵심은 한울님(온 천지 생명체계)을 지극히 섬기고 위하며 공경하자는 데 있으며, 수행은 한울님의 덕과 하나 되고 한울님의 마음과 합일하여 보람 있고 뜻 있고 참되게 살아가는 바른 길을 찾자 실천하자는 데 있다. 동학의 제2세 교조인 신사(神師, 海月 崔時亨, 1827~1898)는 "천지가 곧 부모요, 부모가 곧 천지이니 천지부모와 나는 한 몸이니라"고 하였다.

끝으로 우리는 잘산다는 개념을 바꾸어 놓아야 한다고 강조하고 싶다. 지금까지 가난에 시달려 왔기 때문에 물질적인 욕구를 만족시키는 것이 곧 잘사는 것으로 여겨 왔다. 이런 식으로 온 인류가 잘살게 된다면 지구는 쓰레기장이 될 것이다. 인간 조건에는 결핍성이 있으므로 물질적인 만족은 한도가 없다. 물질적인 세계에 갇히지 말고 무한한 의미의 세계를 넓혀 나가야 한다. 온 천지 생명체계와 하나될 때 거기서 얻어지는 의미의 세계는 무한하다. 정신적인 의미의 세계를 넓힐 때 진정으로 잘사는 세상을 만날 수 있나.

불교: 불교적 사유로 인식한 생태적
세계관과 생명윤리[1)]
-불교에서 본 21세기 생명문화와 종교-

유정길(전 한국불교환경교육원 사무국장)

물은 위에서 아래로만 흐르는가?

사람들은 물은 위에서 아래로 흐른다고 말한다. 그 '위'는 계곡상류이고 또한 깊은 산 속의 샘에서 시작된다. 그래서 산속의 계곡에서 흘러나와 내려가서 내를 이루고 강에 이르러 바다로 간다고 생각한다. 따라서 흐르는 물길을 되돌릴 수 없다고 생각한다.

그러나 그것이 정말 맞는 말일까? 실제 보이는 세계에서 물은 위에서 아래로, 높은 곳에서 낮은 곳으로 흐른다. 그러나 물이 위에서 아래로 흐르기만 한다면 산에는 물이 가득 차 있는 물탱크 같은 것이 있어야 한다. 결국 나무와 풀이 물을 머금고, 흙이 물을 흡수하여 지하수로 저장되는 것이다. 더 중요하게는 계곡이나 평지의 흙을 통해 지하수로 저장이 되고 계곡의 물로 흘러가고 낮은 계곡이나 평지의 지하수가 샘물이라는 형태로 흘러나와 내를 이루고 강을 이루는 것

---

1) 이 글은 『생명연구』 제4집(2001년)에 실렸던 것을 편집한 것이다.

이리라. 그런데 산의 물이나 계곡의 물은 결국 비가 내려서 이루어진 것이다. 그렇다면 비는 어떻게 만들어지는가? 구름이 만드는 것이다. 결국 구름이 있어야 비가 만들어 질 수 있는 것이고 그것이 계곡의 물을 만들게 되는 것이다.

물은 위에서 아래로 흐른다면 결국 구름이 비가 되고 비는 다시 계곡의 물이 되어 냇물로 강물로 바다로 흘러가는 것이다. 단순하게 생각하면 계곡에서 물이 시작된다고 생각할 수 있지만, 조금 깊이 사색하면 그 시원(始原)이 구름이라는 생각에 이르게 된다. 그런데 과연 그것이 끝일까? 물의 시작은 구름이고 종착역은 바다인가? 물론 그렇지 않다. 조금 더 깊이 생각하면 구름은 결국 물의 증발과 증산작용에 의해 이루어진 것이다. 물방울들이 하늘로 올라가는 것이 있어야 구름이 되는 것이다. 그렇다고 한다면 그 물방울은 어디에서 오는가? 계곡이나 강물, 바닷물이 증발해서 혹은 땅의 수분 등이 증발해서 하늘로 올라가고 그 양도 엄청나게 많다. 그래서 숲이나 산림은 어쩌면 하늘로 올라가는 거대한 물기둥이라고 할 수 있다. 정오를 전후하여 먼 산을 바라보면 뿌옇게 보이는 이유가 바로 나무들이 물을 빨아들여 나뭇잎으로 증산작용을 하기 때문이다.

보이는 것만이 존재의 전부라는 사고

불교의 근본 가르침은 연기법(緣起法)이다. 연기법은 삼법인(三法印)이라고 하여 제행무상(諸行無常), 제법무아(諸法無我), 열반적정(涅槃寂靜)을 내용으로 한다. 이 중 제행무상이란 '항상하는 것은 없다'는 말이다. 곧 변하지 않는 것은 없다는 뜻이다. 또한 제법무아는 '홀로 존재하는 단독자는 없다'는 것이며, 모든 존재는 '연관되어 변화한다'는 말이다. 그래서 이 세계는 제석천의 그물망(인드라의 그물망)처럼 구슬 하나하나에 전체가 비춰 있어, 하나 속에 전체가 전체 속에 하나가 있으며, 서로 연결되어 있는 세계인 것이다. 이것을 깨닫는 것이 불교의 시작이자 끝이다.

연관되지 않은 것은 없다. 그것이 시간적으로든 공간적으로든……. 그리고 그러한 세계관은 필연적으로 순환과 윤회의 세계를 인정할 수밖에 없다. 맨 위의 설명은 생태학의 기본이 되는 상식적인 내용이다. 윤회의 세계관에서 볼 때도 너무도 당연한 것이다. 그러나 우리들의 의식 속에는 역시 보이는 것만이 세계의 전부라고 생각한다. 물이 위에서 아래로 흐르는 것만 인식할 뿐 물이 위로 올라가는 이치에 대해서는 확실하게 통찰하지 못하는 것이다. 환경문제는 바로 "보이는 세계만이 존재"라는 지배적 사고에 대해 문제제기를 하고 있는 것이다.

지금은 산에서 취사를 할 수 없지만 예전에는 동산을 가서 자신이 있는 곳의 위쪽의 물을 퍼서 밥을 짓고 아래쪽의 물에서 설거지를 했다. 그렇지만 조금 밑으로 걸어 내려가면 그곳에 있는 사람은 내가 설거지한 물로 밥을 짓고, 자신도 그 밑에서 똑같이 설거지를 한다. 자신의 위치를 기준으로 그 위는 깨끗한 물이라고 생각하여 밥을 짓고, 그 밑에서는 더러운 물이라고 생각하여 오줌을 누거나 설거지를 하기도 한다. 사람은 이와 같이 자기를 중심으로 위와 아래를 구분한다.

보이는 세계만이 존재의 전부라고 생각하면 자신이 있는 위치의 위(상류)에서 물은 시작되고 밑(하류)으로 직선적으로 흘러간다고 생각한다. 이러한 관점에서는 시작이 있고 끝이 있는 것이다. 그러나 위의 설명에 근거하여 본다면 실제세계는 무엇이 시작이고 무엇이 끝인가를 구분할 수 없으며 생태계가 순환(循環)하고 돌아가며, 윤회(輪廻)하는 것이 자연의 이치라는 것을 알 수 있다.

환경문제는 서로 연관 맺으며 순환하는 이치를 무시하고 직선적인 시간관, 직선적인 발전, 직선적인 세계관이 바로 근저의 원인이 되고 있다는 점은 많은 생태학자들이 깊이 거론하지 못하고 놓치고 있는 측면이다.

환경위기의 가장 심각한 원인: 직선적인 시간관과 세계관

린 화이트(Lyne White)가 환경문제의 원인이 서구적 세계관, 특히 그 기반이 된 유대 기독교전통으로 거론했다. 실제 생태주의적 관점에서 인간을 신이 창조할 때 신의 형상으로 만들었다(탈생물적 교만)는 인간중심적 관점이 우선 문제로 제기되고 있다. 그리고 인간에게 피조물을 다스리고 정복하라는 지배의 명령을 내린 것이 두 번째 문제라고 말하고 있다. 그것은 인간이 신의 피조물을 잘 지키라는 청지기의 사명을 준 것으로 인식해야 하는데 성경을 잘못 해석해왔다고 말한다. 결국 잘못 해석해 온 인식이 바로 근대 서구의 세계관에 큰 영향을 주면서 자원과 자연을 수탈하는 산업사회를 유지하게 만든 역사적 연원으로 인식되었다는 것이다.

그러나 실제 큰 문제는 시간인식의 문제라는 점을 놓치고 있는 듯하다. 시작이 있으면 끝이 있듯이 태초가 있으면 종말이 있어 결국 역사와 시간을 태초에서 시작하여 종말로 직선적으로 흘러가는 직선적인 시간관을 갖게 한 원인이라는 점이다.

많은 사람들이 환경문제는 생산력의 수준을 줄이는 것이며, 청빈과 검약, 가난이 사회화되는 것을 궁극의 지향이라고 말할 때 가장 크게 부딪치는 문제가 "그러면 옛날로 돌아가라는 말이냐"이다. 그리고 그럴 수는 없노라고 생각하면서 대안을 마련한다. 그러나 그 대안의 대부분은 현재의 소비수준을 포기하지 않으면서 산업사회의 부산물인 오염을 최소화하고 싶어 하는 방법을 찾는다. 대부분이 과학기술이나 단순히 정책적 변화를 도모하는 것이다. 그러나 이것은 근본적인 대책이 아님을 조금만 깊이 생각해 보면 알 수 있다. 이렇게 생각하는 사람들의 인식은 바로 직선적인 시간관에 닫혀 있는 것이다. 시간은 직선으로 흐르기 때문에 비가역적이라는 것이다. 이들에겐 현재 아무리 환경오염이 심각해도 수직적인 경제성장의 방향을 바꿀 수 없다고 생각한다. 직선적 시간관과 진보인식에 갇혀 있는 것이다.

생명문제로 확장되어야 할 환경문제

대부분의 사람들이 환경문제는 대기오염, 수질오염, 교통문제와 쓰레기문제, 생태계의 파괴와 무분별한 개발의 문제 등으로 인식한다. 그러나 그것만이 전부인가. 그것만 해결되면 환경문제는 더 이상 문제가 없어지는가 하는 점이다. 환경문제를 대기오염, 수질오염 등으로만 인식하는 것은 중요한 인식이기는 하지만 충분히 옳은 인식은 아니다. 환경문제는 오늘날 살고 있는 사람들에게, 그리고 인류가 인식하고 있는 가치관과 세계관에 대한 전면부정과 새로운 인식의 변화를 강제하는 메시지라는 점이다. 정치, 경제, 행정, 문화체계에 대한 근본적인 전면재검토를 강제하는 것이라는 측면을 주목해야 한다.

현재 미국의 인구는 약 3억 정도이다. 60억 세계인구의 5%이다. 그런데 미국의 화석연료소비는 대략 세계소비량의 32% 정도에 이른다고 한다. 더 나아가 미국과 유럽 일본 및 우리나라를 포함하여 전 세계 인구 중 잘사는 나라의 20%가 세계 화석연료의 83%를 소비한다고 한다. 오늘날 전 지구적인 위기로서의 문제 중에 대표적인 것이 바로 지구온난화의 문세인데 그 원인은 바로 화석연료의 과다사용으로 인한 탄산가스의 배출 때문이다. 결국 오늘날 지구적 위기의 주범은 바로 이들 20%밖에 안 되는 선진산업국가들이라고 볼 수 있다. 그들의 생산력, 그들의 소비와 폐기가 바로 주된 원인인 것이다.

그런데 중국의 인구는 13억을 넘어섰다고 한다. 세계인구의 약 21% 정도이다. 그리고 인도는 이미 10억의 인구이다. 물론 그보다 더 많은 가난한 아프리카나 남아메리카의 인구가 있다.

특히 중국은 현재 세계적으로 유일한 두 자릿수의 경제성장을 구가하는 국가이다. 문제가 되는 것은 그들이 하나같이 미국식 생활양식을 지양하면서 경제성장을 추구한다는 점이다. 아니면 유럽이나 일본과 같은 경제성장을 좇고 있다는 점이다.

만약 미국식 생활양식이 '옳은 일'이라고 한다면 중국이나 인도의 경제성장을 막을 수 없을 것이다. 나아가 미국처럼 사는 것이 '정의로운 일'이라고 한다면 중국이나 인도, 가난한 많은 나라를 미국이나 유럽처럼 사는 것을 도와주어야 한다. 그러나 과연 그것이 가능할까? 현재 20%의 잘사는 나라의 자원소비량과 소비로 인해 지금과 같은 온난화와 오존층의 파괴 등 지구적인 위기를 겪고 있는데, 더 많은 인구의 중국과 인도가 그러한 생활을 추구한다면 지구는 이미 그들의 그러한 성취를 보기도 전에 끝장나게 될 것이다.

경제가치중심성과 자원무한주의의 참담한 결과

오늘날 경제가 성장하는 것이 선(善)이며 경제적인 가난은 악(惡)이라고 생각한다. 그리고 모든 가치는 경제성장 정도로 한나라의 우열을 평가한다. 잘사는 나라는 선진국이며 문명국이고, 못사는 나라는 후진국이며 야만국인 것이다. 그들의 개별적인 문화와 고유의 전통은 경제성장이라는 단일한 잣대 앞에서는 무력할 수밖에 없다. 그래서 모든 나라가 오로지 경제적 풍요, 물질적인 성장을 효율적으로 이룬 나라들이 기본 모델이 된다. 그러나 그 모델은 실은 자원수탈과 착취에 가장 성공한 국가들인 것이다 그러나 위에서 언급한 것처럼 모든 나라가 미국과 같은 소비수준을 유지할 수 없을 뿐 아니라 유지해서도 안 된다. 경제적 가치만이 전 세계를 관통하는 유일한 평가기준이며, 유일한 선이며 가치이다.

경제학에서 모든 인간은 욕망을 추구하고 그것을 만족시키는 것이 개인의 행복이며 발전이라고 생각하는 전제 위에 만들어진 사회체제이다. 개인의 욕구와 욕망은 절제될 수도 없고 절제할 필요도 없으며, 욕망을 만족시키는 일이 바로 발전인 깃이라고 생각한다. 그렇지만 산업사회는 인간으로 하여금 절대 만족을 주지 않는다. 항상 결핍감을 자극하고 욕구를 확대시킨다. 그래서 빠른 소비, 빠른 폐기, 빠른 구매를 충동질한다. 새로운 패션을 창출하며 먹어라, 입어라, 발라라,

써라를 계속 광고하고, 결코 충만함을 갖지 못하게 한다. 또한 항상 부족하고 모자라며 결핍되어 있다는 인식을 전염시킨다.

그러나 이러한 논리가 가능하기 위한 중요한 전제는 자원이 무한하다는 것이다. 오늘날 경제학은 '자원은 무한한 것'으로 인식하고 그것을 기반으로 하여 구축되었다. 이것은 대단히 중요한 전제이다. 무한한 자원을 누가 많이 전취하는가가 그동안 모든 경쟁과 대립, 전쟁의 원인이 되었던 것이다. 그러나 지구는 현재 닫힌계(Closed System)로서 인간이 사용할 수 있는 사원은 유한하다고 확인되었다.

환경문제는 자원이 무한하다는 전제 위에 세워진 모든 가치, 즉 성장, 풍요, 개발 등의 모든 것이 잘못된 것이며, 잘못된 전제 위에 만들어진 일체의 패러다임은 폐기되어야 하며, 나아가 새로운 가치로 전환되어야 함을 엄숙하게 경고하고 있는 메시지인 것이다. 그래서 양적인 가치, 물질적 가치를 중심으로 생각해온 모든 인식을 질적인 가치와 정신적 가치, 영성과 깨달음의 인식이 중요하다는 점을 역설하고 있는 것이다. 또한 '많은 것, 큰 것이 좋다'는 인식은 인간의 삶을 지속불가능한 삶이며, 지속가능한 발전(Sustainable Development)은 적은 것, 작은 것을 추구하는 삶이어야 함을 인식하는 것이다. 그래서 환경문제는 환경(Environment)이라는 말로는 충분한 것이 아니기 때문에 생태주의(Ecologism)나 녹색(Green), 혹은 동양적 사상을 결합하여 생명운동이라고 사용하는 이유이다.

경쟁과 대립, 투쟁의 반자연성

또한 경쟁을 중요한 방법으로 채택한다. 산업사회를 유지시켜온 논리 중에 빼놓을 수 없는 것이 다윈의 진화론이다. 자연은 '적자생존, 약육강식, 생존경쟁'을 법칙으로 하고 있다고 말했다. 그래서 오늘날과 같이 인간 간의 생존경쟁과 적자생존의 산업사회의 체계가 자연에 가장 가까운 시스템이며 더 이상의 진화란 없다고 생각한다.

경쟁은 기본적으로 이기고 지는 문제이다. 경쟁을 결국 이기려고 노력하고 상대를 거꾸러뜨리는 것이다. 그래서 경쟁은 전술적으로 적(敵)과 아(我)를 구분할 수밖에 없다. 그리고 적에 대한 비타협적 대립의식을 조장하는 것이 경쟁에 효율적이다. 그래서 소련을 악의 제국으로, 북한은 늑대와 뿔 달린 도깨비로 표현하는 것은 바로 적과 아의 투쟁과 대립을 격화하는 데 중요한 이데올로기이다. 그러한 대립과 투쟁은 결국 개인과 개인, 집단과 집단 간의 공동체성을 파괴하고 사실에 근거하기보다는 허구적인 적대심과 증오를 유포한다. 이러한 대립과 투쟁이 물리력과 결합하면 전쟁으로 비화되는 것이다.

인간 간의 경쟁은 결국 남보다 먼저 자연을 선점하고 개발하여 재부를 축적하는 것으로 확대된다. 남보다 먼저 적지를 찾아 개발해야 하고, 오염을 처리하는 데 불필요한 비용을 낭비하지 않아야 훨씬 많은 돈을 벌 수 있다고 생각한다.

그러나 중요한 것은 다위니즘의 적지생존, 생존경쟁은 사연계 내에서 개체와 개체 간에는 경쟁과 대립의 측면이 있지만, 생태계 전체를 보면 '상호의존'과 '상호보완', '조화와 균형'이 보다 더 규정적이라는 것이 생태학의 논리이다. 다위니즘의 자연관은 자연의 한 측면일 뿐 생태계의 포괄적인 법칙이 아니라는 것이다. 그래서 오늘날 산업사회는 가장 반자연적인 시스템이며 오늘날의 경제는 결국 인간과 더불어 공멸하는 시스템이라는 것이다.

시장의 실패, 정치의 실패

오늘날 시장은 과연 환경문제를 해결할 수 있을까? 환경을 보존하는 것은 장기적으로 결국 이익이라고 말한다. 그런데 왜 시장은 환경 파괴적일 수밖에 없는가. 환경을 보존하는 것은 궁극적으로 장기적인 이득일지 모르지만 단기적인 이득을 돌려주지는 못한다. 그러나 시장은 단기적인 이득을 중심으로 움직인다. 기업은 이윤을 추구하는 집단으로, 시키지도 않는데 오염 처리하는 데 비용을 투자할 리 만무하다. 이것은 기업가의 도덕성과 별개의 문제이다. 기업이 환경을 말할 때는 그것은 기업의 이윤을 보장하거나 최소한 기업의 이미지를 고려하여 이윤이 보호될 정도일 때 환경을 외치거나 그만큼만 활동을 한다. 더욱이 공기나 물과 같은 것을 공공재라고 인식한다. 공공재는 무한한 것이며 아무라도 얼마든지 비용 없이 사용할 수 있는 것으로 인식한다. 나아가 돈을 지불할 필요도 없다고 생각한다.

그러면 정치가 환경문제를 해결할 수 있을까? 정치인은 4년이든 5년이든 기본적으로 선거와 선거기간만 책임진다. 그래서 당선이 주된 목표이기 때문에, 당선에 도움이 되면 환경파괴를 아랑곳하지 않고 무수한 개발공약을 내놓기도 하고 반대로 당선될 수 있는 만큼의 환경만을 주장한다. 그리고 수시로 바뀌는 정책 등으로 과연 100년 미래를 위한 환경문제를 해결할 수 있을까? 바로 이 점이 결국 민간섹터, 주민들이 주체로 나설 수밖에 없는 이유가 되기도 한다.

환경문제가 주고 있는 메시지

진보에 대한 문제 제기

환경문제는 진보라는 인간의 집단적 관념에 대한 문제 제기이다. 어제보다 오늘, 오늘보다는 내일이 나을 것이라는 사고가 바로 '진보'에 대한 사고이다. 낫다는 것의 기준은 바로 생산력이다. 그래서 산업사회 이후 경제적 물질적인 풍요가 수직적으로 무한상승 증대되는 것을 진보라고 생각해왔다. 그래서 앞으로 30~40년 뒤에는 더욱 발전하여 각 국가마다 시차와 차이는 있지만 모든 인간에게 궁극적으로 물질적 풍요가 넘치는 유토피아(Utopia)가 달성될 것이라고 생각했다. 그러나 환경위기는 바로 그러한 낙관적 미래전망에 찬물을 끼얹고 있다. 어제보다 오늘, 오늘보다 내일이 정말 나아지는 것인가에 대한 문제 제기, 또한 이대로 나가면 앞으로 30년 뒤에는 지금보다 훨씬 심각한 지속 불가능한 사회가 될 것이라는 것이다. 그러나 불행하게도 우리의 현실은 이대로 가면 디스토피아(Distopia)라고 예견하고 있는 것이 사실에 가깝다고 말하고 있는 것이다.

환경위기는 그동안 생산력주의의 진보에 대한 인식에 전환을 강제하고 있다. 이 점에서 자본주의나 사회주의는 결국 생산력주의라는 동일한 관념에서 출발하기 때문에 '그놈이 그놈'이며, 결국 '쌍둥이'에 불과하다는 비판을 받을 수밖에 없다. 미국과 같은 생활양식이 더 이상 대안이 아니며 지속 가능한 삶이 아니라는 것이다. 그래서 이제 진보는 없으며 단지 '방향성을 갖는 진화'만이 있을 뿐이라고 판단하는 것이다.

민주주의와 평등에 대한 문제 제기

환경문제는 민주주의와 평등, 자유라는 사고가 완성된 이념이 아니라는 것을 알려 주고 있다. 오늘날의 민주주의는 '지금'이라는 시간적 제약과 '여기'라는 공간적 제약을 전제로 하고 있다. 의사결정은 결국 지역적으로 '그곳'에 살고 있는 사람들의 합의와 '지금' 살고 있는 사람들 간의 합의를 민주주의로 인식한다. 지속 가능한 개발이라는 용어의 의미가 '미래세대의 가능성을 훼손시키지 않는 범위 내에서 현재의 개발'을 뜻한다. 결국 미래세대가 써야 할 자원은 남겨두고 써야 한다는 말이다. 이것은 의사결정 과정에서 현재 살고 있지도 않은 미래세대의 의사를 반영하여 어떠한 결정을 해야 한다는 것을 의미하는 것이다. 더 나아가서 인간과 언어를 공유하지 못하는 다른 생물과 생명, 무생명의 권리와 의사까지도 고려한 의사결정이어야 한다는 것이다. 바로 그러한 절차가 진정한 완성된 민주주의라는 것이다. 오늘날의 민주주의는 결국 현재, 한정된 지역에 살고 있는 사람들의 제한적 민주주의인 것이다.

나아가 합리성과 객관성을 강조하는 서구적 가치관 속에서 평등이라는 이념의 강조는 결국 미묘한 불평등을 향해 대립을 격화시키는 투쟁의 언어라는 것이다. 또한 더욱더 중요한 문제로 제기된 것은 그동안의 평등은 인간 간의 평등을 주장했다는 점이다. 미래세대와의 평등을 고려하지 않고 있었던 것이다. 이러한 평등에 있어 인간 중심성이 오늘날 환경위기의 또 다른 원인이라고 제기되고 있다. 동물의 권리나 타 생명들에 대한 고려 없는 인간만의 평등은 더 이상 정의가 아닌 것이다. 한편 산업문명 속에서 자유는 끊임없이 공동체성을 파괴하고 개인화, 파편화를 도모하는 역할을 한다는 것이다.

이 점이 미래세대의 요구와 타 생명의 요구를 들을 수 있는, 통합적 지혜라는 의미로서 깨달음(Awakening)이나 영성(spirituality)의 중요성을 말해야 하는 이유가 있는 것이다. 그리고 이성과 과학 중심의 사회 속에서 종교적 언어로만 규정되던 겸손함, 공정과 섬김이라는 의미가 종교의 세계를 넘어와 평등을 뛰어넘는 의미로 다시 부각되는 이유가 되기도 한다.

인간중심주의에 대한 문제 제기

사람들에게 돼지는 미련하고 더러운 짐승으로 생각한다. 소는 순박하고 우직한 동물로, 여우는 교활한 동물, 뱀은 사악한 동물로 인식한다. 그러나 그러한 사고는 인간 자신의 사고이다. 돼지가 미련하고 더러우며 소는 순박하고 우직하다고 사람이 생각하는 것이다. 그런데 대부분의 사람들은 동물과 자연에 대한 인간의 판단이 실제의 사실로 인식한다.

아메리카대륙을 콜럼버스가 발견했다는 것은 결국 백인 중심의 유럽식 사고이며, 서부개척자 정신이라는 것도 강자의 논리라고 표현하는 것처럼 익충(益蟲)과 해충(害蟲)을 나누는 기준도 결국 인간중심적 사고인 것이다. 잡초(雜草)라는 개념도 결국 인간중심적 판단인 것이다. 위에서 언급한 것처럼 평등이나 민주주의, 자유는 결국 인간만의 평등과 민주주의이며 바로 이 점이 미래세대와 타 생명, 무 생명을 고려하지 않은 자연관의 문제로 인해 위기가 초래된 것이다.

서양의 의학은 세균의 박멸의 역사라 해도 과언이 아닐 것이다. 인간에게 불필요한 것은 '나쁜 것'이라고 사고하며 모두 박멸(搏滅)해야 한다고 생각해왔다. 세균은 물론이거니와 기생충, 모기, 해충을 박멸한다는 표현은 이미 현대사회 속에 일상화된 용어이다. 그러나 인간이 해충이라고 규정한 것도 자연계의 먹이사슬이나 윤회과정에서 한 고리를 차지하고 있으며 확인되지 않았을 뿐 나름대로 존재해야 할 이유가 있는 것이다. 인간에게 해를 입힌다고 함부로 적대적으로 규정할 수 없는 것이다. 바로 이러한 것이 인간중심적 사고이다.

과학기술중심주의에 대한 문제 제기

레이첼 카슨 여사가 쓴 『침묵의 봄』은 제초제나 살충제로 가장 많이 사용해온 DDT가 플랑크톤이나 식물 및 작은 생물에 농축되어 물고기와 새들을 죽게 했고, 인간의 무분별한 과학기술사용이 새들이 울지 않는 봄을 만들었다고 말하고 있다. CFC(염화불화탄소, 상품명 프레온가스)도 초기에는 인간이 만든 획기적인 가스로 큰 각광을 받았지만 몇십 년 지나지 않아 오존층을 파괴하는 치명적인 물질로 확인되어 현재 사용이 금지되었다. 이뿐만이 아니다. 아직 확인되고 검증되지 않아서 그렇지 과학기술로 인한 훨씬 더 많은 피해가 있을 것이라고 예견하고 있다. 인간이 편리함을 추구하기 위해 개발된 과학기술이 개발될 당시에는 잠깐 동안 큰 이익을 주지만 장기적으로 그 편안함의 수십 배 재앙으로 돌아올지 모른다고 생각하고 있다. 원자력발전이나 핵무기, 유전자조작식품이나 기타 인간유전자지도의 작성 등도 생명의 질서를 위협하는 대표적인 예의 하나인 것이다.

환경위기는 오늘과 같은 과학기술중심 사회에서 그 원인이 시작된 것이다. 과학기술중심의 사회는 인간중심적 이성과 경제적 합리성에 기초한 사회이며 그것은 인간이 자연을 완전히 해석하고 조작할 수 있다는 오만함을 초래하게 만들었다. 따라서 환경문제를 진지하게 고민하는 사람은 과학기술중심사회를 극복해야 할 것으로 생각한다. 그런 측면에서 과학기술중심의 문제해결은 차선적 선택이어야 하며 신중하게 사용되어야 하고 나아가 인간을 소외시키지 않는 중간기술에 대한 관심으로 확대되어야 한다.

두 번째로 과학기술지향적 환경해결을 위험하게 생각하는 것은 바로 환경문제가 갖고 있는 근본성보다는 오염처리라는 표피적 해결에 관심을 두고 있기 때문이다. 오염을 막기 위해서 기술적인 노력은 필요하다. 그러나 그것으로 모든 오염을 완전히 해결할 수 없다. 과학기술적 해결은 언제나 최종적인 것이 될 수 없다. 왜냐하면 오염을 유발하는 근본문제를 해결하지 않았기 때문이다. 단지 근본문제를 해결하기 위해 더욱 심각해지는 것을 단지 유보했을 뿐이다. 오히려 해결해야 할 시간을 놓쳐 버려 더욱 심각한 문제를 야기시킬 수 있다.

세 번째로, 과학기술지향적 해결은 환경위기를 초래한 현재의 물질적 풍요와 경제성장의 편안함을 지속하고 싶어 하며 한 치도 포기하지 않겠다는 사고의 반영이다. 환경문제는 물질적 풍요를 추구하고 양(量) 중심적인 가치관, 미국식 생활양식의 대량생산, 대량소비, 대량폐기의 사회가 더 이상 지속될 수 없다는 것을 알려주는 메시지이다. 그러한 현대 산업사회 문제가 약한 고리인 환경오염의 형태로 표현된 것이다.

죽음에 대한 두려움이 모든 문제의 근원

낙태문제를 찬성하느냐 반대하느냐 하는 것은 여성의 해방적 측면과 생태적 측면을 기준으로 하는 관점과 시각의 차이를 판별하는 중요한 근거이다. 이 지점은 생태적 관점을 근거로 하는 생명문제가 인간중심적이며 개발지향적인 논리와 충돌되는 지점인 것이다. 각기 다른 신념체계로 인해 서로 다른 결론을 갖고 있는 것이다. 마찬가지로 최근 불소화와 관련하여 대립되는 두 입장이 있다. 수돗물에 불소를 넣으면 사람들의 치아건강이 획기적으로 나아진다는 것이 건강사회를 생각하는 양심적인 치과의사들의 선의 어린 신념이다. 그래서 꾸준히 노력해왔다. 그러나 다른 한편으로는 인간이 먹는 물에 '무엇인가를 넣는 것(불소)'이 정말 자연스러운 것이냐 하는 주장이다. 물을 먹는 사람들의 의사를 고려하지 않고 향후 어떠한 영향이 복합적으로 나타날지 검증되지 않은 상태에서 이처럼 자신들이 원치 않는 강제적인 의료행위가 도대체 올바른 것이냐 하는 것이다.

또 있다. 뇌사문제와도 연관되지만, 장기기증의 문제이다. 콩팥이 없어 죽어가는 사람에게, 아낌없이 콩팥을 기증하는 것은 이루 큰 좋은 일이며 그지없는 자비행이다. 그래서 장기기증이 죽어서도 아름다운 인간의 선행으로 평가되고 있다. 그러나 한편으로는 인간의 신체를 기계적으로 파악하여 개체의 조립(여러 장기들의 조합)이라고 생각하는 서구적 기계론적 사고가 인간중심적 인본주의와 결합된 윤리가 바로 장기기증의 윤리라고 비판한다. 그리고 우주자연이 깃든 완전물인 신체를 서양과학의 알량한 기계적, 환원론적 자료를 바탕으로 장기를 뺏다 끼웠다 할 수 없다는 것이다. 인간의 병은 자연 속에서

섭생을 잘못하여 일어난 것이다. 따라서 치료란 반드시 그 근본적인 원인인 잘못된 습관을 조절함으로써 이루어지는 것이며, 장부와 내장이 잘못되었다고 하여 무조건 칼을 대어 수술로 제거하거나 인위적인 방법으로 치료하려는 것은 당장의 병은 나을지 모르지만 결국 모두의 죽음을 재촉하는 것이다. 자연의 섭리를 어기며 살아온 근본원인을 해결할 생각은 하지 않고, 남의 목숨과 건강을 빼앗는 것은 건강한 신체는 건강한 마음에서 비롯된다는 동양적 인체의 세계관에도 어울리지 않을 뿐 아니라, 대단히 위험한 사고라는 것이다. 과연 어떠한 판단을 해야 하는가? 선악이 분명하다면 결정이 빠를 텐데, 둘 다 선의지로 논리를 무장하고 있다. 단지 세계관이 다를 뿐이다. 이러한 시대에 생명의 세계관이란 무엇일까?

유전자조작과 생명운동

증가하는 인구의 식량의 문제를 해결하기 위해서는 유전자조작식품(GMO)에 대한 연구가 과연 필수적인가. 동물과 식물의 유전자가 마구 섞이고 있을 뿐 아니라 노화(Aging)에 대한 연구는 현재 핵폭탄을 성공시킨 맨해튼 프로젝트의 전야와도 같이 성공 일보직전에 와 있다고 한다. 이제 무두셀라 프로젝트라는 이름의 노화방지를 위한 의학의 성공은 급기야 몇 달 안에 인간게뉴프로젝트(Human Genom Project)가 완성된다는 세계적인 공표를 듣는 것으로 극에 달할 것이다.

이 모든 의식의 근저는 "죽음에 대한 공포"이다. "죽지 않으려는 욕망"과 돈의 철학이 결합한 과학의 개가인 것이다. 돈을 기약하는 과학기술에게 윤리는 공허하다. 돈의 철학이 윤리를 대신하는 것이다. 낙태, 뇌사, 장기이식, 노화, 유전자조작, 휴먼게놈프로젝트, 모두 인간의 죽음을 두려워하는 어리석음과 탐욕, 돈의 논리와 자연의 이치와 섭리를 거스르려는 음험한 욕망의 표현인 것이고 철저히 인간 중심적인 사고에 기반한 것이다.

우리가 경제적 합리성에서 생태적 합리성을 주장한다면 이것은 단순한 지적유희가 아니라 고뇌에 찬 결단을 촉구하는 것이다. 경제적 합리싱의 세계관과 생명의 세계관에 근거한 문제는 철학과 세계관의 문제이며 따라서 위와 같은 상황에서 어떠한 삶을 선택하는가에 대해서는 그야말로 이러한 세계관이 어떻게 신념화되는가의 문제인 것이다. 카오스모스(Chaosmos) 시대, 이제 "무엇으로부터 무엇에로"의 전환을 강제하는 시대라면, 이제 생태적 재의식화에 대해 다시금 진지하게 고민해야 한다.

생태적 재의식화

과거 1970~1980년대 사회운동에서 '의식화'라는 말을 사용했었다. 이 말은 자기중심적 한정된 사고를 시간적으로, 공간적으로 확대하여 역사를 인식하고 현실을 직시하며 자신의 사명과 역할을 의식하여 자신의 삶을 민족과 역사의 책임의식을 갖고 실천하는 행위에 대한 표현이었다고 볼 수 있다. 그런데 과거의 의식화는 거의가 정치적인 의식화, 즉 정치적 인식의 확장을 의미했었다. 그러나 이제 환경문제는 새로운 의식화를 강제하고 있다. 이것을 생태적 의식화라고 한다. 인간의 역사와 정치, 경제의 의식화와 더불어 자연과 생명에 대한 생태적 고려와 각성을 하는 것이다. 아래의 글은 틱낫한 스님이 쓴 시를 옮긴 글이다. 티끌 하나 속에 우주가 들어 있으며 하나 속에 전체가, 전체 속에 하나가 있는 이치를 아주 평이하고 쉬운 글로 쓰고 있다.

만일 당신이 시인이라면 당신은 이 한 장의 종이 안에서 구름이 흐르고 있음을 분명히 보게 될 것입니다. 구름이 없이는 비가 없으며, 비 없이는 나무가 자랄 수 없습니다. 그리고 나무가 없이 우리는 종이를 만들 수가 없습니다. 종이가 존재하기 위해서는 구름이 필수적입니다. 만일 구름이 이곳에 없으면 이 종이도 여기에 있을 수 없습니다. 그러므로 우리는 구름과 종이가 서로 공존하고 있다고 말할 수 있습니다. 만일 우리가 이 종이 안을 더욱더 깊게 들여다보면 그 안에는 햇빛을 보게 됩니다. 햇빛이 그 안에 없다면 숲은 성장할 수 없습니다. 사실은 아무것도 자랄 수가 없습니다. 그러므로 햇빛이 이 종이 안에 있음을 우리는 봅니다. 종이와 햇빛은 서로 공존하고 있습니다. 우리가 또 계속하여 바라보면 우리는 그 나무를 베어 그것이 종이가 되도록 제재소로 운반해 간 나무꾼을 봅니다. 그리고 우리는 밀가루를 봅니다. 그 나무꾼이 빵을 매일 먹지 않고는 살 수 없음을 보게 됩니다. 그러므로 그 빵을 만드는 밀가루를 이 종이 안에서 봅니다. 그리고 그 나무꾼의 아버지와 어머니가 그 안에 있음을 봅니다. 우리가 이런 식으로 바라볼 때 이 모두가 없이는 이 한 장의 종이가 존재할 수 없음을 보게 됩니다. 더욱더 깊이 들여다보면 우리들이 그 안에 있음을 봅니다. 그렇게 보는 것이 어렵지 않으며 우리가 그 종이를 보고 있을 때 그 종이는 우리 시각의 일부인 것입니다. 당신의 마음과 내 마음이 이 안에 있습니다. 그러므로 모든 것이 이 종이와 함께 있다고 우리는 말할 수 있습니다.

틱닛한 스님의 「평화로움」 중에서—

환경윤리와 생명가치

환경문제는 경제중심적 사회와 과학기술문명의 가치와 윤리는 이미 낡은 것임을 선언하고 있다. 기계론적이고 물질중심의 양적 가치지향은 이제 사악한 것으로 평가하고 있는 것이다. 미국식 생활양식은 더 이상 인류에게 권장될 수 없다. 환경문제를 통해 과거의 좋은 것이 이제 나쁜 것으로, 과거의 나쁜 것이 이제는 오히려 좋은 것으로 평가되고 있는 상황인 것이다. 아프리카나 호주원주민, 티베트, 인디언들의 전통과 문화는 과거에는 야만으로 치부되던 것이 이제는 반대로 친생태적 문화로 칭송되고 권장되고 있다.

인간중심적 가치를 극복하는 것, 미래세대를 고려하고 동물과 식물, 나아가 무생물이라고 생각되는 것에 대한 사려 깊은 고려가 바로 새로운 윤리의 중요한 덕목이다. 환경문제는 무엇에 대한 포기를 강제하는 것이며, 동시에 무엇에 대한 선택을 의미하는 것이다.

위의 글은 정수복 박사의 「제3의 길로서의 생태주의 패러다임」에서 발췌한 것이다. 무엇이 반생명, 반생태적이며 무엇이 생태친화적인 가치인지를 명확히 구분해 놓은 것이다.

종교와 생명운동

한국은 기독교, 불교, 천주교 등 전 세계의 메이저 종교가 각자 라디오와 텔레비전 방송국을 갖고 있는 유일한 나라이다. 사회주의가 무너진 지금, 앞으로 인류의 분쟁요인은 종교 간의 대립이라고 말하는 사람이 있다. 한국은 바로 전 세계의 대표적인 종교가 모여 각자 교세를 확장하며 발전하고 있다. 이것은 선진국의 다른 나라와 대조적인 형태라고 볼 수 있다.

<표 1> 지배적 패러다임과 생태주의 패러다임의 비교[2]

지배적 패러다임		생태주의 패러다임
기계주의/데카르트적 세계관		생태주의/전체론적 세계관
주체와 객체의 분리	1	주체와 객체의 상호작용
인간과 자연의 분리	2	인간과 자연의 비분리
가치중립적 통제하는 지식	3	가치관여적 감정이입적 지식
분석이 이해의 열쇠	4	종합적 인식 능력 강조
직선적 시간관과 인과관계	5	순환적 시간관과 인과관계
개체의 힘이 복지의 기초	6	개체들 사이의 관계의 질이 복지의 기초
양적인 것 강조	7	질적인 것의 강조
수단적 가치	8	내재적 가치
윤리와 일상생활의 분리	9	윤리와 일상생활의 통합
획일성의 증대	10	다양성의 증대
현대 사회에 만족		새로운 사회의 추구
인간의 자연 파괴로 인한 심각한 문제는 없음	1	인간의 자연 파괴로 자연과 인간 모두에 심각한 문제 발생
위계질서와 효율	2	개방과 참여
시장 강조	3	공동체 강조
경쟁적 삶	4	협동적 삶
복잡하고 바쁜 생활양식	5	단순하고 느린 생활양식
돈을 벌기 위한 노동	6	노동 자체의 즐거움
더 많은 소비가 더 큰 행복	7	덜 쓰지만 더 행복한 삶
자연의 가치를 경시함		자연에 높은 가치를 부여
인간의 자연 지배	1	인간과 자연의 조화와 공존
자연을 상품생산에 이용	2	자연 자체의 내재적 가치를 인정
성장의 한계 거부	3	성장의 한계 인정
생태계보다 경제성장을 우선	4	경제성장보다 생태적 균형을 중시

---

2) 정수복 (1997), 「제3의 길로서의 생태주의 패러다임」.

생산과 소비의 강조	5	연대와 협동의 강조
자원고갈 부인	6	자원고갈 인정
인구문제 경시	7	인구폭발의 가능성 인정
좁은 범위의 특수한 연민		**넓은 범위의 일반화된 연민**
자기 세대에만 관심	1	미래세대에 대한 관심
타 인종, 타 문화에 대한 무관심	2	타 인종, 타 문화에 대한 관심
인간은 욕구를 위해 다른 종 파괴	3	다른 종에 대한 연민
부의 극대화를 위해 위험 감수		**사려 깊은 계획과 행동**
과학과 기술의 숭배와 맹신	1	과학기술에 대한 비판적 통제
기술적 생태학적 한계의 불인정	2	생태학적 한계가 기술적 한계를 결정
핵무기의 개발	3	핵무기의 개발 정지
대규모 경성(hard)기술 강조	4	소규모 연성(soft)기술의 개발
기존의 정치		**새로운 정치**
중앙집중화된 대의제 민주주의	1	분권화된 참여민주주의
전문가에 의한 지배	2	풀뿌리 민주주의
남성 중심의 정치	3	남녀평등의 정치
제도정치 강조	4	직접행동과 실험정치
좌우대립의 정치	5	경제성장 제일주의와 생태주의의 대립

　그것은 어쩌면 큰 불행인지도 모른다. 종교가 진리에 대한 배타성을 권력화하기 시작하면 그것이 대립의 씨앗이 되기 때문이다. 실제 모든 종교는 평화를 구한다고 주장하고 있지만 전 세계 전쟁 중 40%가 종교로 인한 전쟁이라는 점은 매우 슬픈 일이 아닐 수 없다.

　한국은 또한 민족과 민족의 통합을 커다란 과제로 두고 있는 전 세계 유일한 분단국가이다. 이것은 단순히 남과 북의 재통일이라는 정치적 관점이 아니라 남과 북의 정서와 문화적 통일을 전제로 하고 있다. 그러나 현재 한국은 지역 간의 대립, 종교 간의 대립이라는 현실의 문제를 해결하는 과정 속에 통일을 위한 문화적인 경험이 쌓여 나갈 수 있을 것이다.

서로 다른 것과의 공존, 차이를 인정하고, 나아가 그것이 오히려 소중한 것으로 인식하고 공통점을 확대시키고 차이점을 소중히 하는 것이 바로 평화를 구하는 자세일 것이다.

한국의 종교 간의 대화와 평화는 그러한 차원에서 대단히 중요하고 소중한 것이다. 현재 한국의 종교환경운동은 공통점을 확대시키는 중요한 기재 중의 하나인 것이며, 이러한 연대의 토대가 향후 종교 간의 평화와 남북 간의 평화, 그리고 환경문제를 실질적으로 해결하는 토대가 될 것이다.

생명운동은 '사회 개조와 자기 개조의 통일'을 이루어 나가야 하는 운동이다. 그렇다고 한다면 오늘과 같은 이윤추구의 사회에서 자신의 이윤을 포기하라고 할 수 있는 세력이 있을까? 그것은 종교밖에 없다. 산업사회의 이윤동기는 근본적으로 악의 원인이다. 개인주의, 경쟁과 갈등, 전쟁과 파괴, 대립을 조장하는 모든 것은 개인의 이익, 집단의 이윤, 국가의 이익을 위해서이다. 그러나 종교는 집단적으로 선의지를 표방하고 있다. 탈이윤적 삶을 요구하고 있는 것이다. 그리고 수행과 수양이라는 훌륭한 자기 변화기재를 발달시켜 놓고 있다. 종교라는 하드웨어는 그 자체로 보수적일 수밖에 없다. 그러나 소프트웨어는 언제나 진보적이었다. 종교운동이 모든 것을 할 수는 없다 하더라도 종교 내 생명운동이 담당할 수 있는 영역은 대단히 중요한 부분인 것이다.

대안적 생활양식으로의 집단적 전환을 가능케 하는
종교운동

환경운동에 있어서 파괴된 자연을 회복하는 운동과 나아가 자연을 파괴한 인간에 대해 새로운 변화, 새로운 가치관 각성 운동, 생활양식 전환운동 또한 대단히 중요하다. 그리고 이 두 가지는 환경운동이 동시에 펼쳐 나가야 할 중요 영역이다. 실제 사회주의 몰락 이후 인간의 문제가 중요한 논의 중 하나로 떠오르고 있다. 아직 생활양식의 전환이라는 중심논의는 활발하게 운동내용으로 사회화되지는 않았지만 중요한 영역이라고 본다면, 종교운동, 특히 종교환경운동은 커다란 의미를 띤다고 볼 수 있다.

개인의 이익과 이윤동기에 의해 자연과 인간이 파괴되고 황폐화되었다면 환경운동은 이익과 이윤동기를 뛰어넘도록 하는 운동인 것이다. 그러나 자본주의 산업사회에서 집단적으로 이러한 이윤동기를 조정할 수 있는 영역이 있을까? 아마도 그것은 시민운동의 영역이라고 볼 수 있으며 보다 중요하게 종교만이 자신의 이윤동기를 극복하도록 할 수 있으며 집단적인 선의지를 조직화할 수 있는 좋은 기재가 된다.

종교의 생태주의운동은 유물주의적 사고를 근간으로 하는 제반 사회운동과는 달리 형이상학에 대해 풍부한 경험과 이해의 토대를 갖고 있어 다양한 논의가 풍부해질 수 있는 조건을 갖고 있다.

우리나라에서 가장 큰 조직은 종교조직이다. 따라서 하나의 운동이 가장 크게 사회화되는 데 좋은 조직적 통로를 갖고 있다는 특징을 갖고 있다. 그러나 가장 배타적 집단이 종교집단인 것도 사실이다. 더욱이 우리나라는 다른 어느 나라와는 달리 세계에서 가장 큰 종교가 비슷한 세력으로 자리 잡고 있는 독특한 종교분포국가이다. 배타적 집단끼리의 평화로운 공존을 유지하는 것은 남북통일과 지역갈등의 시대에 큰 모범이 될 수 있다고 보인다. 그래서 종교환경운동은 중요한 영역을 차지하고 있으며, 또한 종교환경단체 간의 연대는 더욱 중요한 의미를 갖고 있다고 볼 수 있다.

과거의 종교운동은 운동이 발전할수록 종교성 자체가 부정되는 과정을 겪었다. 아마도 이것은 종교성과 운동성이 외형적으로는 통일되었다고 할지라도, 실제 활동과정과 내용적으로 명확히 일치하지 못하기 때문일 것이다. 그리고 종교적 이념을 현실적 과제를 해결하기 위한 사회이념과 습합함으로써, 종교가 운동 속에 왜소화되어 단순한 외피로서의 의미로 축소되는 과정을 밟아왔던 것이다. 이것은 현실적 과제를 실천하는 것과 종교적 신앙 사이의 괴리에서 발생한 모순인 것이다. 그리고 개인적으로 종교성보다는 운동성에 대한 집착이 상대적으로 종교성을 희박하게 만든 요인이 된다고 볼 수 있다. 실제 운동하는 개인에게 있어서도 운동의식이 강화될수록 종교심은 희박하게 되는 현상이 있었다. 또한 다른 운동과의 통일전선적 연대를 강조하는 과정에서 종교성은 실제 장애가 되는 요인이 되었기 때문일 것이다.

그러나 생태주의는 획일적인 통일성을 요구하는 운동이 아니다. 다양성, 순환성, 영성이 요구되는 운동이며, 위기로서의 환경문제를 해결하는 데 오늘날 종교적 신앙은 대단히 중요한 의미가 있는 것이다. 영적인 경건과 탐욕에 대해 절제, 선택한 가난, 주체적인 청빈, 그리고 천박한 유물주의로부터 탈피할 것을 요구하고 있는 오늘의 환경운동 과제는, 그것이 그대로 종교성을 의미한다고 볼 수 있다. 환경운동에서 운동성과 종교성은 전혀 모순되지 않을 뿐 아니라, 오히려 보다 철저한 종교적 수행과 경건, 절제와 신앙심이 환경위기시대에 윤리적으로 일치한다. 과거의 종교운동은 종교의 정치화와 종교의 순수성 사이에서 부단히 갈등이 있어 왔지만 종교의 생명운동은 종교 그 자체를 사회적으로 윤택하게 만들어 주기 때문에 교단적으로 적극화하려고 하고 있는 것이다.

글을 맺으며

환경문제는 20세기까지 인류가 살아온 삶에 대한 총체적인 반성과 참회를 통해 결국 내가 어떻게 살 것인가에 대한 자기 선언을 요구한다. 환경정책이든 생명운동이든 그것이 근본적으로 얼마나 문제의 해결에 충실한가와 동시에 얼마나 현실의 문제 해결에 적절했는가의 양 극단의 인식을 문제의식을 놓치지 않으면서 중도적 실천을 도모해야 한다. 필자가 일전에 쓰레기문제와 관련하여 스위스와 미국을 방문했을 때 상황을 이야기하면서 글을 마치겠다.

필자는 스위스를 방문했을 때 그들의 너무도 깨끗한 주택풍경과 쓰레기 분리수거 시스템과 주민들의 노력에 감탄을 금할 수 없었다. 그러나 감탄만 하기에는 뭔가 석연치 않은 불편함이 있었다. 그러던 것이 미국의 오리건 주의 쓰레기분리수거와 자원화 현장을 보면서 분명해졌다. 또한 필자가 속한 단체에서 하고 있는 인도의 불가촉천민을 위한 지역개발사업을 현장에서 함께 일하면서 보다 확연히 느꼈다.

스위스나 미국의 쓰레기 분리수거운동은 결국 자신들의 소비생활에 대해서는 결코 포기하지 않으면서 사용된 자원을 다시 재활용하는 것이다. 결국 대량생산, 대량소비, 대량폐기의 근본문제를 전혀 건드리지 않고 결국 자원재활용이라는 새로운 산업을 발전시키고 있는 것이다. 어쩌면 지구를 위기로 몰아넣은 것은 자신들의 소비생활임에도, 그 부분에 대한 전환을 고려하지 않고 오히려 소비생활의 부산물을 처리하는 정도의 환경운동이라면, 의미는 있지만 근본적인 것은 아니다. 다른 한편, 인도는 그야말로 지저분하다는 말의 생각을 넘어설 정도로 더럽고 또한 가난하다. 그러나 인도 상당부분의 사람들은 전기도 사용하지 않고 석유나 화석연료를 소비하지 않고 있다. 소똥을 짚과 섞어서 잘 이긴 것을 벽에 붙여 말린 것으로 연료를 사용하고 있다. 정말 놀랍게도 인도 농촌의 대부분은 그것으로 연료와 밥을 해먹고 난방도 한다.

만일 인도의 그 많은 인구가 스위스나 미국과 같은 에너지 소비생활을 한다면 지구는 이미 끝장나 있을 것이다. 그래서 그들의 가난함으로 인해 미국이나 유럽처럼 많은 소비에도 지구를 파멸하지 않게 해주는 역할을 하고 있는 것 아닌가? 어쩌면 그들의 더럽지만 가난함이 실질적인 환경적 실천을 하고 있다고 보이며 깨끗하지만 자원소비적 삶보다 훨씬 친생태적이고 지구적으로 의미 있는 일이라고 생각되었다.

유교: 『주역』에서 보는 인간과 자연의 관계[1)]
-새로운 생명문화를 위한 타자관(他者觀)의 모색-

최영진(성균관대학교 유학·동양학부 교수)

1. 서론: 유교의 타자에 대한 인식과 '물(物)'

내가 나를 '나'로서 규정지을 때 나 아닌 존재-'너'라는 타자와 마주 서게 된다. 나/너, 즉 자아/타자는 세계를 구성하는 기본적인 대응항이다. 자아라는 항에, 한자어 '기(己)'를 넣으면 타자라는 항에는 '인(人)'이 들어간다. 자아항에 '인(人)'을 넣으면 타자항에 '물(物)'이 들어간다. 같은 논법으로 우리는 남자/여자, 의사/환자, 서구/동양, 그리고 인간/자연이라는 대립항들을 구성할 수 있다. 이 대응적인 항들의 관계는 구조적으로 동일하다. 그러므로 '이들의 관계를 어떻게 인식하는가' 하는 문제는 세계관과 이에 토대를 둔 윤리설의 핵심이 된다.

대응항들 사이의 관계 설정에 있어서 결정적인 요인이 되는 것은 '너', 즉 타자에 대한 인식이다. 이른바 황금률이라고 일컬어지는 격률들-"네가 원하지 않는 것을 남에게 베풀지 말라(己所不欲勿施於人, 『논어』「위령공」)", "네가 대접을 받고자 하는 대로 남을 대접하라(『성

---

1) 이 글은 『생명연구』 제4집(2001년)에 실렸던 것을 편집한 것이다.

서』)” 등은 ‘남’이 ‘나’와 근원적으로 동일하다는 인식이 없다면 결코 성립될 수 없다. 『논어』의 이 구절은 ‘서(恕)’의 방법으로 제시된 것이며[2] ‘서’는 바로 인을 구하는 방법인데 ‘서’에는 너와 나의 마음이 동일하다는 것, 즉 내가 원하는 것을 너도 원한다는 욕구의 동질성이 전제된다.[3] 『대학』에서 ‘평천하지요도(平天下之要道)’로서 제시된 ‘혈구지도(絜矩之道)’가 “위에서 싫은 바로써 아래를 부리지 말며, 아래에서 싫은 바로써 위를 섬기지 말며……”[4]라고 하여 ‘싫어함(惡)’의 보편성을 토대로 하고 있는 것이 그 하나의 예이다. 그리고 욕구의 동질성은, 송대 주자학에 이르러 마음의 본질인 성(性)은 하늘에서 부여받은 이치로서 우주적 보편성을 담지하고 있다는 형이상학적 토대를 구축하게 됨에 따라 그 정당성을 확보하게 된다.

이와 같은 관점에 선다면, 페미니즘은 ‘남자라는 자아가 여자라는 타자를 어떻게 인식하고 규정하는가?’라는 문제로 귀결된다. 오리엔탈리즘은 ‘서구라는 자아의 동양이라는 타자에 대한 인식의 문제’로 요약될 수 있다. 의사가 인간의 신체기관을 교환의 대상으로 보는 기계론적 인간관을 가지고 환자를 대할 때 장기이식이라는 의료행위가 가능하다.[5] 인간을 유기적 통일체로 보는 한방에서는 장기이식이라는 발상이 나오기는 어려울 것이다.

위에서 언급하였듯이 남자의 여자에 대한 인식, 서구의 동양에 대한 인식, 의사의 환자에 대한 인식은 타자에 대한 인식이라는 점에서

---

2) 子貢問曰 有一言而 可以終身行之者乎 曰恕乎 己所不欲勿施於人.

3) 如己欲孝敬弟 人亦欲孝敬弟(陳氏 『논어집주』 권15 세주).

4) 所惡於上 毋以事下 所惡於下 毋以事上(『대학』 전 10장).

5) 김상득 「장기이식과 뇌사의 문제」, 『과학사상』 28호, 1999, 봄호, 94~95쪽.

구조적으로 동일하다. 이와 같은 관점에서 우리는 21세기 새로운 생명문화의 토대가 될 수 있는 생태학적 윤리를 모색하기 위한 방법으로서 유교의 타자에 대한 인식의 문제를 검토해 보고자 한다. 이미 알려진 바와 같이, 오늘의 환경 위기는 서구문명이 초래한 것이며 서구의 지배적 세계관은 인간중심주의로서 이것은 자연을 욕구충족을 위한 수단으로 보는 '도구적 자연관'과 표리 관계에 있다.[6] 그리고 이같은 인간관과 자연관은 자아중심적 서구철학의 타자관과 깊은 연관성을 갖는다. '타인은 지옥'이라는 사르트르의 선언이 웅변하는 바와 같이, 전통적으로 자기중심적으로 타자를 자기화하는 서구의 철학적 사유는 타자와의 관계에서 적대적이고 폭력적으로 나타나며, 타자를 도구화한다.[7]

그러므로 근대를 지배해온 서구문화에 대한 대안으로서 새로운 생명문화를 유교에서부터 모색하고자 한다면,[8] 그 근본이 되는 유교의 타자관에서부터 출발하지 않을 수 없는 것이다. 이에 본 논문에서는 인간과 자연의 관계를 구조적으로 보여 주고 있는 『주역』을 중심으로 논의를 전개하여, 서구 근대의 도구적 타자관을 극복할 수 있는 이론적 토대를 탐구해보고자 한다.

유교는 정치적인 문제의식에서부터 출발한 사상체계이다. 중국 고대문명을 집대성하여 유가를 성립시킨 공자, 그리고 이를 발전시킨 맹자와 순자는 정치가이며 한때는 관료였다. 원초유가 정치사상의 핵

---

6) 한면희, 『환경윤리: 자연의 가치와 인간의 의무』, 철학과현실사, 1997. 58쪽. 참조.

7) 김연숙, 「레비나스의 타자윤리에 관한 연구」, 서울대 박사논문, 1999. 3-5쪽. 참조.

8) 이러한 운동은 『동아시아 문화와 사상』 제4호(동아시아문화포럼, 2000년 5월) 특집 「새로운 생명관과 문명의 모색」에서 체계적으로 시도되고 있다. 특히 장회익은 '온생명'이라는 새로운 생명관을 중심으로 동아시아의 문명에서부터 인류문명을 이끌어 갈 새로운 이념과 문명의 모색이 가능함을 강력하게 시사하고 있다.(장회익 「온생명과 인류문명」, 『동아시아 문화와 사상』, 4집, 34-40쪽).

심은 '민본(民本)', '위민(爲民)'이라는 용어로 압축될 수 있다. 이것은 공자와 맹자가, 당시의 군주들이 민(民)을 정치적 야욕을 충족시키기 위한 대상으로 보는 '도구적 피지배자관'을 비판하고 민을 정치의 목적으로 규정하는 정치사상, 이른바 '백성을 위한 정치' 사상이다. 일찍이 안병주는 이 점을 '지성구세(至誠救世)의 위민의식(爲民意識), 절어구민(切於救民)의 민본사상(民本思想)'[9]이라고 표현한 바 있다. 공자와 맹자가 당대에 등용될 수 없었던 근본 이유는 바로 이 같은 피지배지관에 있다.

'경(敬)으로써 몸을 수양하고 몸을 수양하여 궁극적으로 백성을 편안하게 한다(修己而安百姓)'[10]라고 하여 통치의 대상인 백성을 정치의 목적으로 보는 관점은, 유가의 타자에 대한 인식의 원형이 된다. 그런데 "(남이) 나를 알아주지 않는 것을 근심하지 말고 남을 알아주지 못할까 근심하라",[11] "내가 서고자 하면 남을 세우고 내가 영달하고자 하면 남을 영달하도록 하라",[12] "내가 원하지 않는 것을 남에게 하지 말라"[13] 등의 명제에서의 '인(人)'은 "나를 미루어 물(物)에게 미치는 것이 곧 '네가 원하지 않는 것을 남에게 하지 않는' 서(恕)이다(推己及物 卽己所不欲勿施於人之恕也)"[14]라는 주자의 『논어』의 주석에서 '물(物)'로 대체된다. 여기에서 '물(物)'은 '기(己)'와 대응된 개념으로서 타자 전체를 함유하는 용어로 사용된 것이다.[15] 이와 같은 용례는 이미

---

9) 안병주, 『유교의 민본사상』, 성대 대동문화연구원, 1987, 45~55쪽.

10) 子路問君子 子曰修己以敬 曰如斯而已乎 曰修己而安人 如斯而已乎 曰修己而安百姓 修己而安百姓 堯舜猶病諸.

11) 「학이」, 不患不己知 患不知人.

12) 「옹야」, 己欲立而立人 己欲達而達人.

13) 己所不欲勿施於人.

14) 慶源輔氏, 『논어』 「위령공」 세주.

『중용』의 "성이라는 것은 나를 이루는 것만이 아니라 물을 이루는 근거가 되는 것이다"[16]라는 문장에서 찾아볼 수 있다. 이 문장을 앞에서 인용한 『논어』의 "수기이안백성(修己而安百姓)"에 대입시킨다면, '성기(成己)'는 '수기(修己)'에, '성물(成物)'은 '안백성(安百姓)'에 대입된다. 그러므로 물(物)은 목적으로서의 백성(인간)과 동일한 위상을 갖는다. 유교에 있어서 타자는 그 자체가 목적성을 갖는 것이다.

2. '물(物)'의 복합성

'물(物)'은 본래 인간의 외부에 존재하는 사물을 지칭하는 용어이다. 『주역』, 「계사전」 하 2장의 "가까이는 몸에서 취하고 멀리로는 물에서 취한다"[17]라는 구절이 그 전형적인 예이다. 대상물 가운데에서도 "순은 여러 사물에 대하여 밝고 인륜에 대하여 잘 아셨다"[18]라는 구절에 나타나는 바와 같이 '인륜'과 구별되는 자연물을 지칭하는 개념으로 출발한 것이다. 인간 이외의 영역을 가리키는 경우가 많으며 추상성보다 구상성이 강한 개념이다. 하지만 '도지위물(道之爲物)', '심지위물(心之爲物)' 등의 용례에서 확인되는 바와 같이 관념적인 존재 내지 인간의 마음도 '물(物)'에 포섭되고 있다. '물(物)'은 인간과 자연, 정신과 물질, 생물과 무생물, 구상성과 추상성이라고 하는 이분법적

---

15) 物의 개념에 대해서는 栗田直躬의 「上代 중국의 典籍에 있어서의 '物'의 관념」『중국상대사상의 연구』, 岩波書籍 1976, 245-280쪽 참조.

16) 『中庸』 25장 誠者 非成己而已也 所以成物也.

17) 近取諸身遠取諸物.

18) 『맹자』 「이루」 상 舜明於庶物 察於人倫.

분류틀을 넘어서서 인간의 의식에 떠오르는 모든 존재 — 성질과 형상이 어떠한가를 막론하고 — 를 지칭하는 개념인 것이다.[19] 이러한 사실은 '정기위물(精氣爲物)'이라는 『주역』「계사전」 상편 4장의 문장을 분석해 볼 때에 분명히 확인된다. 이 문장에 의한다면 '물(物)'은 정기로서 구성된 것이다. '정(精)'은 "남녀구정 만물화생(男女構精 萬物化生,「계사전」 하 5장)"이라는 구절에서 알 수 있는 바와 같이 생명력의 원천을 의미한다. 그리고 '기(氣)'는 본래 생물, 특히 농작물을 생장시켜주는 바람과의 유비에서 유도된 개념으로, 여기에 농작물의 생육에 작용하는 '땅의 정령'이 융합하여 성립된 개념으로서 생명현상과 깊은 관계를 갖고 있는 용어이다.[20]

『주역』「십익」이 성립되는 시기였다고 추정되는 전국시기의 문헌인 『맹자』, 『장자』, 『순자』, 『관자』, 『여씨춘추』 등에 나타나는 기(氣)를 분석해 보면, 『맹자』, 『순자』 등 유가 문헌에는 '인간의 기'가 주조를 이루고 있는 반면, 『장자』, 『관자』, 『여씨춘추』에는 '자연의 기'가 다수 발견된다. 그리고 『맹자』에서는 인간의 '마음과 관계된 기'가 중시되는 데에 비하여 『관자』에서는 '신체와 결부된 기'가 우선시된다.[21] 그러나 이와 같은 분석은 대체적인 경향성을 지적한 것이다. 『맹자』의 「호연장」을 검토해 보면, 동일한 문장에서 기가 복합적 의미로 사용되고 있음을 알 수 있다.

---

19) 黑田直躬, 위의 책, 252쪽.

20) 小野澤精一 외, 『기의 사상』 원광대, 40-44쪽. 이러한 기의 개념은, 바람과 호흡의 이미지를 연원으로 하는 『구약성서』의 영(ruah)과 대비될 수 있을 것이다(이은선 『한국교육철학의 새 지평』, 내일을 여는 책, 2000, 132쪽 참조).

21) 같은 책, 95-105쪽 참조.

1. 무릇 지는 기의 장수이며 기는 몸에 충만한 것이다(夫志氣之帥
   也. 氣體之充也).
2. 기는 지극히 크고 강하니 직으로 길러 해치지 않는다면 천지간
   에 가득 차게 된다. 이 기는 의와 도에 짝하니 이것이 없으면 굶
   주린다. 이것은 의를 집적하여 생겨난 것이요, 의가 엄습하여 취
   하는 것이 아니다(氣也 至大至剛 以直養而無害則 塞于天地之間
   其爲氣也 配義與道 無是 餒也. 是集義所生 非義襲而取之也).

　1번 문장 '지기지수(志氣之帥)'라는 구절의 기는 마음과 관련된 개
념이며, '기체지충(氣體之充)'의 기는 신체의 기이다. 2번의 '색우천지지
간(塞于天地之間)'의 기는 천지라는 자연의 기이다. 또한 '기위기야 배의
여도 무시뇌야(其爲氣也 配義與道 無是餒也)'의 기는 도의(道義)라는 도덕
성과 관련된 기이다. 즉, 맹자의 기는 마음과 신체, 인간과 자연, 사실
과 가치라는 이분법이 적용될 수 없는 전일(全一)한 개념인 것이다.

> "같은 소리는 서로 응하고 같은 기운은 서로 구하니 물은 습한 곳
> 으로 흐르고 불은 건조한 곳으로 타오른다."[22]
> "산과 연못은 기가 통한다."[23]

　『주역』「십익」에 나타난 기는 위에서 볼 수 있는 바와 같이 주로
자연의 기(氣)이다. 그러나 「십익」과 동시대에 저작된 문헌에서 쓰인
기가 복합적인 의미를 내함하고 있다면, 「십익」의 기도 단순히 자연
의 기만으로 한정지을 수는 없을 것이다. 그러므로 지금까지 밝혀낸
기의 내용을 '정기위물(精氣爲物)'의 기에 대입시킨다면 '물(物)'은 단
순히 물질로서 구성된 물체가 아니라, 생명성을 강하게 지닌 존재이

---

22) 건괘 「문언」 同聲相應 同氣相求 水流濕 火就燥.
23) 「설괘전」 3장 山澤通氣.

며 아울러 정신적 요소가 내함된 존재이다. 그리고 더 나아가 도덕적인 측면까지 고려하지 않으면 이해되기 어려운 개념이 된다.[24] 물(物)은 전 존재를 포괄하는 개념인 것이다. 이러한 사실은 무엇보다 천지산책뇌풍수화(天地山澤雷風水火) 등 자연물을 상징하는 팔괘가 동시에 부모와 자녀를 상징하며, 송대 주자가 『중용주』에서 '건순오상지덕(健順五常之德)'이라고 표현한 바의 그 '건순', 즉 강건함과 순응함이라는 도덕적 덕목까지 내함하는 『주역』의 문법에서 확인될 수 있다.

八坤 ☷	七艮 ☶	六坎 ☵	五巽 ☴	四震 ☳	三離 ☲	二兌 ☱	一乾 ☰	(八卦)
地	山	水	風	雷	火	澤	天	(自然)
順	止	陷	入	動	麗	說	健	(屬性)
母	少男	中男	長女	長男	中女	少女	父	(家族)
腹	手	耳	股	足	目	口	首	(身体)
西南	東北	北	東南	東	南	西	西北	(方位)

이 도표에 나타나는 바와 같이 팔괘는 자연과 인간사회, 신체의 도덕적 덕목을 동시에 내함하고 있다.

---

24) 조선 후기 유학의 최대 과제인 '人物性同異論'이 하나의 방증자료가 될 수 있다. 이 논쟁을 단순한 성리학설의 차원이 아니라, 생태학적 시각에서 재조명해 볼 수 있을 것이다.

3. 세계: '물(物)'의 유기적 관계망

『주역』의 대표적인 '물(物)'은 「설괘전」에서 제시된 8개의 자연물이다.

> "하늘과 땅은 제 위치에 자리 잡고 있으며, 산과 연못은 기를 통하고, 우뢰와 바람은 서로 부딪히고, 물과 불은 서로 쏘지 않으나 팔괘가 서로 착종된다."[25]

하늘·땅·산·연못·우뢰·바람·물·불 여덟 가지 사물이 자연을 구성하는 기본 존재로서 이들의 상호관계에 의하여 자연계가 구성된다. 위 문장이 그리고 있는 자연계의 모습은 하늘과 땅이 위아래에서 자리를 잡아 그 덕을 합하고,[26] 그 사이에서 연못의 물기운은 산위로 올라가 구름과 비가 되며 산의 천맥(泉脈)이 연못으로 흘러가서 샘이 되고 물이 되며,[27] 우뢰와 바람이 서로 부딪혀 감응하고, 물과 불은 본래 상극 관계이지만 도리어 서로 조화되어 해치지 않는 조화로운 세계이다. 우뢰는 잠들어 있는 만물을 일깨워 생명력을 고동시키고, 바람은 생명에너지를 만물에게 흩어 주며, 비는 시들어 가는 생명에게 물을 주어 윤택하게 하고, 태양은 빛을 주고 산은 만물을 이루어 주고 연못은 기쁘게 하고 하늘은 만물을 주재하고 땅은 만물을 잉태하여 길러주며 갈무리한다.[28] 이와 같이 천지산택수화는 각

---

25) 「설괘전」 3장 天地定位 山澤通氣 雷風相薄 水火不相射 八卦相錯.

26) 天地定位而合德(孔穎達, 『주역절중』 권17).

27) 澤氣之升於山 爲雲爲雨 是山通澤之氣 山之泉脈 流於澤 爲泉爲水 是澤通山之氣(주자 『주역전의대전』 소주).

28) 雷以動之 風以散之 雨以潤之 日以烜之 艮以止之 兌以說之 乾以君之 坤以藏之(「설괘전」4장). 진고응외 『周易註譯與研究』 대만상무인서관, 1999. 692쪽. 참조.

각 자기의 역할을 하면서도 유기적으로 연결되고 착종되어 상호 작용함으로써 생명을 생성시킨다. 공영달은 다음과 같이 설명한다.

> "만약 천지가 교합하지 않고 물과 불이 다른 곳에 있다면 뭇 부류들이 생성되는 작용이 없을 것이며 갖가지 사물들이 변화하는 이치가 없을 것이다. 그러므로 '천지가 자리를 정하여 덕을 합한다'라고 말한 것이다. 산과 연못은 다른 형체를 지니고 있으나 기를 통하고 우뢰와 바람은 각각 움직이지만 서로 부딪히고 물과 불은 사로 침투하지 않으나 서로 의지한다."[29]

공영달이 강조하는 것은 '물(物)'이 독자적으로는 생명을 생성시킬 수 없다는 것이다. "천지지대덕왈생(天地之大德曰生)"이라는 「계사전」(하편 10장)의 한 구절이 언명하는 바와 같이, 『주역』은 천지의 본질적 공덕을 생명의 생성이라고 본다. 그런데 하나의 사물만으로는 이 공덕이 불가능하다는 것이다. 이러한 상황을 상징하는 괘가 부괘(否卦)이다. 이 괘는 하늘을 상징하는 건괘(乾卦)가 위에 있고 땅을 상징하는 곤괘(坤卦)가 아래에 있는데, 하늘의 기(氣)는 가볍고 맑아 위로 올라가고 땅의 기는 무겁고 탁하여 아래로 내려가 두 기운이 교합하지 못하고 막혀 격절(隔絶)되어 서로 교통하지 못하고 있는 상황이다. '부(否)'는 닫히고 막혀 있다는 의미이다.[30] 이러한 상황에서는 정이천이 "천지의 기가 교합하지 않으면 만물이 생성되는 이치가 없다"[31]라고 주석하였듯이 생명이 생성될 수 없다. 이러한 발상은 『주역』의 음양대대적 논리에 근거한 것이다. '대대(對待)'란 '마주하여 기다린

---

30) 否閉塞也(주자 『주역본의』).

31) 天地之氣不交則 萬物無生成之理.

유교: 『주역』에서 보는 인간과 자연의 관계 117

다'라는 의미로서 음양대대논리는 무엇보다 상반적인 타자를 자신의 존재성을 확보하기 위한 필수적인 전제조건으로서 요구한다는 관계의 논리이다. 음양이라는 문자의 뜻 그대로, 그림자가 있는 반대편에는 반드시 빛이 있고 빛이 있으면 반드시 그림자가 있듯이 음이라는 개념에는 양이 전제되며 양이라는 개념은 음이 없다면 성립될 수 없다. 위에서 인용한 공영달의 주석은 음양대대논리를 자연계에 적용시킨 전형적인 예가 된다.

「실괘전」 3장의 말미에서 "팔괘가 서로 착종된다"라고 하였듯이 여덟 개의 사물은 팔괘로서 상징된다. 그리고 천지만물, 곧 세계의 모습을 반영하고 있는 『주역』[32]은 8개의 단괘들이 착종된 64괘로서 구성된다. 8개의 삼효 단괘들이 각각의 사물을 상징하는 데에 반하여, 64개의 육효 중괘는 사물과 사물이 만나서 전개되는 일련의 사태를 상징한다. 또한 「서괘전」에서 설명되고 있는 바와 같이 64개 괘의 배열순서는 생명이 탄생하여 성장해 나가는 과정이다.

> "천지가 있은 뒤에 만물이 생겨난다. 천지 간에 가득한 것은 오직 만물이기 때문에 둔괘로써 받았다. 둔이란 가득하다는 뜻이며 둔이라는 것은 물이 처음 생겨나는 것이다. 물이 생겨나면 반드시 몽매하다. 그러므로 몽괘로써 받았다. 몽이란 몽매함이니 물이 어리다는 뜻이다. ⋯⋯ 물이 지나친 것은 반드시 구제해야 하므로 기제괘로 받았으며, 물은 궁할 수가 없기 때문에 미제괘로써 마쳤다."[33]

64괘는 '물(物)'의 시생(始生)에서부터 성장하여 마치고 다시 시작하

---

32) 易與天地準故能彌綸天地之道(「계사전」 상편 4장).

33) 「서괘전」 有天地然後萬物生焉 盈天地間者 唯萬物 故受之以屯 屯者盈也 屯者物之始生也. 物生必蒙故 受之以蒙 蒙者蒙也 蒙者物之稚也 ⋯⋯ 有過物者必濟 故受之以旣濟 物不可不窮也 故受之以未濟.

는 일련의 과정을 반영한다. 여기에서 하나의 괘라도 결여된다면, 이 과정은 성립될 수 없다. 64괘는 서로 엇물려 있는 '존재의 연쇄'를 상징하는 것이다. 그리고 이 존재가 강한 생명성을 지닌 '물(物)'이라고 할 때에 존재의 연쇄는 바로 '기(氣)'라는 생명에너지의 흐름이기도 하다.[34]

여기에서 우리가 주목하고자 하는 또 하나의 사항은 64괘 각각이 64괘 모두가 될 수 있다는 점이다. 『주역』의 서법에 의하면, 동효(動爻)가 있을 경우 다른 괘로 변한다.[35] 예를 든다면 건괘(乾卦) 초효가 동(動)하면 천풍구괘(天風姤卦)가 되며, 2효가 동할 경우는 천화동인괘(天火同人卦)가 된다. 이와 같이 하나의 괘는 64괘 전체를 함유한다. 즉, 64괘 각 괘가 서로를 그 안에 머금고 있는 것이다. 그러므로 하나가 전체이며 전체가 곧 하나이다. 이것은 세계가 바로 '물(物)의 유기적 그물망임'을 상징적으로 보여 주고 있는 것이다.

4. '대인(對人)' 윤리에서 '대물(對物)' 윤리로

칸트는 『도덕 형이상학의 기초』에서 이성을 소유한 인격체만이 목적 자체로서 존재하고 목적으로서 대우받을 수 있는 자격을 갖추고 있다고 주장하였다.[36] 그는 "만일 어떤 것이 이성이 없는 존재라면

---

34) 장회익은 생명을 '우주 내에 형성되는 지속적 자유에너지의 흐름을 바탕으로 기존 질서가 새로운 질서의 모태가 되어 지속적인 성장을 가능케 해나가는 그 어떤 정보의 총체'(「온생명과 현대문명」 『과학사상』 12호, 1995. 140쪽)라고 정의한 바 있는데, 여기에서 생명을 가능케 하는 원천은 바로 자유에너지이다. 따라서 자유에너지의 흐름이 단절된다면 생명체는 사멸할 수밖에 없다. 한면희도, 기가 인체의 생명을 유지하는 생명 에너지인 것처럼 자연에 흐르는 생태학적 기도 자연에 거주하는 뭇 생명체의 생명을 유지하는 생명 에너지이기 때문에 생태계의 생명에너지의 흐름을 잇는 것이 무엇보다 중요함을 지적하고 있다. (한면희, 위의 책, 286~287쪽).

35) 졸고, 「주역의 서법과 점의 세계」, 『동아시아문화와 사상』 3호 참고.

그것은 수단으로서의 상대적인 가치밖에 지니지 않으며 그러므로 사물이라고 불린다. 반면에 이성적 존재는 인격이라고 불린다. 왜냐하면 이성적 존재의 성질은 이미 목적 자체임이 밝혀졌기 때문이다"[37] 라고 하여 이성이 없는 존재는 수단적인 가치만을 지닌다는 점을 분명히 했다. 그러므로 인간은, 인간 이외의 존재에 대해서 간접적인 의무를 갖지만, 이것은 인간의 목적과 필요에 의하여 임의로 사용할 수 있는 도구에 지나지 않는 것이다. 이러한 사고는 서구인들이 일반적으로 지니고 있는 것으로서 인간만이 이성을 소유하고 있다는 인간중심주의, 인간 이외의 존재에는 이성이 결여되어 있다는 자연관에 기초한 것이다. 『순자』에서도 이와 유사한 주장이 발견된다.

> "물과 불은 기는 있으나 생은 없으며, 초목은 생은 있으나 지각이 없다. 금수는 지각은 있으나 의가 없으며 인간은 기도 있고 생도 있고 지각도 있고 의도 갖추고 있다. 그러므로 천하에서 가장 귀하다."[38]

순자는 무생물, 식물, 동물, 인간으로 구성되는 존재의 계층구조를 제시하고 인간만이 '의(義)'라는 도덕성을 지녔기 때문에 가장 귀한 존재가 된다고 주장했다. 순자에게서는 칸트의 '이성'이 도덕성으로 대치되고 있다. 다산도 "하물며 초목금수(草木禽獸)는 하늘이 화생(化生)하는 처음에 생생(生生)의 이치를 부여하여, 종으로써 종을 전하여 각각 성명(性命)을 온전하게 하였을 뿐이다. 그러나 인간은 그렇지 않으니, 천하만민은 각각 배태되는 처음에(하늘이) 이 영명(靈明)함을 부

---

36) 김성호, 「동물의 도덕적 지위에 관한 칸트의 견해」, 『한민족과 2000년대의 철학』 2권, 200쪽.

37) 『도덕형이상학의 기초』 4, 428. 위의 논문 200쪽에서 재인용.

38) 『순자』, 水火有氣而無生 草木有生而無知 禽獸有知而無義 人有氣有生有知亦具有義 故最爲天下貴也.

여함으로써 만류(萬類)를 초월하고 만물을 향유하고 이용하게 되었다. 지금 '건순오상의 덕을 인·물이 동일하게 얻었다'라고 한다면 누가 주인이 되고 누가 종이 되겠는가. 모두 등급이 없으니 어찌 상천(上天)이 만물을 낳는 이치가 본래 이와 같겠는가「중용강의보」)"[39]라고 하여, 인간만이 영명함을 부여받아 건순오상이라는 도덕성을 지녔으며, 초목금수는 도덕성이 결여되어 있기 때문에 인간이 향유하고 이용해야 할 대상이라고 주장한다.

그러나『맹자』는 '애물(愛物)'이라고 하여 물을 사랑의 대상으로 본다.

> "군자는 물에 대하여 사랑하지만 인하지 않으며, 백성에 대하여 인하지만 친하지 않는다. 어버이를 친하며 백성에게 인하며 물을 사랑한다."[40]

이 글에서 '물(物)'은 금수초목을 의미하며, '민(民)'은 백성(통치의 대상)을 말하고 '친(親)'은 혈연적 유대망, 즉 넓은 의미의 가족인 종친(宗親)까지 포함한다. 맹자는 물(物)을 애(愛), 민(民)을 인(仁), 친(親)을 친(親)의 대상으로 규정하여 차등적 규범을 제시하고 있다. 이른바 '방법적 차별애주의'이다. 그러나 맹자가「이루」하편에서 "인자애인(仁者愛人)"이라고 분명히 말하였듯이 '인(人)'이 바로 '물(物)'과 같이 '애(愛)'의 대상이라는 점에서 물(物)과 민(民), 애(愛)와 인(仁)이 질적인 차이를 갖는 것은 아니다. 이것은 '인민(仁民)'이라는 것이 '나의 늙으신 부모를 부모로서 섬기는 마음이 그대로 남의 부모에게 미치며, 나

---

39) 況草木禽獸 天於化生之初 賦以生生之理 以種傳種 各全性命而已. 人則不然 天下萬民 各於胚胎之初 賦此靈明 超越萬類 享用萬物.

40)『맹자』「진심」상. 君子之於物也 愛之而弗仁 於民也 仁之而弗親 親親而仁民 仁民而愛物.

의 어린 자식을 사랑하는 마음이 그대로 남의 자식에게 미치는 것'이 바로 '인민(仁民)'이라고 할 때에,[41] 친(親)과 인(仁)이 질적으로 동일한 것과 같다. 주자는 "그 나눔이 같지 않기 때문에 시행하는 데에 차등이 없을 수가 없으니 이른바 '이일분수(理一分殊)'이다"라는 양씨(楊氏)의 말을 인용하여 이일분수라는 형이상학적 논리를 적용시킨다. 이 세 가지 차등적 규범에는 '이일(理一)'이라는 절대적 평등성이 내재하고 있는 것이다. 통합해서 말하면 모두 '인(仁)'이고 나누어 말하면 순서가 있을 뿐이다.[42] 비유하자면 같은 원천에서 나오는 물이 흘러서 제일 번져 닿는 곳이 친(親)이며 두 번째가 민(民)이고 세 번째 닿는 곳이 물(物)이다.[43] 그러므로 정자가 말한 것과 같이, '추기급인(推己及人)'에서부터 '추기급물(推己及物)'로의 통로가 원천 봉쇄되어 있는 것이 아니다.

이와 같은 관점에서 본다면 주자가 '애물(愛物)'을 '취하는 데에 때가 있고 이용하는 데에 절제함이 있는 것'[44]이라고 주석한 것은 흡족한 설명이라고 보기 어렵다. '애물(愛物)'의 실상은 『맹자』「곡속장」에서 찾아볼 수 있다. 이 장에서 제선왕(齊宣王)이 공포에 떨면서 도살장으로 끌려가는 소를 차마 그대로 볼 수 없어서 안타까워하는 장면이 묘사되고 있다. 그 소는 흔종(釁鍾)이라는 예를 치르기 위한 희생물인데 소를 살리기 위하여 예를 폐할 수는 없었기 때문에 왕은 소를 양으로 바꾸어 흔종하도록 명한다. 맹자는 왕에게 소 대신 양을 희생

---

41) 仁推己及人, 如老吾老 以及之人老 於民則可 於物則不可(정자 『맹자집주』 권13).

42) 統而言之則皆仁 分而言之則有序(주자 『맹자집주』 권13).

43) 朱子曰 仁如水之源 孝弟是水流底第一次 仁是第二次 愛物則第三次(蔡模 『맹자집소』 통지당경해본, 권11).

44) 愛謂取之有時 用之有節(『맹자집주』).

물로 택한 이유를 묻는다. 왕 스스로는 그 이유를 알지 못한다. 이때 맹자는 "이것이 바로 인술(仁術)입니다. 소는 보았고 양은 보지 않았기 때문입니다. 군자는 금수에 대하여 그 살아 있는 모습을 보고 그 죽는 것을 차마 보지 못하며, 그 소리(죽을 때 슬피 우는 소리)를 듣고 차마 그 고기를 먹지 못합니다. 그래서 군자는 푸줏간을 멀리합니다"라고 말한다.

이 글에서 우리는 '인간에게 대하여 차마 잔인하게 할 수 없는 마음(不忍人之心)'이 '물(物)'에까지 미치는 현장을 볼 수 있다. '불인인지심'은 인간이 선험적으로 본유하고 있는 도덕적 심성으로서, 맹자는 모든 도덕적 행위의 시발점인 동시에 성선(性善)의 논거로 삼고 있다.45) 주자는 "천지는 물을 낳는 것으로 마음을 삼고 낳아진 바의 물은 각각 천지가 물을 낳는 마음을 얻어 마음으로 삼는 것이니, 그래서 인간은 모두 불인인지심을 갖는다"라고 주석하여 모든 인간은 이 마음을 본유하고 있다고 주장한다.

'불인인지심(不忍人之心)'이란 인간에 대한 마음이다. 이것은 측은지심(惻隱之心)으로 대표되는 사단지심(四端之心)이다. 맹자는 '백성에게 잔인한 짓을 차마하지 못하는 정치(不忍人之政)'를 왕도정치로서 제시하고 '유자입정(孺子入井)'을 예로 들어 말한 바 있다. 이 마음이 「곡속장」에서는 소라고 하는 물에까지 적용되고 있으며, 맹자는 이것을 '인을 실천하는 방법'으로 규정하고 있다.

이 장에서 주목되는 것은 제선왕의 행위에 있어서 소는 그 지체가 목적이라는 사실이다. 이것은 '유자입정'의 비유에서 어린아이를 구

---

45) 『맹자』 권3 「공손추」 상.

해주는 것이 어떠한 대가도 바라지 않는 ― 일체의 계산의식에서 벗어난 ― 그 자체가 목적인 행위와 동일하다. 「곡속장」과 「사단장」을 비교해 보면 소와 어린아이라고 하는 상이한 대상에 대하여 동일한 '불인인지심(不忍人之心)'이 작동하고 있음을 알 수 있다.

그러나 소 대신 양을 희생시키지 않으면 안 되었던 것처럼, 동물은 인간에게 있어 도구적 가치를 갖는 존재이다. 인간뿐이 아니라 모든 생명체는 생명을 유지하기 위하여 다른 생명체를 희생시켜야 한다. 그렇지 않다면 그 생명체가 죽게 된다. 그러므로 '살생하지 말라'라는 명령은 엄밀한 의미에서 실천 불가능한 계율이다. 이에 반해서 '살인하지 말라'라는 계명은 인간 이외의 존재에 대한 살생을 방임하는 인간중심적 규범으로 전락할 위험을 갖는다.

이러한 관점에서 우리는 다음과 같은 『논어』의 한 구절에 주목하고자 한다.

> "공자께서는 낚시는 하시되 그물질은 하지 않으시며, 주살질은 하시되 자는 새는 쏘아 잡지 않으셨다."[46]

주자는 '공자는 어릴 때 빈천하여 부모를 봉양하고 제사를 지내기 위하여 부득이 낚시와 주살질을 하지 않을 수 없었지만 물길을 막고 물고기를 무차별적으로 잡아 씨를 말리는 행위는 하지 않으셨으니 여기에서 인인(仁人)의 본심을 볼 수 있다'라고 주석한다. 유교의 중용적 태도를 엿볼 수 있는 대목이다.

이와 같은 논법이 『주역』 비괘(比卦) 5효에 나타난다.

---

46) 「술이」, 子釣而不網 弋不射宿.

"구오는 친비(親比)하는 방도를 드러냄이니 왕이 (짐승을) 세 방향
에서 몰아 사냥함에 앞에서 도망가는 짐승은 놓아준다. 읍사람도
경계하지 않으니 길하다."[47]

　'비(比)'는 두 사람이 서로 쫓아서 가는 모습을 그린 문자로서, 여기
에서 '친하다'라는 의미가 파생되었다. 비괘는 사괘(師卦)와 같이 1개
의 양효와 5개의 음효로서 구성되었는데, 양효가 천자를 상징하는 5
효이므로 이 괘는 5효가 5개의 음효를 친애하는 상으로, 군주가 천하
를 다스리는 도리, 즉 『대학』에서 말하는 '친민(親民)'의 방도에 관하
여 설명하고 있는 괘가 된다. 괘상은 땅 위에 물이 고여 있는 모습으
로, 이때에 땅과 물 사이에는 간격이 있을 수 없기 때문에 더할 수 없
이 친밀한 관계를 상징한다. 「대상전」에서 "땅 위에 물이 있는 것이
비괘이니, 선왕(先王)이 (비괘의 상을) 본받아 써서 만국을 세우고 제
후를 친애한다"[48]라고 말한 것은, 치자와 피치자 사이의 관계는 친밀
함이 최선이기 때문이다. 이 괘는 괘사에서 "비(比)는 길하니 두 번 점
을 쳐서 인(仁)과 영원함과 올바른 덕(德)이 있어야 허물이 없을 것이
다. 불안한 자들이 올 것이니, 뒤에 오는 사내는 흉할 것이다"[49]라고
말한 것은 백성을 친애할 수 있는 군주가 갖추어야 할 덕목을 제시한
것이다. 그리고 초효에서 "믿음으로 친애하는 해야 허물이 없을 것이
다. 믿음이 질그릇에 가득 차면 마침내 별도의 길함이 있을 것이
다"[50]라고 한 것은 친밀한 관계가 성립되기 위해서는 상호 간의 믿음

---

47) 『주역』, 比卦 5효 九五 顯比 王用三驅 失前禽 邑人 不誡 吉.
48) 地上有水 比 先王以 建萬國 親諸侯.
49) 比吉 原筮 元永貞 无咎 不寧方來 後夫凶.
50) 有孚比之 无咎 有孚 盈缶 終來 有他吉.

과 꾸밈없는 질박한 성품이 전제되어야 함을 상징적으로 표현한 것이다. 천하를 다스리는 도리는 진실성에 바탕을 둔 친밀한 인간관계, 즉 사랑임을 비괘는 보여 주고 있다.

우리가 주목하는 것은 군주를 상징하는 5효의 효사에서 "왕이 세 가지 방향에서 짐승을 몰아 사냥함에 앞에서 도망가는 짐승은 놓아 준다(王用三驅 失前禽)"라고 하는 부분이다. 왕이 사냥을 할 때에 사방을 막지 않고 한 면을 터놓아 도망가는 짐승은 잡지 않는 것이 관례이다. 이 구절에 대해서는 다양한 해석이 있는데,[51] 정이천은 다음과 같이 주석하고 있다.

> "선왕은 사시의 사냥을 폐할 수 없기 때문에 어진 마음을 미루어 삼구(三驅)의 예를 만들었으니 예에 이른바 '천자는 완전히 포위하지 않는다'라는 것이요, 성탕(成湯)이 그물을 치고 축원한 것이 그 뜻이다. 천자의 사냥에 삼면만 포위하고 앞에 한길은 열어 주어 짐승들이 도망갈 수 있도록 하여 차마 모두 잡지 않으니, 생을 좋아하는 인(好生之仁)이다."

군주의 입장에서 사냥은 일종의 군사훈련으로서 폐할 수가 없는 행사이다. 그러나 사방을 막아 짐승들을 모조리 살육하는 것은 잔혹한 짓이다. 한 면을 터놓아 도망갈 길을 열어준다는 것은 『논어』의 '자는 새는 쏘지 않는다'와 같은 논리로서 이것이 바로 '생명을 사랑하는 인'이다. 이것은 『맹자』의 말을 빌린다면 '애물(愛物)'이 되고, 『주역』「문언전」의 말을 빌린다면 '이물(利物)'이 된다.[52]

이와 같은 유교의 논법은 자기변명으로 보일 수도 있다. 깨어 있는

---

51) 장립문, 『백서주역 주역』, 중주고적출판사, 1985, 182–183쪽 참조.

52) 利物足以和義.

새는 쏘아도 되고 그물 속으로 들어오는 짐승은 잡아도 되고 양은 희생시켜도 된다면, 이것은 이미 생명에 대한 사랑일 수 없기 때문이다. 여기에서 우리는 『주역』이 전체론적 시각을 기저로 하고 있음을 기억해야 한다. 『주역』이 그리는 세계는 64괘로 상징되는 '물'들의 유기적 관계망이다. 그리고 이 관계망에는 기라는 생명에너지가 흐르고 있다. 개체 생명의 삶과 죽음은 이 관계망에서 이루어지는 신진대사의 과정으로 보아야 할 것이다.[53]

칸트는 인간 이외 존재는 이성을 소유하고 있지 못하기 때문에 수단적 가치밖에 지니지 못한다고 보았다. 순자는 인간만이 '의(義)'를 갖고 있으며 금수초목에는 도덕성이 결여되어 있다고 보았고, 다산은 건순오상이 결여된 금수초목은 인간이 향유하고 이용해야 한다고 주장했다. 즉 인간이 아닌 타자는 도구적 가치만을 지닌다고 본 것이다. 그러나 우리가 앞에서 검토해 온 바와 같이 『주역』의 '물(物)'은 생명성과 정신성을 지닌 존재이며, 나아가 도덕적 요소까지 고려해야 할 대상이다. 이 '물(物)'은 기본적으로 인간과 동일한 기[54]로서 구성된 존재이기 때문에 인간과 동기간(同氣間)이다.[55] 앞에서 밝혔듯이 천지산택뇌풍수화라는 '물(物)'은 『주역』에서 부모와 자식이라는 가족으로 유비된다. 정병석은 이것을 '자연과 인간이 서로 같은 혈통을 가지고 있는 우주 대가정'이라고 부른다.[56] 세계는 하나의 가족이며 인간을 포함한 만물들은 동기간 사이이다. 그리고 '동기'는 '상구상감

---

53) 개체 생명과 전체 생명(온생명)과의 관계에 대해서는 장회익 『삶과 온생명』 참조.
54) 이 기는 성리학에서 말하는 清濁粹駁의 기를 말하는 것은 아니다.
55) 졸고, 「주역의 인간관: 생태학적 해석」 『철학연구』 21집, 1998, 117쪽 참조.
56) 정병석, 「우주 대가정의 생태론적 사유와 천인합일의 생명윤리」, 『유교사상연구』, 10집, 1998, 35쪽.

(相求相感)'하기 때문에 인간과 물, 물과 물은 서로 요구하고 서로 감응한다. 소의 두려움을 제선왕이 안타까워하고, 자는 새는 차마 쏘지 못하며 달아나는 짐승은 차마 잡지 못한다. 여기에서 우리는 '애인(愛人)'에서부터 '애물(愛物)'로, '추기급인(推己及人)'에서부터 '추기급물(推己及物)'로, '기소불욕물시어인(己所不欲勿施於人)'에서부터 '기소불욕물시어물(己所不欲物施於物)'로의 전환을 모색할 수 있을 것이다. 그리고 "너는 너 자신의 인격에 있어서나 또는 다른 모든 사람의 인격에 있어서 인간성을 단순히 수단으로서만 사용하지 말고 항상 동시에 목적으로 사용하도록 행위하라"라는 정언명법의 정식을 "너는 너 자신의 인격에 있어서나 또는 다른 모든 '물(物)'의 물격(物格)에 있어서 물성(物性)을 단순히 수단으로서만 사용하지 말고 항상 동시에 목적으로 사용하도록 행위하라"라는 정식으로 전환해야 할 필요성을 절감한다. 그리고 '오직 인간만이 그 빼어남을 얻어 가장 귀하다'[57]라고 하는 유교의 인간우월주의에 대한 이론 보완이 필요할 것이다.[58]

5. 결론: 패러다임의 전환을 위하여

"오늘날의 인류는 의식전체의 혁명적 전환이 없다면 종국에 파멸로 치달을 수밖에 없는 상황에 직면해 있다."[59]

---

57) 「태극도설」, 惟人也得其秀而最靈.

58) 율곡이 『성학집요』에서 『예기』의 "人者天地之德 …… 五行之秀氣"라는 구절과 이에 대한 장횡거와 주자의 주석을 '인간이 만물보다 귀함을 말한 것이다'라고 평한 바와 같이, 유교는 인간의 우월성을 인정하는 경향을 갖는다고 볼 수 있다. 이러한 경향성에 대하여 담헌은 '大道를 해치는 긍심'이라고 비판한 바 있다(졸고 「인물성동이론의 생태학적 해석」 참조).

59) 장회익, 「과학과 현대문명」, 『학협회보』 2-1, 1991, 한국학술협의회, 29~30쪽.

"우주를 바라보는 개념과 우리 생각에 코페르니쿠스적 혁명이 절대적으로 필요하다."[60]

이 땅에서 오늘을 사는 지성인의 경고는 한결같이 패러다임의 '혁명적' 전환에 초점을 모으고 있다. 이것은 인류를 포함한 생태계 전체의 생존이 위협받고 있다는 절박한 진단에 토대를 둔 것이다. 그렇다면 혁명적으로 전환해야 할 사고는 무엇인가. 우리는 흔히 이원론적 형이상학에서부터 일원론적 형이상학으로, 과학적·기계론적 인식론에서 미학적·유기체적 인식론으로, 인간 중심의 윤리에서 생태 중심의 윤리에로의 전환을 주장해 왔다.

본고는 생태계 위기의 근본요인은 인간중심주의이며, 인간중심주의는 도구적 자연관과 동전의 양면과 같이 표리관계에 있다는 문제의식에서, 인간의 자연에 대한 인식에 초점을 맞추어 논의하였다. 그리고 인간의 자연에 대한 인식은 자아의 타자에 대한 인식의 표출이라는 점에서, '물(物)'이라는 개념으로 대표되는 유교의 타자관을 『주역』을 중심으로 검토하였다.

앞에서 인용한 바와 같이 인간만이 이성(또는 도덕성)을 소유하고 있기 때문에 목적으로 대해야 하며 그 이외의 존재는 이성이 결여되어 있기 때문에 수단적 가치밖에 지니지 못한다는 주장은 제국주의적 발상으로 전락할 위험을 갖는다. 전통사회에서 여자는 남자의 욕구를 충족시키고 출산과 육아에 필요한 도구적 가치밖에 지니지 못하는 존재로 취급받아 왔다. 서구인은 비서구인을 '비이성적'이라고 생각하며, 우리 자신도 한국 사회가 비합리적 기제들로 작동되는 것

---

60) 박이문, 『문명의 미래와 생태학적 세계관』, 당대, 1997, 185–186쪽.

이 주 모순이기 때문에 합리화하지 않으면 안 된다고 주장한다. 그렇다면 비합리적인 비서구권은 서구인들에게 도구적 존재 이외일 수 없다. 영혼이 빠져 버린 물질로서 구성되어 기계적인 원리에 의하여 작동되는 자연이 인간의 요구를 만족시키기 위한 도구에 불과하듯이. 여기에서 우리는 타자관이 갖고 있는 정치학적인 함의를 읽을 수가 있다. 그리고 도구적 타자관을 극복해야 할 이유도 바로 여기에 있는 것이다.

2부
윤리학적 성찰과 비전

환경철학과 윤리에서의 생명[1)]

김완구(서강대학교 생명문화연구소 상임연구원)

머리말

사람들의 관심사에 따라 여러 가지가 21세기의 화두라고 얘기되지만 환경과 생명이야말로 21세기의 최대 화두라는 말들을 많이 한다. 그동안 환경과 생명 현상이라는 것이 지구상에 내내 있어왔지만 요즘 들어 특별히 빈번하게 사람들의 입에 오르내린다는 것은 그와 관련해 무언가 심각한 문제가 발생하고 있기 때문이 아닌가 생각된다. 따라서 최근 많은 사람들이 이와 관련한 문제들의 심각성을 의식하게 되고 그 해결책을 고민하기 시작했다. 그리하여 여러 가지 해결 방안이 모색되었고 그와 관련된 많은 학문 분과가 탄생하기도 했다. 환경신학, 환경공학, 환경정치학, 환경철학, 환경윤리, 환경공학, 생명학, 생명공학, 생명과학, 생명윤리 등등의 분과들이 그러한 것들이다.

그런데 생명이나 환경과 관련된 여러 학문분과들을 이러한 식으로 늘어놓고 보니 환경에 대한 논의와 생명에 대한 논의가 별개로 이루

---

1) 이 글은 『생명연구』 제10집(2008년 8월)에 실렸던 글을 수정 보완을 거쳐 수록한 것이다.

어지는 듯이 보인다. 말하자면 그 탐구 대상이나 영역 등이 별개로 존재하는 것처럼 보인다. 그러나 사실 이 둘은 개념적으로나 실제적으로나 그 영역이 명확하게 구분되지는 않는다. 환경과 생명은 별개로 존재하지도 않고 또 별개로 떼어 놓고는 그 의미조차 가질 수 없다. 존재론적 차원에서뿐만 아니라 인식론적 차원에서도 그 둘은 떼어 놓고는 얘기조차 할 수 없는 것이다. 따라서 나는 이 글에서 환경 관련 논의 특히 환경윤리나 환경철학적 논의에서 생명과 환경이 무엇이고 어떠한 위치를 치지하는 것인지 또 어떻게 그 둘이 밀접하게 연관되어 논의될 수 있고 또 논의되어야 하는 것인지를 살펴볼 것이다. 그러고 나서 이렇게 이 둘을 밀접히 관련시켜 다룰 때 생겨나는 여러 가지 논쟁점들과 그 쟁점들의 해결을 위한 몇몇 제안들에 대해 비판적으로 검토해보고 끝으로 그러한 윤리 철학적인 제안들의 실천적 가능성 및 한계 등등에 대해서도 간략하게 언급하고자 한다.

환경과 생명 개념의 상호 의존성

먼저 환경이 무엇인지의 문제부터 살피기로 하자. 많은 사람들이 환경에 대해서 많이 얘기를 하고 있고 또 일상생활에서 아무런 문제 없이 자연스럽게 사용하고 있음에도 불구하고 환경의 정체는 그렇게 쉽게 밝혀지는 것 같지는 않다. 우리가 직관적으로 생각하고 있는 환경은 우리를 둘러싸고 있는 존재들일 것이다. 따라서 내가 속해 있는 가정, 사회, 정치, 자연 이 모든 것이 환경으로 언급되기도 한다. 보다 일반적으로 말하자면 그것이 무엇이든 나를 둘러싸고 있는 것을 환경이라고 한다. '환경(環境)'의 한자어는 말할 것도 없고 '환경'이라고 번역되는 영어의 'Environment'도 '둘러싸다'라는 의미인 'Environ'을 어근으로 한다는 점에서 이것은 옳다.

사전에서도 '환경'이라는 말은 생물체와 생태군집에 작용하여 궁극적으로는 이들의 형성과 생존을 결정하는 물리적·화학적·생물학적 요인들의 복합체(브리태니커), 하나의 시스템이 주어졌을 때 그 시스템의 외부에 있는 모든 요소의 집합(IT용어사전), 생물에게 직간접으로 영향을 주는 자연적 조건이나 사회적 상황(국어사전), 사람이나 동식물(動植物)의 생존(生存)에 커다란 영향(影響)을 미치는, 눈·비·바람 등의 기후(氣候)적 조건(條件)이나 산·강·바다·공기(空氣)·햇빛·흙 등의 초자연적(超自然的) 조건(條件)(다음 한자사전), the surroundings or conditions within which something or someone exists 혹은 (usually the environment) the combination of external conditions that surround and influence a living organism(영영사전) 등으로 정의된다. 그런데 이러한 정의들 각각을 유심히 보다 보면 주로 둘러싸이는 것이 생명을 가진 존재라는 것을 알 수 있다.[2] 그렇다면 환경이란 주로 생명체, 즉 살아 있는 것을 둘러싼 것을 이야기한다고 단정적으로 얘기해도 무리가 아니다.

세상에 존재하는 모든 것들은 자신이 무엇에 둘러싸여 있을 뿐만 아니라 또한 자신이 무엇인가를 둘러싸고 있다. 그래서 '산', '강', '컴퓨터', '빛', '먼지' 등등의 물리적 존재나 현상들과 같은 모든 것들을 환경이라 부를 수 있을 것이다. 하지만 이러한 객관적인 존재들은 그

---

2) 물론 모든 것이 그러한 것은 아니고 환경 개념을 확장해서 사용할 때는 다를 수도 있다. 위에서 열거한 정의 중에 "하나의 시스템이 주어졌을 때 그 시스템의 외부에 있는 모든 요소의 집합(IT용어사전)"이라는 정의가 여기에 해당된다.

자체로서는 환경이 될 수 없다. 이것들이 환경이라고 불리려면 이것들은 "인간이라는 욕망의 주체 혹은 동물이라는 일종의 욕망이나 생존적 주체"와 같은 것들에 의존해서만 그렇게 할 수 있다.[3] 이러한 것들을 떼어놓고 별개로 환경이라고 불릴 수 없다. 또한 환경이라는 말은 무엇이 둘러싸이고 무엇이 둘러쌌는지에 따라 그 지칭체(reference)는 끊임없이 달라진다는 특징을 가진다.

그러나 이러한 '환경'은 원래 '조건(condition)'을 의미한다. 하나의 현상이 일어나게 될 때 그것이 일어나게 되는 원인은 일반적으로 여러 가지가 있다. 사실은 여러 가지 정도가 아니라 우리의 능력으로는 헤아리거나 그 범위를 지적하지도 못할 정도로 무한할 수도 있다. 예를 들면, 성냥개비를 그어 불이 당겨졌을 때 불이 붙었다는 사실의 우선적인 원인은 물론 성냥개비를 그었다는 것이겠지만 공중에 충분한 산소가 없었다면 불은 켜지지 않았을지 모른다. 또 성냥개비가 젖어 있었다면 역시 불이 일어나지 않았을지 모른다. 이렇게 되면 공중에 산소가 충분히 있다는 것도, 성냥개비가 젖어 있지 않았다는 것도 모두 불이 켜지게 된 원인이라고 할 수 있다. 그러나 대개는 성냥을 그었을 때, 그 행위를 원인이라 하고 다른 원인에 대하여는 특별히 필요하지 않는 한 따로 언급하거나 설명하지 않는다. 그래서 원인 중에 특별히 주목되지 않는 원인을 '조건'이라고 한다. 물론 같은 현상에 대해서도 어느 것을 주요 원인으로 취급하고 어느 것을 조건으로 취급하는가는 논하는 사람의 관심이나 위치, 입장에 따라 달라진다. 그러나 이러한 조건들이 생명체들과 관련되어 있는 조건일 때는 이

---

3) 박이문, 『환경철학』(미다스북스, 2002) p. 69.

것을 '환경'이라 한다.

이렇게 볼 때 환경이라 하면 그냥 아무런 물체가 존재하기 위한 조건도, 또 그냥 아무것이나 둘러싼 상황도 아니고 일반적으로는 생명 그리고 구체적으로는 개별생명체들이 존재하기 위한 조건들이라 할 수 있다. 그렇다면 "환경은 생물학적 주체를 전제로 하고 그러한 주체의 평가에 의존한다"고 할 수 있다. 그러한 점에서 환경은 "평가적 개념"이라 할 수 있다. 환경 개념이 평가적 개념이라면 그것은 피해를 보거나 이득을 보는 이해관계(interest)를 가진 존재자나 평가자와 관련될 수 있다. 이렇듯 환경은 "반드시 어떤 생물체의 욕망과 필요에 비추어 상대적으로 존재한다."[4]

그렇다면 이러한 환경에 둘러싸여 있는 생명 혹은 생명현상이라고 말하는 것이 도대체 무엇인지 간략하게 살펴보자. 우리가 하나의 주체로서 세상에 등장할 수 있는 것은 바로 생명이라고 하는 현상을 갖기 때문이다. 따라서 생명현상은 우리에게 너무 중요하기도 하지만 너무 당연하고 익숙한 현상이기도 하다. 그렇기에 우리는 일상적으로는 생명에 대해 특별한 관심을 두거나 별다른 문제를 제기하지 않고 살아간다. 그런데도 많은 사람들은 나름대로 생명이 무엇인지에 대해 정의를 시도해왔다. 하지만 '생명이란 무엇인가'라는 너무도 간단한 질문은 좀처럼 말끔하게 대답되지 않는 문제이다. 그저 '생명의 신비'라는 말만 흔히 들을 수 있을 뿐이다.

그렇다면 생명은 어떻게 정의되는가? '생명'이라는 말은 일상에서 자주 사용되기는 하지만 간단하게 정의될 수 없는 다의적인 표현이

---

4) 같은 책, p. 73.

고 여러 분야 여러 관심사에 따라 다르게 정의되고 사용된다. 먼저 생명현상을 연구하는 것은 생물학인데 여기서 생명은 일반적으로 "죽음에 대립되는 어떤 상태" 또는 "운동, 변화, 과정 등의 활동성" 등으로 정의된다. 생명을 과학적으로 규명하려는 방식은 생물학의 세부분야만큼 다양하다. 따라서 생명을 과학적으로 규명하기는 여간 힘든 일이 아니다. 저마다의 난점 및 한계를 가진다. 대표적인 것으로는 '생리학적인(Physiological) 정의'(브리태니커 사전)가 있는데, 이러한 정의는 오랜 세월 동안 선호되어 왔다. 이에 따르면 생명은 섭식, 물질대사, 배설, 호흡, 이동, 성장, 생식, 외부자극에 대한 반응을 수행하는 계(系)이다. 하지만 이 중 일부는 기계도 소유할 수 있는 속성이며, 일부 생물들은 호흡하지 않는 경우가 있다. 예를 들어 스스로 움직이는 기계인 자동차는 가솔린을 먹고, 연기를 배설하며, 연소를 위해 공기를 받아들이고 이산화탄소를 비롯해 여러 가지 기체를 배출함으로써 환경과 물질을 교환하는 등 생리학적으로 생명에 부여하는 모든 특성을 갖는 것처럼 보인다. 또한 분명히 살아 있다고 생각되는 유기체들 가운데 생리학적 특성들을 모두 충족시키지 못하는 존재가 있다. 즉, 박테리아는 산소로 호흡을 하지 않는다. 그러므로 그 경계가 모호하다.

이 밖에도 생명을 과학적으로 정의하려는 시도는 물질대사적 (metabolic), 생화학적(biochemical), 유전적(genetic), 열역학적(thermodynamic) 정의 등이 있는데 이것들도 생리학적 정의와 마찬가지로 여러 예외가 존재하므로 불완전하다. 말하자면 내포적 의미와 그것이 가리키는 외연이 일치하지 않는다. 따라서 생명에 대한 명확한 정의를 내리기란 불가능한 것처럼 보인다. 하지만 생명체가 가지는 특성을 통해 생명을 이해할 수 있는 가능성이 있기는 하다. 특성으로 언급되는 것을 간략하게 열거하자면, 첫째로 무질서한 세계는 더욱 혼란한 상태로 되려는 경향이 있지만, 생명은 이러한 추세에 대항하여 정돈되고 조직화되려는 경향이 있다. 둘째, 생명체는 환경에서 화학물질과 에너지를 얻어 자신의 성장과 유지에 이용한다. 셋째, 복제에 의해 자신이 지닌 유전암호를 다음 세대로 전달한다. 넷째, 생명체는 환경의 특성을 감지하여 반응한다. 다섯째, 생명체는 환경에 적응하여 이로운 방향으로 자신을 조절하여 적응한다. 적응의 예로 늑대가 겨울에 더 많은 털을 가지게 되는 것을 들 수 있다. 개체군도 적응을 하는데, 이는 환경에 적합한 개체가 더 오래 생존하고 더 많은 자손을 생식함으로써 이루어진다. 그러한 적응이 여러 세대를 거치면서 이루어진 결과가 진화이다. 여섯째, 생명체는 항상성이라는 안정된 정상상태를 유지하려는 경향이 있으며 생명은 물리적·화학적으로 일정해지려는 경향이 있고 민감성과 반응의 복잡한 체제를 통해 유지된다. 더 나아가 항상 새로운 수준들의 진화(evolution)와 새로운 형식들의 발현(expression)에 열려 있는 자기 초월(self-transcendence)이 생명의 특징으로 언급되기도 한다.5)

생명은 또한 과학적 차원뿐만 아니라 종교적 철학적 차원에서도 다루어진다. 종교적 차원에서 생명은 초월자 혹은 초자연적인 것과 연관되어 이해된다. 생명은 신성한 힘에 지배되는 것이거나 하나님의 영역에 있는 것이다. 반면 철학적 차원에서 생명은 주로 인간의 삶의 방식, 즉 윤리적인 문제와 연관되어 이해된다. 과학자들이 생명을 혹

---

5) Leonardo Boff, *Cry of the Earth, Cry of the Poor* (Orbis Books, Maryknoll, New York, 2005) p. 52.

은 생명 현상을 쉽게 정의하지 못하는 것은 어떻게 보면 생명 현상이 인간의 능력으로 규명할 수 없을 정도로 대단히 복잡할 것이란 이유도 있겠지만, 또 다른 측면에서 보자면 생명은 단순한 사실 개념이 아니라 가치개념일 수도 있다는 것이다. 즉, 생명에 대해서 정의하기 위해서는 생명을 구성하는 과학적인 사실들을 파헤치기 이전에 생명에 대한 "문화적, 종교적, 도덕적 이해가 선행되며 과학적 정의는 이러한 이해와 분리되기가 어렵다"는 것이다.6) 이러한 점은 과학적 정의의 한계로서 드러난다. 그래서 우리는 그저 단순하게 생명에 대한 과학적 사실에 대해서만 탐구하지 않고 생명의 가치 및 의미 등에 대해서 따져 묻는지도 모른다.

그렇다면 이제 철학에서 생명의 문제는 단순히 생명이라는 사실의 문제일 뿐만 아니라 생명의 가치와 의미에 관련된 문제이기도 하다. 따라서 철학자들은 '생명은 왜 소중하며 왜 존중되어야 하는가', '인간이나 동물과 같은 생명을 가지고 실험하는 것이 허용되어야 하는가', '안락사, 낙태 등은 윤리적으로 문제가 없는 것인가' 그리고 '생명의 범위를 어디까지로 할 것인가', '진정한 생명의 단위는 무엇인가' 등등과 같은 질문을 던진다. 다시 말해 이제 생명에 대해서는 단지 '생명이 무엇인가'라고만 물을 것이 아니라 '생명이 어떠한 가치를 지닐 수 있는 것인가, 지닌다면 그 가치는 어떠한 가치인가, 그리고 우리는 도대체 그러한 가치를 어떠한 식으로 소중히 여겨야 하는 것인가'라는 질문을 던지게 되는 것이다.

이처럼 생명과 관련한 여러 문제들을 살펴보자면 생명은 고정된

---

6) 이상헌, 「생명에 관하여 과학은 무엇을 말할 수 있는가?」, 『한국의 교양을 읽는다』(휴머니스트, 2003) pp. 123~124.

개념이 아닌 것 같다. 생명 개념은 인간 인식능력이 증대 또는 생명을 보는 인간의 관점의 변화, 즉, 인간의 삶의 방식 및 태도 등등의 변화에 따라 끊임없이 변해가거나 확장해 갈 수 있는 개념처럼 보인다. 실제로 과학의 발전은 생명 개념이 무의미할 정도로 그 개념의 적용범위를 확장하고 있고 그 범위는 존재 전체에까지 이르게 할 수도 있을 것 같다는 생각이 들 정도다. 이러한 식으로라면 생명은 결국 존재와 외연이 같게 될 수도 있을 것이다.[7] 그렇다면 환경 윤리에서 이러한 생명이 어떻게 적용되고 논의되는지를 보도록 하겠다.

생명의 가치와 윤리적 고려 대상의 확장

전통적으로 인간들이 가치 있다고 여기는 것들은 여러 가지가 있다. 인간들의 자기보존에 쓸모가 있기에 가치 있다고 생각했던 것들이 있고 또 인간 생존과의 유용성과는 별개로 그 자체로 가치 있다고 생각했던 것들이 있다. 이것은 도구적 가치(instrumental value)와 본래적 가치(intrinsic value)에 대한 논의로 알려져 있다. 일반적으로 도구적으로 가치가 있다고 생각되는 것은 많다. 하지만 다른 것을 위한 도구나 수단으로서가 아니라 그 자체로 가치를 지니는, 다시 말해 본래적인 가치(혹은 목적적, 내재적, 본유적, 본원적 가치)를 지니는 것들은 쉽게 떠오르지 않는다. 전통적으로 자주 후보에 올랐던 대표적인 것들은 바로 '행복'이나 '쾌락'과 같은 것들이다. 그런데 생명 또한

---

7) 같은책, p. 125.

본래적 가치를 가지는 후보로 고려해 볼 수 있다. 우리는 살아 있는 존재로서 우리 자신의 생존을 가장 기본적이며 또 필수적인 것이라고 생각하고 특별한 가치인 본래적인 가치를 거기에 부여한다는 것에는 이론의 여지가 없을 것이다. 그런데 환경윤리에서 중요한 문제는 나 자신이나 인간뿐만 아니라 인간 이외의 모든 나머지 자연적 대상들도 인간의 목적에 대한 도구로서의 가치가 아니라 그 자체 본래적으로 가치를 가질 수 있는지를 이론적으로 밝혀주는 것이다. 그렇다면 이제 이쯤에서 환경 윤리 이론가들이 이러한 본래적 가치를 나 자신이나 인간에게뿐만 아니라 나머지 자연 대상들에게로 어떻게 확장시켜 왔는지 그리고 그러한 존재들에게 본래적 가치를 부여하는 것을 어떤 식으로 정당화해 왔는지를 살펴볼 필요가 있다.

전통적으로 무어(G. E. Moore)가 본래적 가치에 대해 많은 논의를 하기는 했지만, 칸트의 본래적 가치라는 개념과 그 개념이 그의 윤리학에서 작용하는 방식은 현대 환경 철학자들의 사고에 가장 큰 영향을 끼쳤다고 알려져 있다.[8] 칸트 윤리학에서 중요한 것은 각각의 인격은 단순히 수단으로서가 아니라 그 자체 목적으로서 취급되어야 한다는 명령(precept)이다. 칸트는 이것을 '네 인격 안의 인간성뿐만 아니라 모든 사람의 인격 안의 인간성까지 결코 단지 수단으로서만 사용하지 말고, 언제나 [수단과] 동시에 목적으로도 사용하도록 그렇게 행위 하라'고 표현한다.[9] 칸트는 각각의 인격은 본래적 가치를 갖

---

8) J. Baird Callicott, "The Pragmatic Power and Promise of Theoretical Environmental Ethics: Forging a New Discourse" in *Environmental Values* 11 (The White Horse press, Cambridge, UK, 2002) p. 5.

9) I. Kant, *Foundation of the Metaphysics of Morals*, L. W. Beck(trans.) (New York: Library of liberal Arts, 1959[1785]), J. Baird Callicott, "The Pragmatic Power and Promise of Theoretical Environmental Ethics: Forging a New Discourse" in *Environmental Values* 11(The White Horse press, Cambridge, UK, 2002) p. 5에서 재인용. 또한 Immanuel Kant의 *Grundlegung zur Metaphysik der Sitten* (1785)의 완역본인 임마

는다고 주장함으로써 이러한 명령을 정당화한다. 이러한 주장은 이어서 각각의 개인에게 본래적 가치 부여 속성을 발견함으로써 정당화된다. 그런데 칸트는 그것이 바로 '이성(reason)'이라 했다. 그렇다면 이성을 속성으로 가진 존재들은 본래적 가치를 갖게 되고 그럼으로써 결코 수단으로서가 아니라 그 자체 목적으로서 대우를 받아야 한다.

그런데 칸트의 이러한 주장은 인간이 본래적 가치를 갖는 것은 인간이기 때문이 아니라 이성적(rational)이기 때문이라고 얘기하는 것으로 볼 수도 있다. 그렇다면 인간이면서 이성적이지 않은 사람은 본래적 가치의 영역에서 배제될 수 있다. 또한 이성적이지만 인간이 아닌 신이나 천사 그리고 고등동물들은 본래적 가치의 영역에 포함될 수도 있다. 그런데 이러한 '한계의 경우들'에 비추어 볼 때 '합리성(rationality)'을 본래적 가치 부여 속성으로 만드는 것은 너무 제한적일 수 있다. 그래서 다른 철학자들은 대안을 제시하는데, 특히 동물들의 도덕적 권리를 주장했던 리건(Tom Reagon)은 '삶의 주체(subjects-of-a-life)'라는 것을 본래적 가치 부여의 속성으로 제안했다.[10] 리건이 얘기하는 삶의 주체는 단순히 살아 있다는 것과는 달리 일련의 복잡한 특징들을 포함하는 것이다. 삶의 주체가 된다는 것은 자의식을 가지고 개인적인 과거를 기억하며 미래에 대한 의식을 갖는 것이다. 그리고 자신의 관점

누엘 칸트 지음, 이원봉 역, 『도덕 형이상학을 위한 기초 놓기』(책세상, 2002) p. 84 참조, 대괄호 안의 '수단과'는 역자 이원봉이 첨가한 것임.

10) 원래 리건은 「동물 권리 옹호론(The Case for Animal Rights)」에서 일반적으로 사용하는 intrinsic value(보통 '본래적 가치'로 번역)라는 말 대신에 inherent value('고유의 가치'로 번역)라는 말을 사용한다. 의미를 엄밀히 따지자면 약간의 차이가 있겠지만 여기에서는 같은 의미로 사용하겠다. Tom Reagan, "The Case for Animal Rights" in Donald Van DeVeer and Christine Pierce, ed., The Environmental Ethics & Policy Book 2nd Edition (Wadsworth Publishing Company, 1998) p. 102~109 그리고 실제로 캘리콧(J. Baird Callicott)은 리건의 inherent value라는 말을 intrinsic value라는 말로 표현하고 있다. J. Baird Callicott, "The Pragmatic Power and Promise of Theoretical Environmental Ethics: Forging a New Discourse" in Environmental Values 11 (The White Horse press, Cambridge, UK, 2002) p. 7.

에서 더 좋거나 더 나쁠 수 있는 존재의 주관적인 상태 등등을 갖는 것이다. 그래서 리건은 일부의 포유류들이 이러한 삶의 주체일 수 있고 '고유의 가치(inherent value)'를 갖는다고 주장한다.

특히 리건은 고유의 가치 혹은 도덕적 지위의 기준을 칸트처럼 이성적인 능력에 두는 것을 비판한다. 우리는 도덕적 지위를 갖기 위해서는 반드시 이성적인 판단에 따라 자율적인 행위를 할 수 있는 '도덕적 행위자(moral agent)'이어야만 하는 것은 아니라는 것을 쉽게 알 수 있다. 예를 들어 우리가 도덕적인 판단능력이 부족한 어린아이나 정신지체아, 혼수상태의 인간 등을 이성적 판별력이 없다고 짐승이나 물건처럼 사냥감이나 오락물로 혹은 노예처럼 함부로 대하는 것에는 무언가 잘못된 것이 있다. 이것들은 도덕적 행위자는 아니지만 '도덕적 수동자들(moral patients)'이다.[11] 이렇게 도덕적 행위자는 아니지만 도덕적 지위를 가지는 대상들이 존재한다는 것을 인정한다면 철학자들이 도덕적 지위의 기준을 도덕적 행위자들에게서만 찾는다는 것은 문제가 많다는 것을 쉽게 알 수 있다. 따라서 도덕적 수동자들에게도 고유의 가치를 부여해야 하는 이유를 찾아야 한다.

또한 리건과 함께 대표적인 동물해방론자인 피터 싱어(Peter Singer)는 유정성(sentience), 즉 쾌락과 고통을 경험하는 능력을 본래적 가치 부여 속성으로 제안했다. 따라서 이제 본래적 가치를 갖거나 도덕적 지위를 갖게 되는 대상들이 전체 동물에까지 이르게 된다. 이러한 식으로 도덕적 고려대상의 범위 혹은 본래적 가치를 가지는 존재들의 범위가 확장되지만 아직 식물에 대해서는 본래적 가치를 부여하지 않는다.

---

11) Joseph R. DesJardins, *Environmental Ethics: An Introduction to Environmental Philosophy* 4th ed. (Thomson wadsworth, 2006) p. 112.

따라서 도덕적 고려 가능성을 가지고 모든 생물체들을 다루기 위해서 여러 이론가들은 '이해관계들(interests)'을 갖는 것을 그럴듯하고 지지할 수 있는 본래적 가치 부여속성으로 제시한다. 이해관계라는 말은 도덕적 지위를 가지는 속성들로 제시된 '이성', '삶의 주체', '유정성' 등을 보다 일반적으로 표현한 말이기도 한데 많은 환경윤리학자들이 자연 대상들에 대한 인간의 도덕적 의무를 주장하기 위해 이용했던 것이다. 우리는 어떤 것이 그것에게 좋은 것이나 나쁜 것을 가진다면 우리는 그것들이 이해관계를 가진다고 말할 수 있다. 그래서 이제 살아 있는 것들은 의식이 없을 경우에도 이해관계를 가질 수 있게 된다. 이러한 아이디어는 다양하게 표현되었다. "생명은 그것이 그 밖의 어떤 것을 위해 좋건 그렇지 않건 자신의 선을 갖는다"거나 혹은 "그 목적들이나 기능들이 인간 고안자들에 의해 인간의 목적에 이바지하도록 결정되거나 할당된 자동차와 같은 그러한 복잡한 기능을 하는 기계들과 달리 생명을 가진 것들은 그 자신의 목적이나 목표 그리고 의도들(한마디로 teloi)을 갖는다"는 것들이 그러한 것이다.

초기의 생명중심적(biocentric) 이론가로는 앨버트 슈바이처(Albert Schweitzer)가 있기는 하지만, 인간과 다른 생명체들 사이에 존재하는 이러한 도덕적 관계에 체계적이면서도 포괄적인 설명을 시도한 사람은 폴 테일러(Paul Taylor)이다. 그는 생명체들을 "목적론적 삶의 중심(a teleological center of life)"이라고 표현했다.12)

어떤 것이 목적론적 삶의 중심이라고 말하는 것은 그것의 외적 활

---

12) Paul W. Taylor, "The Ethics of Respect for Nature" in Donald Van DeVeer and Christine Pierce, ed., *The Environmental Ethics & Policy Book* 2nd Edition (Wadsworth Publishing Company, 1998) pp. 167~168.

동들은 물론이려니와 그 내적인 기능이 목적지향적(goal-oriented)이
라고, 즉 계속해서 유기체의 존재를 유지하려는 그리고 그것이 그
종족을 번식하고 변화하는 환경적인 사건들과 조건들에 계속해서
적응하게 해주는 그것들의 생물학적 작용들을 성공적으로 실행하
게끔 해주는 일정한 경향을 가지고 있다고 말하는 것이다. 한 유기
체를 하나의 목적론적 활동의 중심으로 만들어주는 것은 그 선을
실현하도록 방향이 잡힌 유기체의 이러한 기능들이 지닌 일관성
(coherence)과 통일성(unity)이다.[13)]

모든 살아 있는 것들은 "목적론적 삶의 중심"이고 따라서 "자신의
선(a good of its own)"과 "고유의 가치(inherent worth)"를 갖는 것이다.[14)]
테일러에 의하면 "어떤 것(an entity)이 그 자신의 선을 갖는다고 말하
는 것은 그 것이 다른 것들과 관계없이 이득을 보거나 피해를 입을
수 있다고 말하는 것"이고 "그것(living thing, 살아 있는 것)이 고유의
가치를 갖는다고 말하는 것은 그것의 선이 모든 도덕적 행위자들
(agents)의 관심을 받을 만하고 고려될 만한 것이라고 말하는 것이면
서, 그것의 선의 실현은 그 자체 목적으로 추구되는 본래적 가치를
갖는다고 말하는 것"이다.

이상과 같이 살펴본다면 환경 윤리 이론가들은 생명에 본래적 가
치를 부여해왔고 그것을 인간에서 시작해서 살아 있는 모든 존재들
에게까지 확장시키고 있다는 것을 알 수 있다. 이렇게 도덕적 지위
혹은 본래적 가치의 적용 범위를 확장시켜 나가는 것을 윤리적 확장
론(ethical extensionism)이라고 일컫는데 특히 본래적 가치를 생명을 가

---

13) Paul Taylor, Respect for Nature(Princeton, N.J.: Princeton University Press, 1986) pp. 121~122,
   Joseph R. DesJardins, *Environmental Ethics: An Introduction to Environmental Philosophy* 4th ed.
   (Thomson wadsworth, 2006) p. 138에서 재인용.
14) Paul W. Taylor, "The Ethics of Respect for Nature" in Donald Van DeVeer and Christine Pierce, ed.,
   The Environmental Ethics & Policy Book 2nd Edition (Wadsworth Publishing Company, 1998) p. 161.

진 모든 것에까지 확장하는 입장을 우리는 생명중심주의(biocentrism)라고 일컫는다.

개체론으로서의 생명중심주의의 문제와 전체로서의 생명

그런데 이러한 생명중심주의는 모든 생명들에게까지 본래적 가치를 아주 후하게 부여하고, 따라서 그것을 소중히 여겨야 한다고 제안한다는 점에서 아주 훌륭한 하나의 철학적 입장처럼 보이지만 여러 가지 해결해야 할 문제들을 가지고 있다. 일단 앞에서 간략하게 보았듯이 생명을 어떻게 규정해야 하는가 하는 문제 또는 진정한 생명의 단위나 범위가 어떠해야 하는지의 문제 등과 같은 기본적인 문젯거리들이 있겠지만, 가장 치명적인 문제는 생명중심주의적인 입장들이 개체론적 성격을 띤다는 데 있다. 즉, 이러한 생명중심주의는 생명을 지닌 개체들, 즉 개별 생명체들에게 도덕적 지위나 본래적 가치를 부여한다는 점에서 하나의 심각한 문제가 발생한다.

개별 생명체들에게 본래적 가치를 부여하는 것은 우리를 딜레마에 빠지게 한다. 예컨대 이것은 우리로 하여금 너무 폭넓게 본래적 가치를 분배하게 한다. 이렇게 각각의 개별유기체들 혹은 생명체들 모두에게 본래적 가치나 도덕적 지위를 폭넓게 부여하는 것은 "윤리적인 공간을 너무 복잡하게 만든다. 그리고 인간들이 평소에 흔히 하는 일상적이면서도 중요한 많은 행위들을 문제 있는 행위로 만든다."15) 여

---

15) J. Baird Callicott, "The Pragmatic Power and Promise of Theoretical Environmental Ethics: Forging a New Discourse" in *Environmental Values* 11 (The White Horse press, Cambridge, UK, 2002) p. 8.

러 가지 문제가 있겠지만 한 가지 간단한 예를 들자면 우리는 다른 생명체들을 먹어야 살고, 또 경우에 따라서는 병균이나 포식자와 같이 인간에게 피해를 주는 생명체들을 죽여야만 온전하게 살아남을 수 있는 경우가 있다. 그런데 이러한 개별 생명체들이 모두 인간을 위한 수단으로서 가치를 갖는 것이 아니라 본래적인 가치를 가진다면, 분명 이러한 행위들은 도덕적으로 문제가 있다고 보아야 한다.

이러한 문제들에 대한 하나의 해결책으로는 생명을 가지는 존재들의 위계에 따라 본래적 가치의 차등 분배를 정당화하는 규칙과 같은 것들이 제안될 수 있을 것이다. 그러나 개체 생명들이 지니는 생명 가치들의 경중을 가리고 하나의 도덕적 기준 내지는 규범을 마련한다는 것은 그리 간단한 문제는 아니다.

그런데 생명중심주의는 본래적 가치를 이렇게 폭이 지나치게 넓게 분배하기도 하지만 다른 관점에서 본다면 너무 좁게 분배하기도 한다. 말하자면 개체론으로서의 생명중심주의는 도덕적 지위나 본래적 가치를 개별 생명체들에게만 부여하지, 정작 환경론자들이 주로 관심을 갖는 전체로서의 생태계들(ecosystems)이나 종들(species), 공기와 물, 땅(land)과 같은 것들의 온전성(integrity)이나 안전성(stability) 등에는 별로 관심을 갖지도 않고 가치를 부여하지도 않는다는 것이다. 왜냐하면 이러한 것들은 이해관계라든가 자신의 선, 목표, 목적들을 갖지 않을 뿐만 아니라 삶의 주체나 목적론적 삶의 중심도 아니기 때문이다. 그렇다면 생명중심적 이론가들은 종들의 멸종, 대기오염으로 인한 지구온난화 문제나 오존층의 파괴 등과 같은 중요한 환경문제들에 대해서, 또 수질오염과 땅의 오염문제, 자원고갈과 인구과잉의 문제 등에 대해서는 어떠한 해결책도 제시할 수 없을 것 같다. 이러한 문제들로 인해 환경이론가들은 이제 이성을 갖거나 쾌락과 고통을 느끼거나 생명을 가진 개체들보다는 전체들에 관심을 갖게 되는데 이러한 경향을 생태중심주의(ecocentrism)라고 한다. 이러한 경향은 강이나 산과 같은 살아 있지 않은 자연 대상들은 물론이고 생태학적 체계들을 진지하게 고려한다. 생태학적 윤리학(ecological ethics)이라고 할 수 있는 이러한 경향은 '생태계들', '종들', '살아 있지 않은 자연대상들' 그리고 '자연 대상들 간에 존재하는 관계들'까지도 윤리적으로 고려할 만한 것으로 본다는 점에서 전체론적(holistic)이다.

이러한 전체론을 주장하는 입장들은 이제 전통적인 윤리적 이론들을 환경적인 문제들에 단순히 적용하는 차원을 넘어선다. 즉, 이러한 입장들은 이제 생명이 무엇이고 어디까지가 생명체들인가 하는 문제는 물론이고 인간들, 종들, 생태계들, 무생물적 존재들의 우주 내에서의 위치 및 가치, 이들 사이의 바람직한 관계 등을 철저하게 해명해야 한다는 점에서 철학적이다. 따라서 이들은 '환경윤리'라고 이름 붙이는 것을 거부하면서, 그들의 견해들이 환경문제들에 대한 전통적인 윤리학의 응용들이 아니라 근본적인 형이상학적 관심들이라는 것을 강조하기 위하여 '환경철학' 혹은 '생태철학(ecosophy)'이라는 이름을 붙인다.

그런데 본래적 가치를 너무 좁게 배분하는 문제를 해결하려는 일부 전체론적 견해는 그 자체로 가치가 있다고 생각하는 환경적인 전체들(wholes)을 공동체들(communities)이나 유기체들(organisms)과 비교한다. 예를 들어 알도 리어포울드(Aldo Leopold)는「땅의 윤리」후반부에서 이따금 유기체를 특징짓는 표현들인 땅의 "건강"과 "질병"에 대해 이야기하고 "하나의 유기체로서의 땅"이라는 말을 하기도 했지만,

대체로는 공동체 메타포에 기울어져 있다.[16) 그는 공동체의 영역을 "토양들, 물들, 식물들 그리고 동물들 또는 집합적으로 땅을 포함하는 데까지 확장"한다.[17) 「땅의 윤리」에서 리어포울드의 핵심주장은 다음과 같은 문장으로 표현된다.

> 어떤 것은 그것이 생명공동체의 온전성(integrity), 안정성(stability) 그리고 아름다움을 보존할 때 옳다. 그렇지 않을 때 그것은 그르다.[18)

이러한 주장은 여러 가지 해석의 여지가 있지만 주로 전체론적이고, 생태 중심적이고 비인간 중심주의적인 것으로 받아들여진다. 따라서 도덕적 중요성의 중심에 서는 것은 개체들이 아니라 공동체이다. 그리고 온정성과 안정성 같은 생태학적인 특질들이 우선적인 가치를 가진다.

그런데 이런 전체론적인 색깔을 지니는 입장들 중 대표적인 몇 가지로 가이아 가설(Gaia Theory)이나 온생명(global life) 혹은 심층생태학(deep ecology) 등과 같은 것들을 더 언급할 수 있다. 이것들은 전체론적 입장에서 개체론(individualism)과 전체론(holism) 혹은 환경론(environmentalism) 간의 화해를 시도하면서 전체론적 실재물들(holistic entities)과 개별 유기체들의 유사성을 강조한다. 이 중에서 특히 가이아나 온생명이 보통 우리가 부여하는 생명의 특질들을 지니는 유기체나 초유기체 또는 이종교배가 가능한 유기체들의 집합이 아니라 공간과 시간 속에서 지속되는 초 개별자들(supra-individuals)이라면, 우리는 이것들은 이

---

16) Aldo Leopold, *A Sand County Almanac* (Oxford Univ. Press, New York Oxford, 1949) p. 223.

17) Ibid., p. 204.

18) Ibid., p. 224.

해관계를 갖는다고 말할 수 있고, 그로 인해서 그것에 본래적 가치나 도덕적 지위를 부여하는 것이 쉽게 정당화될 수 있을 것도 같다.

그러면 먼저 가이아 이론을 보자. 가이아 이론은 원래 이름 "가이아 가설Gaia Hypothesis"을 대신하고 있는 이름으로 제임스 러브록(James Lovelock)에 의해 제안되었다. 가이아 이론가들은 가이아를 "지구의 생물권(biosphere), 대기권(atmosphere), 대양(ocean), 그리고 토양(soil)까지를 포함하는 하나의 복합적인 실재물(complex entity)" 혹은 실체로 정의한다.[19] 이것의 기본적인 아이디어는 지구는 생명이 없는 기계라기보다는 대륙들과 대양들 그리고 대기뿐만 아니라 그것들이 살아가는 거주지를 한데 묶는 고도로 복잡한 상호작용하는 생태계들로 이루어진다는 것이다. 그리고 유기체들처럼 그것은 어떤 한계 내지 범위 내에서 자기 갱생하고(self-renewing), 특히 대기와 기후의 상대적인 안정성을 유지하기 위해 귀환 고리(feedback loops)를 통해 변화하는 조건들에 순응하는(adjusting) 존재이다. 그리고 가이아와 거기에 거주하는 존재들(inhabitants)은 경쟁이 아니라 공생이 그 지배적인 본질을 이루는 관계의 망 속에서 함께 진화한다.[20]

그런데 과학이론으로서의 이러한 가이아 이론은 환경윤리, 특히 생태 중심적 환경윤리와 관련된 맥락에서 중요한 의미를 지닌다. 그러나 이렇게 지구를 초유기체로 기술하는 것은 논쟁의 여지가 있다. 이것은 너무 큰 가정이거나 메타포일 수도 있고 또한 그 밖의 여러 가지 미해결의 문제들을 동반하고 있는 것 같다. 과연 이러한 존재는 삶의 주체인가? 이러한 것들은 목적론적 삶의 중심인가? 이것들은 목

---

19) 제임스 러브록 지음, 홍욱희 옮김, 『가이아: 살아있는 생명체로서의 지구』(갈라파고스, 2004) pp. 51~52.
20) Patrick Curry, *Ecological Ethics* (Polity, 2006) pp. 68~71참조.

적을 가지고 있는가? 그리고 그러한 목적을 가진다면 그러한 목적을 가지는 것이 과연 가치가 있는 것인가? 그것이 생명을 지닌 유기체라면 생명의 진행 혹은 변화 과정에서 가장 이상적인 상태는 어떠해야 하는가? 다시 말해 생명체처럼 건강이나 병들었다고 말할 수 있다면 어떤 것이 병든 상태이고 어떤 것이 건강한 상태인가? 병들었다면 어떤 상태로 회복시키는 것이 가장 바람직한 것인가? 그리고 그러한 초유기체가 목적들을 달성하는 데 왜 우리 인간들이 나서야 하는가 등등의 많은 해결해야 할 문제가 등장하지만 사실 이러한 문제들에 대해 명확하고 결정적인 답을 내리기에는 아직 우리 지적 수준이 미흡하기도 하고 또 한계를 가지기도 한다. 그리고 이 모든 문제들에 대한 해결 가능성을 한꺼번에 검토해보기조차도 어렵다.

그러면 장회익 교수가 주장하는 온생명은 어떠한가? 장회익 교수는 생명은 "우주 내에 형성되는 지속적인 자유에너지의 흐름을 바탕으로, 기존 질서가 새로운 질서의 모태가 되어, 지속적인 성장을 가능케 해 나가는 그 어떤 '정보적 질서'의 총체"라고 잠정적으로 규정한다.[21] 또는 그는 생명을 "우주 내에 형성되는 지속적인 자유에너지의 흐름을 바탕으로, 기존의 질서의 일부 국소질서가 이와 흡사한 새로운 국소질서 형성의 계기를 이루어, 그 복제 생성률이 1을 넘어서면서 일련의 연계적 국소 질서가 형성 지속되어 나가게 되는 하나의 유기적 체계"라고 규정한다.[22] 그런데 일상적으로 우리가 사용하는 생명 개념은 구체적인 개별 생명체들을 경험하면서 그것들이 지닌 공통점을 추상하여 얻은 것임에 반해 이러한 규정은 "지구상에 나타난

21) 장회익, 『삶과 온생명: 새 과학 문화의 모색』(솔, 1998), pp. 223~224.
22) 같은 책, p. 178.

생명 현상을 그 연원과 더불어 여타 물리적인 현상과 구분되는 결정적인 특성을 파악함으로써 도출"해낸 것이다.

이러한 생명 개념은 일상적인 생명 개념과 내포와 외연에서 상당히 다를 수 있는데 이를 기존의 개념과 구분하기 위한 방편으로 그는 "온생명"이라 부른다. 그런데 여기에서 그는 온생명이 기존의 생명 개념과 구분되는 중요한 차이를 "지구상에 나타난 전체 생명 현상을 하나하나의 개별적 생명체로 구분하지 않고 그 자체를 하나의 전일적 실체로 인정한다는 사실"에 둔다. 그렇다고 개별생명체들은 생명체가 아닌 것이 아니다. 앞의 규정에서 "국소질서"라고 했던 것은 온생명 안에서 상당한 정도의 독자성을 지니므로 독립된 실체로 인정하는 것이 유용하며 따라서 그것에 "개체 생명(indvidual Life)"이라는 독자적 명칭을 부여할 필요가 있다는 것이다. 그런데 이렇게 명명된 개체 생명들은 매우 다양하고 복잡할 뿐만 아니라 다층적인 존재 양상을 지닌다는 것이다. 그리고 이러한 존재들은 개체적으로 존재하기는 하지만 근본적으로 자유에너지의 원천인 지구 등이 존재하는 태양계를 벗어나서는 존재할 수가 없을뿐더러 비교적 안정적인 주변적인 특정 여건들하에서만 그 생존이 유지될 수 있다는 것이다. 이러한 점에서 개체 생명들은 이러한 주변적인 다른 존재들에 의존해서 존재하는 단위라고 볼 수 있다. 그렇기에 장회익 교수는 "태양-지구계와 같은 항속적인 자유에너지의 원천을 그 안에 품고 있는 '온생명'과 같은 존재만이 한 생명으로서의 자족적인 존재 단위를 형성하는 것"이라고 한다.[23]

---

23) 같은 책, p. 190.

이것은 개체 생명의 입장에서는 자신의 생존이 필연적으로 온생명과 함께할 때만 가능한 것이며 또 자신을 제외한 온생명을 구성하는 나머지 부분들에 의존해서만 존재할 수 있는 것이다. 이렇게 온생명에서 개체 생명으로서의 자신을 제외한 나머지 개체 생명들과 나머지 부분들 모두를 그는 "보생명(co-life)"이라 한다. 그런데 이러한 식으로 생명 단위가 크게 나누어지는데 이러한 단위 중에서 가장 본원적인 생존 단위는 온생명이다. 이렇게 생명을 개체 생명단위 중심으로 보지 않고 온생명 중심으로 본다는 것은 온생명 이론이 전체론적 성향을 띤다는 것을 분명히 드러낸다.[24] 물론 이러한 입장은 전체로서의 생명 단위를 중시한다는 점에서 다른 전체론적 환경론자들의 입장과 같이 오늘날 환경문제에 접근하는 데 많은 훌륭한 시사점을 던져주기는 하지만 또한 다른 이론들과 유사하게 전체에게 좋은 것이 무엇이고 전체의 범위가 어디까지인지와 같은 더 논의되거나 해결해야 할 유사한 논쟁점들을 지니고 있다. 그렇다면 이제 이러한 입장들이 지니는 대표적이고 가장 심각한 문제점을 지적해보자.

개체 생명과 전체 생명 간의 갈등의 조화

이제까지 살펴본 이러한 이론들은 우리가 일상적으로 생명이라고 여기고 있는 개체 생명들과 존재하는 어떤 범위 내의 나머지 대상들을 유기체 혹은 생명공동체 아니면 체계 혹은 기나 에너지의 흐름으

---

24) 여기서는 장회익 교수의 온생명 개념을 간략하게 소개하는 데 그쳤지만 온생명에 대한 논의는 이것이 전부가 아니다. 온생명의 범위, 가치 문제 등에 대한 다른 풍부한 논의는 위의 책, pp. 167~309 참조.

로 파악하고 다른 개체 생명과 그 환경과는 그물망과 같은 관계들로 얽혀 있다고 주장하는 것이다. 그래서 이러한 개체 생명들은 다른 것들과 필연적으로 의존해서 존재하거나 그 정체가 규정될 수밖에 없다. 그렇다면 문제는 일상적인 관점에서 볼 때 이 전체들과는 다른 나름의 개체성과 독립성이 인정되는 개체 생명들이 이 전체와 가지는 관계가 정확히 무엇인지, 또 전체로서의 공동체 등과 그 구성원들 간에 가치를 분배할 때 어느 것에 더 큰 가치를 주어야 하는지 하는 것이 문제가 된다. 다시 말해 그것들 간에 가장 이상적이거나 정상적인 관계가 무엇이고 어떠해야 하는지의 목표를 정하는 것이 중요한 문제로서 등장한다. 그러한 전체로서의 실체들의 이상적인 상태나 발전의 목표가 무엇인지가 결정되어야지만 우리는 그러한 전체들로서의 생명이나 공동체를 본래적 가치를 가지는 것으로 여기면서 그에 걸맞게 그것을 존중하거나 보호하는 행동을 위한 구체적 방향을 결정할 수 있을 것이기 때문이다. 물론 이것이 우리가 시도해야 할 탐구 방향이고 그렇게 해야 하는 것이 순서상으로 볼 때나 논리적으로 볼 때나 바람직할 것이다. 그러나 문제는 전체로서의 생명에 대한 이러한 이상적인 상태나 목적을 알아낸다는 것이 사실상 매우 어렵다는 것이다. 이에 대한 고민이 이루어진다 해도 이것은 많은 시간과 많은 사람들의 노력이 필요할 것이다. 따라서 이러한 문제는 잠시 접어두고 일단 여기에서는 전체론에서 생기는 전체로서의 생명과 그 구성원들이라 할 수 있는 개체 생명 간에 생기는 갈등 문제와 그 해결 가능성에 대한 몇 가지 논의를 우선적으로 살펴보기로 하겠다.

전체론은 일반적으로 전체를 강조하기에 톰 리건 등과 같은 개체론자들에 의해 "환경 파시즘(environmental fascism)"이라고 강하게 비판을 받기도 한다.[25] 왜냐하면 전체로서의 생명의 생존을 유지하기 위해서는 필연적으로 개체 생명들이나 생명공동체의 구성원들이 희생되어야 하기 때문이다. 다시 말해 개체 생명들이 보다 큰 생명의 이익을 위해 '생명 공동체의 온전성, 안정성 그리고 아름다움'이라는 이름하에 희생될 수 있기 때문이다. 이것은 '생명을 가진 것들은 무엇이든 모든 것이 소중하다' 혹은 '본래적 가치를 지닌다'라고 말하는 사람들에게는 심각한 문제가 아닐 수 없다. 그렇다면 전체론자들은 전체론에 내한 이러한 비난이나 딜레마를 해결할 수는 없는 것인가? 많은 환경 철학자들은 이것을 위해 다원론적 입장을 이용한 여러 해결책들 제시하기도 했다. 그러면 이러한 다원론적 해결책들을 간략히 살펴보고 그것이 해결책으로 적절한지를 심층 생태학의 이론들을 관련시켜 비판적으로 논의해 보자.

원래 개체 생명 대 생명공동체나 생태계라는 전체들 간의 갈등의 문제는 개별 동물들의 권리를 인정하는 동물해방론과 땅의 윤리로 대표되는 환경론(environmentalism) 간의 갈등으로 시작되었다. 동물해방론의 견지에서는 의식을 가짐으로써 자신의 이해관계나 자신의 이익을 갖는 개별동물들은 도덕적인 지위를 갖게 되고 도덕적으로 대우받을 권리를 지닌다. 환경론은 도덕적 지위 혹은 본래적 가치를 자연의 유정성(쾌고감수능력, sentience)이 없는 존재들에게까지 부여한다. 그런데 이 둘 사이에 양립할 수 없는 갈등이 일어나는 것은 이것들이 "전통적인 정의의 전통 내에서 도덕적 고려 가능성의 이론들로서 고려되어" 왔기 때문이라고 오닐(Rick O'Neil)은 지적한다.[26] 정의라는

---

25) Andrew Light and Holmes Rolston Ⅲ, *Environmental Ethics: An Anthology* (Blackwell Publishing, 2003) p. 25.

가치의 입장에서는 각각의 이해관계에 똑같은 비중을 두어야 한다. 그리고 자신의 이익을 가진 존재들은 도덕적으로 동등하게 대우해야 한다. 그렇다면 자신의 생명을 유지하기 위해 다른 생명이나 자연물들을 이용해야 하는 개별 생명체들 간의 갈등은 당연한 것이다. 그리고 또한 개별 생명체들과 전체로서의 생명공동체들 간에 갈등이 빚어지는 것도 당연한 것이다.

이를 해결하기 위해서는 우리는 환경론에 관해서는 도덕적 지위가 아니라 본래적 가치에 관련된 견해로 해석할 필요가 있다. 도덕적 지위에 대해서는 동물 해방의 시각을 채택하고 본래적 가치의 근거에 대해서는 환경론의 견해를 채택하는 것이다. 그러고 나서 여기에 정의(justice)가 아니라 배려(혹은 보살핌, care)라는 도덕적 덕목을 결합하는 것이다. 그렇다면 유정성이 없어서 도덕적 지위나 권리를 부여받지 못했을지라도 본래적 가치를 갖는 존재들은 그것이 무엇이든 도덕적인 배려를 받아야 한다. 다시 말해 종들과 생태계 그리고 다른 유정성을 지니지 않는 자연적 존재들이 도덕적인 지위를 갖지는 못하더라도 그것들은 여전히 본래적 가치를 소유할 수 있고 배려의 대상이 된다.

그런데 여기에서 정의와 배려는 근본적인 원리이고 덕목이다. 어느 것이 다른 것보다 더 중요하다고 할 수 없다. 모두 중요하다. 그렇다면 이러한 원리나 덕목은 어떠한 식으로 조화롭게 적용될 수 있는가? 오닐은 "환경직 배려의 인내를 받는 동물해방론자는 일관성을 잃지 않고도 자연을 강하고 심도 있게 배려하는 마음을 가질 수 있다"

---

26) Rick O'Neil, "Animal Liberation versus Environmentalism: The Care Solution" in *Environmental Ethics*, summer 2000 Vol. 22, Number 2, p. 185.

고 한다.[27] 동물들의 생명을 보존하기 위해서 "야생동물들을 길들이고 자연적으로 발생하는 포식을 제거하는 것은 동물들의 이익에 이바지할 수도 있고, 그래서 결국 환경적 정의의 문제로서 요구될 수도 있지만, 동물들을 야생상태로 놔두고 그것들 중의 어떤 것들은 자연적 본능에 따라 포식자로서 활동하도록 내버려 두는 데는 상당한 본래적 가치가 있다." 오닐은 환경적인 배려들은 바로 이러한 정책들을 요구하고 있다는 것이다. 그래서 환경에 대해서 "정의롭고 배려심을 가지는 사람은 생녕과 같은 개별 동물들의 어떤 이익을 희생하는 것은 본래적 가치의 증가에 의해 정당화된다는 합리적이고도 도덕적인 결론에 이를 수도 있다"고 한다. 그렇지만 이러한 결론에 이르는 데는 맥락이나 개별적인 변수에 의존한다. 그럼에도 '정의'라는 원리에 '배려'라는 덕목을 더하는 것은 우리가 생명을 가진 것들을 다르게 대우하고 어떤 것에 보다 큰 본래적 가치를 두고 하는 것을 나름대로 정당화시켜 줄 수 있는 것처럼 보인다.

이 밖에도 다원론적 해결은 브라이언 루크(Brian Luke)에 의해 시도된다. 루크는 동물해방과 환경론을 대립하여 갈등하는 것으로 보지 않고 둘 사이의 유대성(solidarity)을 찾아 나선다. 그리하여 그는 "동물해방론과 환경론은 비록 상이한 도덕적 감각에 근거되어 있기는 하지만 인간중심주의적인 이데올로기를 거부한다는 점에서는 중요하게 통일된다"고 본다.[28] 비록 개별 동물들에 대한 동정이나 생명 자체에 대한 외경, 생태학적 온전성의 존중 등이 성질은 다르더라도 이

27) Ibid., 189.

28) Brian Luke, "Solidarity Across Diversity: A Pluralistic Rapprochement of Environmentalism and animal liberation" in ed., Roger S. Gottlieb, *The Ecological Community* (Routledge, 1997) p. 347.

것은 인간중심주의에 의해 손상을 입을 수 있다는 것이다. 따라서 동물해방론이 발전함에 따라 인간중심주의는 도전을 받게 될 것이고 그것은 환경론이 발전할 가능성을 만드는 토대가 된다는 것이다. 그리고 거꾸로 환경론의 인간중심주의에 대한 도전은 동물해방론을 위한 여지를 만든다고 주장하면서 여러 가지 사례를 제시하여 증명하려 한다. 그래서 결국 전체로서의 조직의 건강이나 생명 그리고 개체들의 복지나 생명같이 잠재적으로 갈등하는 가치들은 하나에 다른 것을 종속시킬 필요가 없다는 것이다.

그렇다면 이제 개체 생명과 전체 생명과 관련한 심층생태학의 기본적인 입장에 대해서 살펴보자. 심층생태학의 주요 주장은 모든 생물들은 살고 번성할 똑같은 권리를 갖는다는 '생물권 평등주의(biospheric egalitarianism)'와 '큰 자아실현(self-realization)'이다. 다시 말해 생물권 평등주의는 "생태권(ecosphere) 안의 모든 유기체들(organisms)과 실재물들(entities)은 상호 관련된 전체의 부분들로서 본래적 가치가 동등하다"는 것이다.[29] 자아실현은 사람들이 하나의 과정, 즉, 이것을 통해서 자신들이 자연의 나머지 것들과 철저한 상호관계 속에서 존재하는 것으로 이해하게 되는 과정이다. 이것은 개체만이 실재한다고 하는 지배적인 세계관을 거부하고 형이상학적 전체론의 입장을 취한다. 따라서 개체 인간이 자연으로부터 독립되어 있다는 관점, 이른바 '자연 안의 인간(man in nature)'이라는 시각을 부정한다.[30] 이것은 개체인간

---

29) Devall and Sessions, *Deep Ecology: Living As If Nature Mattered*, p. 67, Joseph R. DesJardins, *Environmental Ethics: An Introduction to Environmental Philosophy* 5th ed. (Wadsworth, 2013, 2006, 2001) p. 218에서 재인용.

30) Joseph R. DesJardins, *Environmental Ethics: An Introduction to Environmental Philosophy* 4th ed. (Thomson wadsworth, 2006) p. 210.

환경철학과 윤리에서의 생명 159

들을 주위 환경의 일부에 지나지 않고 그것들과 분리되지 않는 것으로 보는 것이다. 인간들은 다른 요소들과의 관계에 의해 그 정체가 밝혀진다. 그리고 환경이 인간은 무엇인지를 결정한다. 심층생태학은 자연과 인간의 이러한 관계, 즉 나와 자연이 하나임을 깨닫는 과정을 '큰 자아실현'이라고 표현한다. 다시 말해 인간과 인간 이외의 자연 사이에 혹은 자신과 다른 것들 사이에 확고부동한 존재론적 분할이 없다고 깨닫는 과정이 바로 '큰 자아실현'이다. 이것은 사람들이 스스로를 보다 더 큰 전체의 부분으로 이해하게 되는 자기반성의 과정이고, 이것은 우리가 우리 스스로를 자연과 구별되는 별개의 개체들로서가 아니라 보다 큰 자아(Self)의 일부에 지나지 않는다는 것을 알게 되는 과정이라고 할 수 있다. 만일 인간으로서의 우리가 존재한다는 것이, 즉 우리의 본성이, 자연세계의 다른 부분들과의 관계에 의해 구성된다면 자아실현이란 이러한 하나임을 이해하고 그 사실을 충분히 인정하게 되는 과정이다. 생명평등주의도 내가 바로 큰 공동체의 일원이라는 것을 깨닫는 이러한 큰 자아실현을 통해서 가능하다. 왜냐하면 생태권 내의 모든 유기체들과 실재물들은 그것이 상호 연관된 전체의 한 부분들로서만 본래적 가치에 있어서 동등한 것으로 여겨지기 때문이다.

이렇듯 심층생태학은 세계를 '개체'와 '전체'와 같은 범주로 나누지 않는다. 심층생태학은 개체 생명과 맞서 있거나 개체 생명이 그 부분이나 구성원이 되는 전체로서의 온생명, 혹은 생명 공동체 등을 생각하지 않고 세계는 나의 확장된 신체라는 한 덩어리 실재물로 본다. 마찬가지로 캘리콧도 자연과 자아가 분리될 수 없다는 점을 이야기하는데 "사람들은 자신의 유기체의 중심에서 밖으로 움직일 때 자신과 자신의 환경 사이의 분명한 경계를 발견하는 것은 불가능하다"고 본다.31) 그는 계속해서 다음과 같이 말한다.

> 둘러싸고 있는 기체와 액체들은 계속해서 안팎으로 흘러들고 흘러나온다. 사람들의 삼투성의 외피 밖에 있는(그리고 안에 있는!) 유기체들은, 비록 선택적이긴 하지만 계속해서 스스로 그리고 스스로를 통해서 변질된다. 저속도 촬영을 했다고 상상해 본다면, 인간은 땅으로부터 이를테면 다른 양식들(이것들 중의 어떤 것들은 스스로를 통해 신비롭게 변질시킨다)의 광대한 바다에서 크고 작게 맥동하는 구조로부터 생겨나서 스스로가 다른 것들로 변형되고 있는 것을 볼 수 있다. 실로 세계는 사람들의 확장된 육체이고 사람들의 신체는 특정한 시공간적 장소에 있는 침전물(precipitation), 즉 세계의 중심점(focus)이다.32)

캘리콧은 세퍼드(Paul Shepard)의 글을 인용하여 자아에 대한 이러한 관계적 개념을 육체와 같은 유기체는 물론이고 정신에까지, 즉, 물질은 물론 마음에까지 확장한다는 것을 지적한다. "신물리학(New Physics)의 심신통일(mind-body unity)에서 환경이 의식과 상호작용할 때만 비로소 완전히 실제적인 것이 되는 것과 마찬가지로 추상적인 이성적 사유를 포함하는 인간 의식(human consciousness)도 환경의 확장"이라고 얘기한다.33) 그리고 이렇게 "세계가 인간의 육체라면, 그리고 인간의 의식이 세계 이곳저곳을 특정 내용으로 묘사할 뿐만 아니라 인간의 영혼과 이성적인 능력들의 구조가 자연의 생태학적 구조와의 상호적응작용을 통해 형성된다면, 인간의 자아는 물리적으로도 심리

---

31) Baird Callicott, *In Defense of the Land Ethic: Essays in Environmental Philosophy* (State University of New York Press, 1989) pp. 112~113.

32) Ibid., p. 113.

33) Ibid.

적으로도 그것의 중심으로부터 바깥에 있는 환경으로 차츰차츰 융합해간다"는 것이다. 그래서 결국 사람들은 자신과 환경 사이에 명확한 경계선을 그을 수 없다는 것이다.

그래서 결국 유기체로서의 자아이건 의식적인 생각하는 것으로서의 자아이건 자아에 대한 이러한 관계적인 사고는 이기주의를 환경론으로 변형시킬 수 있다는 것이다. 이를테면 우리는 가치론적으로 이기주의에 특권을 부여한다. 따라서 자신의 생명의 소중함을 기본적으로 주어진 가치라고 생각하여 '본래적 가치'를 당연히 부여한다. 그리고 실제로 여러 가지로 생각해도 현재 주체로서 살아가고 이러한 문제들을 가지고 고민하기 위해서라도 나의 생명은 기본적이고 필수적인 가치라는 것을 부정하기도 어렵다. 그런데 자아에 대한 관계적 사고를 받아들인다면 이제 나와 다른 사람들, 나와 인간이 아닌 다른 생명체들 그리고 나와 모든 생명의 터전이 되어 주는 다른 모든 것들을 포함하는 세계 전체는 나와 다른 것이 아니고 나와 하나의 덩어리이다. 그렇다면 그것에 나와 동일하게 본래적 가치를 부여하는 것은 어쩌면 당연한 것이다. 그렇다면 더 나아가서 이러한 사고는 또한 진정한 자기의 이익이 무엇인지에 대한 생각도 변화시킬 것이다.

우리는 장기적인 관점에서 신중하게 고려한 이후의 자기이익을 "계몽된 자기이익(enlightened self-interest)"이라고 하는데 이러한 사고는 그러한 이익의 의미도 변화시키고 있다. 이를테면 진정으로 내가 이익을 보기 위해서는 나의 확장된 육체와 한 덩어리인 다른 생명도 존중해주어야 하는 것이다. 즉, 사람들은 제대로 된 개체 생명으로 계속 존재하기 위해서 자신들의 확장된 육체인 전체 생명인 환경을 소중히 여기지 않으면 안 된다는 것이다. 그렇다면 여기에서 나와 환경은 갈등하지 않을 수 있을 것이다. 그러나 물론 이러한 주장에 대해서 너무 추상적이거나 애매하다는 비판적 논의가 있다. 그리고 너무 일반적이고 포괄적이어서 공허하기까지 하다는 비판도 있다. 그러나 이러한 사고의 과정을 한 번 정도 거쳐보는 것 혹은 이러한 세계관을 하나의 태도로 가지려고 노력해 보는 것은 오늘날과 같은 생명과 환경의 위기의 시대에 상당한 의미를 지니는 것일 수도 있다.

맺음말

이제까지 환경윤리나 철학에서의 생명에 대한 몇 가지 논쟁점들, 즉, 환경 철학에서 생명의 연관성 문제, 생명의 정의문제, 생명 현상의 위상이라든지 생명의 가치의 문제 그리고 생명을 존중하는 과정에서 개체 생명의 가치와 전체로서의 생명의 가치가 충돌하는 상황 그리고 그러한 충돌을 피해보고자 하는 몇 가지 논의 등등을 살펴보았다. 그리고 또한 여기에서 언급한 각각의 입장들이나 세계관들이 생명 존중이나 환경보호와 관련하여 우리에게 시사해 주는 바가 무엇인지도 살펴보았다. 그리고 이러한 논의에서 접근하기 쉽지 않은 또 다른 많은 문제들이 끊임없이 파생되어 나올 수 있다는 점도 지적해 보았다. 늘 그렇듯 과학적인 접근이건 철학적인 접근이건 한계는 있다.

그러나 비록 생명에 대한 과학적 정의가 무엇이고 생명의 범위가 어디까지인지에 대한 대답이 명확하게 이루어지지 않고, 어떤 범위의 생명을 어디까지 어떻게 존중하고 소중히 여길 것인지에 대한 인간들의 태도를 결정하는 철학적 문제가 좀처럼 말끔하게 해결되지 않는 난제로 남아 있을 수 있을지라도, 사람들은 또한 과학과 철학을 통해서 생명이나 환경과 관련해 어떤 현상들이 벌어지고 있으며 무엇이 문제가 되는지를 어느 정도는 알게 된다. 그리고 인간들은 직관적으로 자신의 생명이 소중함을 인지하고 있고, 이러한 나의 생명을 보존하기 위해서는 나 이외의 생명뿐만 아니라 우주의 다른 존재들이 반드시 어떤 적합하거나 올바른 방식으로 존재해야만 한다는 것을 어느 정도 알고 있다는 것 또한 사실이다. 그리고 실제로 과학과 철학을 통해 나름대로 해결책을 위한 어떤 이론적 결론에 도달하기도 한다. 하지만 또한 인간들은 이러한 결론을 실천에 옮기는 데 있어서도 현실적으로 많은 문제점들을 안고 있을 수도 있다.

설사 과학적이고 철학적이며 윤리적인 탐구를 통해 생명의 정체나 가치를 파악했다 해도 그리고 그것을 어떠한 방식으로 존중해야 하는 것인지를 파악했다 해도, 다시 말해 사람들이 이론적으로 생명의 소중함을 알고 그것의 적합한 존재방식을 알아냈다 해도 정작 실천적인 차원에서는 생명을 경시하거나 파괴해야 하는 경우가 있을 수 있다. 또 어떤 경우는 생명을 존중하기 위해 감당하기 어려운 경제적인 비용이 요구될 수도 있다. 그리고 어떤 경우는 자신의 생명을 유지하기 위해서 다른 생명을 반드시 죽여야 한다. 또 이와 반대로 어떤 경우는 다른 생명을 존중하기 위하여 자신의 생명을 버려야만 그 실천이 가능한 경우도 있을 수 있다.

그렇다면 이와 같이 인간의 생명이나 이익 혹은 심지어는 인간의 관점이 배제되는 경우 생명중심주의 또는 생태중심주의의 실천은 과연 어떠한 의미를 가질 수 있을까? 자신의 생명이나 기본적인 이익을 희생하면서 윤리적 가치를 실현하는 것이 자신의 삶에 과연 의미가 있는 것인가? 인간의 숙고된 선호의 만족을 충족시키는 것이 없다면, 인간의 이익 특히 인간의 생명을 희생하면서 그 자체 자연의 본래적 가치를 수호하고 '가이아'나 '온생명' 그리고 기(氣)중심적(ch'i-centric) 환경윤리에서 말하는 '생태적 기의 흐름'을 유지하고 하는 것이 무엇이 의미가 있겠는가?[34] 자유방임이 더 바람직한 것은 아닌가? 왜 인간들이 자연의 흐름에 쓸데없이 간섭해야 하는가? 이렇게 다시금 쏟아져 나오는 질문들과 더불어 사람들은 '생명의 본래적 가치'니 '생명외경'이니 '생명평등'이니 하는 완결되지도 않고 실현 불가능한 것처럼 보이는 윤리적인 부르짖음과 같은 것이 무슨 소용이 있을 수 있는지를 다시금 의심해 보지 않을 수 없다.

그러나 비록 인간들이 생명에 대한 이러한 고민과 논의를 통해 생명이 무엇이고 생명을 어디까지 어떻게 대우해야 하는지에 대한, 그리고 더불어 모든 생명들을 존중하고 유지하기 위해 환경은 또한 어떤 방식과 어떤 상태로 보존, 유지해야 하는지에 대한 객관적이거나 명확한 그리고 엄격한 기준 및 규범, 규칙 등을 제시하거나 제정해서 당장 실천할 것을 강요하지는 못할 수도 있지만, 사람들로 하여금 생명과 환경에 대해 고민해보고 그것의 소중함을 느끼게 하여 그것들을 함부로 대하지 않는 태도나 마음가짐을 갖도록 할 수는 있다. 이것은 바로 규칙중심적 윤리에서 행위자 중심적 윤리인 덕의 윤리나 품성(character)의 윤리로의 전환을 요구하는 것이기도 하다. 우리가 생명학이나 생태학과 같은 엄밀한 과학이나 도덕규범 체계를 통해서는

---

34) 기 중심적(ch'i-centric) 환경윤리에 대해서는 여기에서 구체적으로 논의하지는 않겠다. 자세한 논의는 한면희, 『환경윤리: 자연의 가치와 인간의 의무』(철학과 현실사, 1997), pp. 286~287 참조.

생명을 존중하거나 자연환경을 보호하는 것이 이론적으로나 실천적으로 불가능하거나 어렵다고 하더라도 생명과 자연환경을 아끼고 배려할 줄 아는 덕성이나 품성을 지닌 인간이 되려고 노력하고 또 그러한 품성에 걸맞게 행동하고 실천하는 일은 얼마든지 가능하다. 많은 사람들이 환경윤리나 철학을 통해 '생명의 가치'니 '생명외경'이니 '생명 평등'에 대해 이야기하고 고민하고 하는 것은 바로 이러한 것을 목표로 하고 있는 것일 수도 있다.

　하지만 탐구는 여기에서 멈추시 않는다. 세계가 실제로 어떻게 존재하는지 또 어떻게 존재해야 하는 것인지에 대한 나름의 합당한 답이 주어진다면, 특히 생태계나 자연의 온전성과 본래 모습이 무엇인지, 자연의 건강한 모습이 어떠한 것인지에 대한 나름의 대답이 주어진다면, 사람들은 자연을 보호하거나 자신의 생명을 존속시키기 위해 우주 속에서 어떻게 살아가는 것이 바람직한 것인지에 대해서도 나름의 더 적절한 대답을 마련할 수 있을 것이다. 그러기에 사람들은 여기에 적합한 세계관 등을 포함하는 생명이나 환경담론을 끊임없이 더 발전시켜야 한다. 뿐만 아니라 그러한 세계관을 올바로 표현할 수 있는 언어 그리고 더 나아가서는 환경 담론에서 중요한 것으로 언급되는 환경, 생명, 자연, 생태계, 생태계의 건강과 질병, 중심주의, 온생명, 본래적 가치 등등과 같은 여러 중요 개념들을 더 탐구하고 바로잡는 작업도 끊임없이 진행해야 할 것이다.

참고문헌

데자르뎅, J. R. 지음, 김명식 옮김, 『환경윤리』(자작나무, 1999).

린 마굴리스·도리언 세이컨, 황현숙 옮김, 『생명이란 무엇인가?』(지호, 1999).

박이문, 『환경철학』(미다스북스, 2002).

이상헌, 「생명에 관하여 과학은 무엇을 말할 수 있는가?」, 『한국의 교양을 읽는다』(휴머니스트, 2003).

장회익, 『삶과 온생명: 새 과학 문화의 모색』(솔, 1998).

제임스 러브록 지음, 홍욱희 옮김, 『가이아: 살아있는 생명체로서의 지구』(갈라파고스, 2004).

진교훈, 「생명과 철학: 철학에서 본 생명」, 『생명의 길을 찾아서』 생명문화 연구논총1(서강대 생명문화연구원, 민지사, 2001) pp. 20~34.

한면희, 『환경윤리: 자연의 가치와 인간의 의무』(철학과 현실사, 1997).

Albert Schweitzer, "Reverence for Life" in *Environmental Ethics: Readings in Theory and Application* ed., Louis P. Pojman (Jones and Bartlett Publishers, Boston London, 1994) pp. 65~71

Aldo Leopold, *A Sand County Almanac* (Oxford Univ. Press, New York Oxford, 1949) pp. 201~226

Andrew Light and Holmes Rolston Ⅲ, *Environmental Ethics: An Anthology* (Blackwell Publishing, 2003)

Arne Naess, "The Shallow and the Deep, Long-Range Ecological Movement" in *Environmental Ethics: Readings in Theory and Application* ed., Louis P. Pojman (Jones and Bartlett Publishers, Boston London, 1994) pp. 102~105J.

Baird Callicott, *In Defense of the Land Ethic: Essays in Environmental Philosophy* (State University of New York Press. 1989)

_____, "The Conceptual Foundations of the Land Ethic" in *Environmental Ethics: Readings in Theory and Application* ed., Louis P. Pojman (Jones and Bartlett Publishers, Boston London, 1994) pp. 92~101.

_____, "The Pragmatic Power and Promise of Theoretical Environmental Ethics: Forging a New Discourse" in *Environmental Values* 11 (The White Horse press, Cambridge, UK. 2002) pp. 3~25

Bill Devall & George Sessions, "Deep Ecology" in *Environmental Ethics: Readings in Theory and Application* ed., Louis P. Pojman (Jones and Bartlett Publishers, Boston London, 1994) pp. 113~117

Brian Luke, "Solidarity Across Diversity: A Pluralistic Rapprochement of Environmentalism and animal liberation" in ed., Roger S. Gottlieb, *The Ecological Community* (Routledge, 1997) pp. 333~358.

Dale Jamieson, *Morality's Progress* (Clarendon Press, Oxford, 2002).

Helga Kuhse and Peter Singer ed., *Bioethics: An Anthology* (Blackwell, 1999).

Joseph R. DesJardins, *Environmental Ethics: An Introduction to Environmental Philosophy* 4th ed. (Thomson wadsworth, 2006).

Leonardo Boff, *Cry of the Earth, Cry of the Poor* (Orbis Books, Maryknoll, New York, 2005) pp. 50~53.

Lois P. Pojman ed., *Environmental Ethics: Readings in theory and Application* (Jones and Bartlett Publishers, Boston London, 1994).

Patrick Curry, *Ecological Ethics* (Polity, 2006) pp. 68~71.

Paul Taylor, "Biocentric Egalitarianism" in *Environmental Ethics: Readings in Theory and Application* ed., Louis P. Pojman (Jones and Bartlett Publishers, Boston London, 1994) pp. 71~83.

Rick O'Neil, "Animal Liberation versus Environmentalism: The Care Solution" in *Environmental Ethics*, summer 2000 Vol. 22, Number 2. pp. 183~190.

Robert Costanza, Bryan G. Norton, Benjamin D. Haskell, *Ecosystem Health: New Goals for Environmental Management* (Island Press, 1992).

Robert Elliot, "Environmental Ethics" in Peter Singer., ed. *A Companion to Ethics* (Blackwell Reference, 1991) pp. 284~293.

Roderick Frazier Nash, *The Right of Nature: A History of Environmental Ethics* (The University of Wisconsin Press, 1989) pp. 3~12

Tom Reagan, "The Case for Animal Rights" in Donald Van DeVeer and Christine Pierce, ed., The Environmental Ethics & Policy Book 2nd Edition (Wadsworth Publishing Company, 1998) pp. 102~109.

무엇을 먹어야 하는가에 대한 윤리학적 고찰[1)

-육식과 채식 사이에서 선택의 문제를 중심으로-

김성한(숙명여자대학교 교양교육원 교수)

1. 머리말

우리가 윤리적인 식사를 하기 위해서 먹을 수 있는 것은 무엇일까? 이와 같은 질문에 적절히 답하기 위해서는 우리가 선택하기에 적절한 윤리이론을 기준으로 판정을 해야 할 것이다. 이 글에서 필자는 윤리 이론을 크게 인간 중심의 윤리와 고통 중심의 윤리, 생명 중심의 윤리, 자연물 중심의 윤리로 나누고, 이 중에서 어떤 것이 받아들일 만한 이론이며, 이를 기준으로 우리가 윤리적인 측면에서 판단하여 먹을 수 있는 것은 무엇인가를 살펴보고자 한다. 이 글에서 윤리 이론을 선택하는 데 기준으로 삼는 것 중의 한 가지는 실천 가능성이다. 다시 말해 만약 어떤 이론을 받아들임으로써 명백하게 인간의 생명이나 생존을 위협받는 경우를 허용하게 된다면 이러한 이론은 설득력이 없는 이론으로 간주한다는 것이다. 이러한 기준으로 보았을 때, 자연물 중심의 윤리나 생명 중심의 윤리는 우리가 실천적인 측면

---

1) 이 글은 『대동철학』 제52집(2010년 9월)에 실렸던 것을 편집한 것이다.

에서 받아들일 수 있는 윤리 이론이 되기 어려울 것이다. 반면 인간 중심의 윤리나 동물 중심의 윤리는 최소한 실천적인 측면에서는 다른 윤리 이론에 비해 비교 우위를 갖는 것처럼 보인다. 그런데 이와 같은 윤리 이론을 선택했을 때 우리가 먹을거리로 삼을 수 있는 대상은 무엇인가? 이 글에서는 상대적으로 설득력이 있다고 판단되는 이와 같은 윤리 이론을 기준으로 고려해 보았을 때 채식이 윤리적으로 올바른 선택이라 주장할 것이다.

2. 인간 중심의 윤리

인간 중심의 윤리는 역사 이래 최근까지 줄곧 의심을 받아오지 않았다. 서구에서는 아리스토텔레스가 존재의 층위에서 인간을 지구상에서 가장 높은 곳에 위치한다고 주장한 이래 인간의 세상에서의 지위는 확고하게 유지되었다. 중세에는 기독교적 세계관이 채택되면서 인간은 신의 형상을 모사한 존재로서의 지위를 인정받았으며, 그 이후 종교적 세계관을 벗어나서도 인간의 존엄성이 의심받은 적은 거의 없었다. 철학자들은 다양한 방식으로 인간이 존엄하다는 주장을 뒷받침하기 위해 노력했으며, 정당화 방식은 달라도 최소한 인간이 존엄하다는 생각만큼은 당연한 것으로 받아들여져 왔다. 하지만 최근 들어 이와 같은 생각에 이의가 제기되고 있는데, 그 이유 중 하나는 유독 인간의 가치만을 인정하는 것이 일종의 편견일 수 있다고 생각되었기 때문이다. 이처럼 어떤 경우에도 인간을 우선적으로 생각하는 입장은 대체로 인간중심주의(anthropocentrism)로 불린다.

1) 인간중심주의와 종차별주의

인간중심주의란 말 그대로 인간을 최우선적으로 고려하는 입장을 말한다. 그런데 인간중심주의가 과거에 당연한 것으로 받아들여져 왔다면, 오늘날에는 인간중심주의가 부정적인 의미로 사용되는 듯이 보인다. 이에 대한 좀 더 명확한 판단을 내리기 위해서는 이를 미세하게 구분할 필요가 있다. 그 이유는 다소 막연하게 '인간 중심'이라고 했을 때, 그것이 오직 인간만이 중요하다는 것인지, 그리하여 어떤 경우에도 인간만을 배려해야 한다는 것인지, 아니면 인간을 가장 우선적인 배려의 대상으로 삼되, 그 근거와 정당화 방식을 통해 다른 존재까지도 배려의 대상으로 삼을 수 있다는 것인지가 분명하지 않기 때문이다. 인간중심주의는 무엇을 정당화의 근거로 삼느냐에 따라 설득력을 인정받을 수도 있고 그렇지 않을 수도 있으며, 이러한 입장을 취하는 이유가 무엇인가에 따라 평가가 달라질 수 있다. 예를 들어 인간이 신의 형상을 따라 창조되었다는 이유로 인간중심주의적 입장을 취한다면 아마도 이는 과거에 비해 힘을 발휘하지 못할 것이다. 반면 오직 인간만이 가지고 있는 어떤 특징을 기준으로 인간이 다른 생물들에 비해 상대적으로 우월한 도덕적 지위를 차지한다고 한다면 이는 대체로 타당한 입장이라는 평가를 받게 될 것이다. 이처럼 몇 가지 측면에서 생각해 볼 수 있는 여지가 있음을 감안하여 헤이워드(Tim Hayward)는 인간중심주의를 강한(strong) 의미와 약한(weak) 의미로 구분하여, 이 중에서 전자는 정당화될 수 없는 방식으로 인간을 우선적으로 고려하는 태도를, 후자는 어느 정도 정당화가 가능한 방식으로 인간을 맨 먼저 배려하는 태도를 말한다고 주장한다.[2)]

인간중심주의와 유사하게 쓰이는 개념으로는 종차별주의(speciesism)

가 있다. 언뜻 보았을 때 인간중심주의와 종차별주의는 사실상 동일한 내용을 다르게 표현한 것처럼 보인다. 실제로 양자는 특정한 차별을 정당화하려 한다는 측면에서 유사한 측면을 가지고 있으며, 대개의 경우 인간에 의한 인간 아닌 존재에 대한 차별을 언급하고자 할 때 사용된다는 측면에서 일맥상통한다. 그럼에도 엄밀하게 판단해 보았을 때 양자는 다소 다른 의미를 갖는다. 인간중심주의는 말 그대로 인간을 가장 중요하게 생각하는 입장이다. 이는 동물과 식물은 물론이고, 생태계를 넘어 삼라만상과의 어떤 비교에서도 인간이 우선적인 고려의 대상이 된다는 입장이다. 여기에서 비교가 되는 것은 인간과 다른 삼라만상이다. 이에 반해 종차별주의는 한 종과 다른 종의 비교에서 특정 종을 우선적으로 배려한다는 입장이다. 여기에서 유의해야 할 점은 종(species)이라는 표현이 생물을 대상으로 사용되는 개념이라는 것이다. 종(種)이 공통적인 특징을 가지며, 상호교배가 가능한 유연관계에 있는 생물들로 구성된 생물학적 분류 단위를 뜻한다고 했을 때, 종차별주의는 무생물에 대해서는 사용될 수 없는 단어이며, 오직 생물과 생물 간의 비교에만 사용될 수 있을 것이다. 이처럼 종차별주의는 단지 인간과 인간이 아닌 생물의 비교뿐만 아니라, 동물 종에 대한 식물 종의 차별에도 사용될 수 있는 개념이다.[3] 정리하자면 인간중심주의가 인간 대 비인간의 비교에서 인간을 우선적으로 고려하려는 입장임에 반해, 종차별주의는 굳이 인간이 아니라고 하더라도

---

2) T. Hayward, "Anthropocentrism" in D. Callahan & R. Chadwick ed., Encyclopedia of Applied Ethics Vol. 1, Academic Press, 1997, 174쪽.

3) 현실적으로 이러한 차별은 가능하지 않을 것이다. 그 이유는 차별을 하고자 할 경우 사유가 개입되어야 할 것인데, 동물들이 의식적인 사유를 통해 식물을 차별할 수는 없을 것이기 때문이다. 그럼에도 영화 「반지의 제왕」에서와 같이 여러 종이 공존하는 가상적인 상황에서는 설령 인간 종이 아닌 특정 종의 다른 종에 대한 차별이라고 하더라도 이는 종차별주의라 부르게 될 것이다.

A라는 종과 B라는 종이 비교의 대상이고, 이 중에서 특정 종을 우선적으로 고려하는 입장을 말한다. 이렇게 보았을 때 양자는 겹치는 부분이 있긴 하지만 서로 다른 의미를 지니고 있다고 말할 수 있을 것이다. 그럼에도 현재 지구상에서 차별을 할 수 있는 능력을 갖춘 존재가 오직 인간임을 감안해 보았을 때, 종차별주의와 인간중심주의를 혼용해도 큰 문제는 없을 것이다. 이하에서는 편의상 종차별주의라는 용어를 사용하여 다른 생물에 대한 인간의 차별을 고려해 보도록 하자.

2) 종차별주의

종차별주의는 크게 세 가지 또는 네 가지 유형으로 나누어 볼 수 있다. 먼저 그래프트(Donald Graft)는 종차별주의를 거친(raw) 종차별주의, 강한(strong) 종차별주의, 그리고 약한(weak) 종차별주의로 나눈다. 이 중에서 거친 종차별주의는 단지 인간이라는 이유 외에 다른 이유를 달지 않으면서 차별을 정당하다고 주장하는 것을 말하고, 강한 종차별주의는 인간과 필연적으로 연결되어 있는 특징을 내세워 차별을 정당하다고 주장하는 입장을, 약한 종차별주의는 인간과 단지 우연적으로 연결되어 있는 특징을 지적함으로써 차별을 정당화하려는 입장을 말한다.[4] 이처럼 세 가지 유형으로 종차별주의를 나누고 있는 그래프트와는 달리 레이첼즈(James Rachels)는 과격한(radical) 종차별주의와 온건한(mild) 종차별주의를 한 가지 분류 방식으로, 무조건적(unqualified) 종차별주의와 조건적(qualified) 종차별주의를 또 다른 분류 방식으로 제시한다.[5] 이 중에서 과격한 종차별주의는 비교적 사소한 인간의 이

---

4) D. Graft, "Speciesism" in D. Callahan & R. Chadwick ed., Encyclopedia of Applied Ethics Vol. 4, Academic Press, 1997, 197쪽.

익마저도 인간 아닌 동물의 중요한 이익보다 우선적으로 고려해야 한다는 입장을, 온건한 종차별주의는 상대적으로 사소한 인간의 이익과 인간 아닌 동물의 중요한 이익 간에 선택을 해야 할 때에는 인간 아닌 동물의 이익을 선택할 수 있지만 동일한 양의 고통을 인간에게 야기하는 것과 동물에게 야기하는 것 사이에서 선택이 이루어진다면 인간의 복리를 우선적으로 고려해야 한다는 입장을 말한다. 레이첼즈의 또 다른 구분 중에서 무조건적 종차별주의는 다른 이유가 아닌 단순히 특정 종이라는 것이 도덕적으로 중요하다는 견해를, 조건적 종차별주의는 인간이 다른 동물들이 갖지 못한 도덕적인 기준이 될 수 있는 적절한 특징을 갖기 때문에 더욱 중요하다는 입장을 말한다.

레이첼즈와 싱어(Peter Singer) 등 공리주의자뿐 아니라 레건(Tom Regan) 등 권리론자들을 포함해 적지 않은 윤리학자들은 모든 경우의 종차별주의를 받아들일 수 없다고 주장한다. 그들에 따르면 종차별주의는 아무리 세련되게 가다듬는다고 해도 결국 정당화될 수 없는 차별이기 때문에 부당하다는 것이다. 여기에서는 레이첼즈의 구분에 따라 무조건적인 종차별주의와 조건적인 종차별주의에 대한 비판을 살펴보도록 하자. 앞에서 언급한 바와 같이 무조건적인 종차별주의는 다른 이유 없이 단지 인간이라는 이유로 다른 모든 존재들을 차별할 수 있다는 입장인데, 이러한 입장은 더욱 상세한 논의의 여지가 있을 수 있음에도 더 이상 자신의 입장을 정당화할 수 있는 논거를 마련하지 않고 있다는 측면에서 독단적 입장을 취하고 있다고 말할 수 있다. 구체적으로 종이 기준이 되어야 하는 이유는 무엇인가? 종을 기준으

---

5) J. Rachels, Created from Animals-The Moral Implications of Darwinism, Oxford Univ. Press, 1990, 168-171쪽.

로 차별을 정당화하기 어려운 이유 중의 하나는 종 개념 자체가 명확하지 않기 때문이다. 종 개념은 한마디로 정의하기 어렵고, 시대에 따라 변해왔다. 특히 19세기에 다윈이 진화론을 발표한 이래 고정적이고 불변적인 의미에서의 종 개념은 비판받기 시작했고, 이로 인해 고전적인 의미의 종 개념은 더 이상 유지될 수가 없게 되었다.[6] 그런데 이처럼 종 개념이 고정 불변한 무엇을 지칭하는 것이 아니라면 단지 특정 종에 속해 있다는 이유를 들어 다른 종을 차별하는 데에는 문제가 발생한다. 만약 종이 명확하게 구분되는 개념이 아니라면 종의 경계에 놓여 있는 개체들은 어떻게 처우해야 하는가? 그리고 경계에 놓여 있는 개체들에게 도덕적 지위를 부여한다면 그와 유사한 바로 이웃의 개체들은 어떻게 해야 하는가? 이와 같은 방식으로 의문을 제기하다 보면 우리는 미끄러운 언덕길을 계속 흘러 내려가 결국 도덕적 지위 부여와 관련한 구분을 하기가 어렵게 될 수가 있다.

논의의 여지를 사실상 차단하고 있는 무조건적인 종 차별주의와는 달리 조건적인 종 차별주의는 인간이 가지고 있는 우연적인 특징을 들어 다른 동물과의 차별성을 확보하려 하며, 적어도 논의의 여지를 열어놓고 있다는 측면에서 무조건적인 종 차별주의에 비해 덜 독단적이다. 그럼에도 논리의 일관성을 유지하고자 할 때, 이와 같은 조건적인 종 차별주의 또한 굳건한 토대 위에 서 있는 것이 아님을 알 수 있다. 조건적인 종 차별주의자가 내세우는 인간이 인간 아닌 존재를 차별할 수 있는 자이는 다양하다. 예를 들어 차별을 정당화할 수 있는 인간과 인간 아닌 존재의 차이로는 도구 사용 능력, 언어 사용 능

---

6) 관련 논의는 R. Trigg, The Shaping of Man, 김성한 역, 『인간 본성과 사회생물학』, 궁리, 2007, 151-184쪽을 볼 것.

력, 도덕적 행위 능력, 권리 능력, 자율성, 지능 등이 거론된다.[7] 하지만 대체로 보았을 때 이와 같은 능력의 차이를 통해 차별을 정당화하려는 논의는 그다지 성공을 거둔 것처럼 보이지 않는다. 이와 같은 주장에 대한 비판은 크게 ① 자연주의적 오류, ② 특정한 차이를 통해 차별을 정당화할 수 있다는 논변에 대한 반례를 제시하는 방법, ③ 도덕적 행위자(moral agent)와 도덕적 배려의 대상이 되는 자(moral patient)의 구분, ④ 경계 논증(the argument from marginal cases),[8] ⑤ 사고 실험에 대한 지적 등으로 이루어질 수 있으며, 이는 대체로 설득력이 있는 논의라는 평가를 받고 있다. 만약 이 중에서 예컨대 오직 ②와 같은 반론만이 있다면 동물들의 상당수는 정당하게 차별의 대상이 될 수도 있을 것이다. 하지만 ② 외에 나머지 경우까지를 포함하여 종합적으로 판단해 볼 경우 결국 차이를 통해 차별을 정당화하려는 논변은 성공적이지 못함이 드러난다.

도덕적 행위 능력을 기준으로 차별을 정당화하려는 경우를 한 예로 들어보자. 먼저 특별한 매개 없이 사실로부터 가치를 직접적으로 도출하는 것은 잘 알려진 바와 같이 자연주의적 오류를 범하는 경우에 해당한다. 예를 들어 A라는 사람이 도덕적 행위 능력이 있음에 반해 B라는 사람은 그러한 능력을 갖추지 못했다고 했을 때, 이와 같은 상황에서 A가 B를 차별할 수 있는 것은 아니다. 마찬가지로 동물이 도덕적 행위 능력을 갖추지 못했다는 이유로 차별이 가능하다고 말하는 것은

---

7) P. Singer, Practical Ethics, 김경동·황경식 역, 『실천윤리학』, 철학과현실사, 1997, 99~105쪽 참조.

8) 도덕 판단이 가능한 인간에게만 도덕적 지위를 부여하려 할 경우 도덕 판단을 할 수 없는 인간들, 가령 유아, 식물인간, 장애인 등은 그러한 지위를 가질 수 없게 되는데, 이것이 부당함을 전제로 그들과 유사한 특징을 갖춘 존재 또한 함부로 처우할 수 없음을 보이려는 논증을 경계 논증(the argument from marginal cases)이라고 한다.

자연주의적 오류라는 비판을 벗어날 수 없을 것이며, 차별이 가능하다고 말하고자 한다면 이에 대한 적절한 논증이 이루어져야 할 것이다.

그럼에도 다윈이 밝히고 있는 바와 같이 "인간과 하등 동물들 간의 모든 차이점 중에서 도덕감과 양심이 가장 중요"[9]할 수 있으며, 이에 따라 이러한 기준을 통해 인간이 동물을 차별할 수 있을지 모른다. 인간은 도덕적 행위 능력이 있기 때문에 만물의 영장이라는 평가를 받을 수 있다고 일컬어지기도 한다. 다시 말해 이러한 능력을 갖춤으로써 종 차별주의가 정당화될 수 있다는 것이다. 이러한 생각을 본격적으로 논의하기에 앞서 확인해 보아야 할 것은 '도덕'이 무엇인가라는 문제일 것이다. 이는 간단한 문제가 아닌데, 그 이유는 도덕이 무엇이며, 그 구성 요소에는 어떠한 것이 있는지에 대해 많은 논란이 있기 때문이다.[10] 예를 들어 융(Carl Jung)은 도덕적인(moralisch) 것과 윤리적인(ethisch) 것을 구분했는데, 그에 따르면 도덕은 일종의 본능적 반응이며 충분히 반성되지 못한 것이다. 반면 윤리란 충분한 반성을 거쳐 자기감정에 대한 의식적인 대결에서 나타난다. 이러한 구분을 기준으로 본다면 언어화되기 이전의 가책이나 양심은 도덕적인 것이긴 하지만 윤리적인 것은 아니며, 동물들의 감정 이입이나 이타적 행동은 도덕적일 수는 있어도 윤리적이라고 할 수는 없다.[11]

이와 같은 구분에 따르면 동물들은 도덕적인 행동을 할 가능성이 있지만 윤리적인 행동을 할 수는 없을 것이다. 그럼에도 우리는 윤리적인 것은 도덕적인 것과 완전히 단절되어 있는 것이 아니라 도덕적인

---

9) C. Darwin, Descent of Man, 김관선 역, 『인간의 유래 1』, 한길사, 2006, 167쪽.

10) R. Solomon, "Discussion of Group Three" in Gunther Stent ed., Morality as a Biological Phenomenon, Univ. of California Press, 1980, p. 269.

11) 이부영, 『분석심리학』, 일조각, 1991, 312-313쪽.

것이 출발점이 되었다고 말할 수 있을 것이다. 플루하르(Evelyn Pluhar)가 밝히고 있는 바와 같이 도덕적인 것의 특징을 이루는 타인의 입장에서 보는 감정 이입(empathy) 능력은 타인에 대한 도덕적 배려를 하고자 할 때 필요하다.[12] 그런데 이와 같은 능력은 오직 인간만이 가지고 있는 것이 아니라 동물 또한 가지고 있다. 이것이 사실이라면 동물과 인간의 도덕적 능력의 차이는 질적인 단절이 아니라 정도의 문제라고 해야 할 것이다.

이와 같은 주장에 동의하시 않는 사람들을 설득하는 또 다른 방법은 도덕적 행위 능력이 있는 존재와 도덕적 배려의 대상이 되는 존재를 구별해야 한다고 주장하면서 경계 논증을 제시하는 것이다. 이러한 입장에 따르면 도덕적 행위 능력이 있는 존재와 도덕적 배려의 대상이 되는 존재는 일치할 때도 있지만 그렇지 않은 경우도 있다. 예를 들어 정상적인 성인은 도덕적 행위 능력이 있는 동시에 도덕적 배려의 대상이기도 하다. 이에 반해 아기나 심각한 정신지체인, 치매 노인 등은 도덕적 행위 능력은 없지만 그럼에도 도덕적 배려의 대상이 된다. 그런데 만약 이들이 도덕적 배려의 대상이 된다면 이들과 유사한 능력을 갖추고 있는 동물들 또한 동일한 처우를 받아야 한다. 물론 동물들을 정당하게 배제할 수 있을 만한 적당한 차이가 제시될 수도 있을 것이다. 그러한 특징으로는 잠재력을 생각해 볼 수 있다. 아기는 비록 현 상황에서는 정상적인 성인들과 같은 특징을 갖추고 있지 못하지만 그럼에도 미래에 정상적인 성인이 될 것이고, 정신지체인의 경우는 과학의 발달에 따라 치료 방법이 개발됨으로써 정상인이 될 수 있

---

12) E. Pluhar, "Animal Rights" in Encyclopedia of Applied Ethics Vol. 1, 166쪽.

을 것이다. 하지만 이러한 주장에 대해서는 다음과 같은 반론이 제기될 수 있다. "만약 잠재력이 기준이 된다면 심지어 정자나 난자 또한 도덕적 배려의 대상이 되어야 할 것이다. 나아가 과학이 충분히 발달할 경우 침팬지마저도 정상인과 유사한 특징을 갖지 말라는 법이 없다."

이러한 비판에 직면해서 차이를 통해 차별을 정당화하고자 하는 사람은 또다시 그들은 어찌 되었건 인간이고, 동물은 인간이 아니라고 주장할 수 있을 것이다. 그런데 이처럼 인간이라는 이유가 인간만이 도덕적 배려의 대상이라는 생각을 정당화하는 근거라면, 그러한 주장을 하는 사람은 또다시 무조건적 종 차별주의를 옹호할 수 있는 근거를 제시해야 할 것이다. 이처럼 무조건적인 종 차별주의를 옹호하는 사람에 대해서는 사고실험을 해보자는 반론이 제기될 수 있다. 그리하여 만약 영화 「반지의 제왕」에서처럼 이 세상에 인간 종 외에 다른 종이 공존하고 있다고 했을 때, 혹은 진화 과정에서 오직 호모 사피엔스만 살아남은 것이 아니라 인간 종보다 뛰어난 능력을 소유한 다른 호모 종과 인간 종보다 능력은 떨어지지만 그럼에도 침팬지나 고릴라보다는 많은 능력을 갖춘, 원숭이보다는 인간에 훨씬 가까운 종이 지금까지 살아남았을 때 각각의 종에 대한 적절한 처우가 어떤 것인가를 생각해 보자고 제안할 수 있을 것이다.[13] 이와 같은 상황에서 인간 종이 단지 인간이라는 이유로 다른 종을 차별하겠다고 한다면 그에 대해 수긍할 다른 종 성원들은 없을 것이며, 오히려 인간 송은 인간 종보다 우월한 능력을 갖춘 존새들로부터 차별을 당할

---

13) 윌슨(E. Wilson)과 럼스덴(C. Lumsden)에 따르면 역사상 호모 종들이 공존한 시기가 실제로 있었으며, 공룡인(dinosauroids)이 지금까지 존속했을 가능성도 있었다. E. Wilson & C.Lumsden, Promethean Fire, 김성한 역, 『프로메테우스의 불』, 아카넷, 2010, 136쪽과 213-4쪽을 볼 것.

위기에 몰리게 될 것이다. 만약 인간 종보다 우월한 종이 단지 자신들의 종이 아니라는 이유로 다른 종에 대한 차별이 정당하다고 주장한다면 아마도 인간 종은 이를 적절한 차별이라고 생각하지 않을 것이다. 또한 인간 종보다 우월한 종이 자신들이 가지고 있는 상대적으로 더욱 커다란 능력을 내세워 자신들 종에 의한 다른 종의 차별을 정당화하려 할 경우에도 인간 종의 입장에서는 이를 합당하다고 생각하지 않을 것이다. 물론 이러한 주장에 대해서도 인간 종의 동물 종에 대한 차별의 부당성을 지적하기 위한 유비 추리에 불과하다는 반론이 제기될 수 있다. 다시 말해 위의 사례는 대체로 유사한 호모 종들 간의 문제임에 반해, 인간과 동물종 간의 관계는 또 다른 문제라는 것이다. 하지만 이러한 경우가 부당한 유비 추리라면 그 이유를 구체적으로 보여 주어야 한다. 이를 입증할 책임은 이상의 논의가 적절치 못한 유비 추리라고 주장하는 사람에게 있다고 해야 할 것이다.

요컨대 종차별주의의 부당함을 지적하기 위한 다섯 가지 기준은 효과적으로 종 차별주의에 대응하고 있는 것처럼 보이며, 이러한 기준은 조건적 종 차별주의를 옹호하기 위해 제시되는 다른 어떤 특징들에도 적용될 수 있을 것이다. 이러한 기준을 적용해 보았을 때 어떤 경우에도 인간의 동물에 대한 차별을 명확하게 정당화할 수는 없는 것처럼 보인다. 만약 이것이 적절한 시각이라면 우리는 동물에 대한 태도, 특히 우리의 육식관행을 재고해 보아야 할 것이다.

3. 고통 중심의 윤리

만약 인간이라는 종 혹은 인간이 가지고 있는 특징 등이 차별을 정당화하는 기준이 될 수 없다면 이러한 차별을 범하지 않으면서 합당하다는 판정을 받을 수 있는 윤리적 기준에는 어떤 것이 있을 수 있는가? 또한 위에서의 논의를 통해 차별이 부당하다고 말하기 힘든 동물들이 있을 수 있다. 예를 들어 침팬지나 고릴라 등에 대해서는 위의 논의가 설득력이 있을 수 있지만, 파리나 모기, 나아가 아메바와 같은 동물들은 위의 논의를 통해 차별이 잘못되었음을 보일 수 없는 것처럼 보인다. 이와 같은 동물은 먹을 수 있는 것이 아닌가? 상식적으로 생각해 보았을 때에도 위의 다섯 가지 기준을 통해 '모든' 동물들에 대한 처우의 부당함을 이야기할 수는 없는 것처럼 보인다. 도덕적 행위자와 도덕적 배려의 대상의 차이라는 측면에서 곤충에 대해 생각해 보자. 아무리 정도의 차이만이 존재한다고 생각하려 해도 곤충을 도덕적 행위자로 볼 수는 없는 듯하다. 그렇다면 곤충은 도덕적 배려의 대상인가? 여기에 대해 적절한 답변을 제시하기 위해서는 일정한 도덕적 기준을 가지고서 판단을 내려야 할 것이다. 만약 기준이 적절하다면 그로부터 도출되는 주장 또한 설득력을 발휘할 수 있을 것이다. 이와 같은 기준이 될 수 있는 것은 무엇인가?

많은 윤리학자들이 윤리적 판단을 위한 적절한 기준으로 내세우는 것 중의 하나는 '고통'이나 '권리' 등이다. 이 중에서 전자는 공리주의적 기준으로, 동물의 도덕적 지위에 대한 검토를 위해 이를 활용한 대표적인 철학자로는 싱어나 레이첼즈 등을 들 수 있다. 후자는 권리론적 기준으로, 레간은 이러한 기준을 활용해서 동물에게 도덕적 권리를 부여한 바 있다. 하지만 그들의 이론은 다양한 비판에 직면하고 있으며,[14] 그들에 대해 제기되는 여러 비판 중 상당수는 어느 정도 설득력을 인정받고 있다. 그럼에도 이러한 비판이 그들이 채택한 이론을 무화시키는가에 대해서는 이론의 여지가 있다. 그 이유는 설령 어느 정도 문제가 있다고 하더라도 그들이 활용하는 이론이 우리가 현재 채택할 수 있는 윤리 이론 중 최선의 것 중의 하나일 수가 있기 때문이다.[15] 많은 윤리학자들이 인정하고 있듯이 권리론이나 공리주의는 역사상 인간이 생각해 낸 윤리 이론 중 가장 긍정적인 평가를 받는 이론 중 하나이다. 물론 이보다 더욱 훌륭한 이론을 만들어 내거나 발견해 낼 가능성을 배제할 수는 없다. 하지만 현재로서 이러한 윤리 이론은 우리가 알고 있는 이론 중에서 최선이라 할 수 있으며, 때문에 설령 이와 같은 이론이 문제가 있다고 해도 이를 선택하는 것이 잘못되었다고 할 수는 없다. 여기서 비교 우위를 말하는 것은 '최선의 설명에로의 추론(Inference to the best explanation)'이라는 방법론을 적용한 것이다. 예를 들어 자연과학에서 A라는 현상을 설명할 만한 가설들은 상당수 있을 수 있다. 이때 특정 가설을 내세우는 사람은 자신의 가설이 참임을 보이기 위해 다른 가설들을 모두 배제할 수 있어야 한다. 하지만 이는 사실상 불가능하다. 때문에 그 사람은 다른 가설들을 일일이 반박하지 않고 자신이 제시한 가설이 다른 가설에

---

14) 국내에서 이들에 대한 여러 비판을 제기하고 있는 대표적인 학자는 맹주만이다. 맹주만, 「피터 싱어와 윤리적 채식주의」, 『철학탐구』 제22집, 중앙철학연구소, 2007; 맹주만, 「톰 레간과 윤리적 채식주의」, 『근대철학』 제4집, 서양근대철학회, 2009; 맹주만, 「동물의 고통과 식물의 감각」, 『철학탐구』 제26집, 중앙철학연구소, 2009 등을 볼 것.

15) C. Harris, Applying Moral Theories, 김학택·박우현 역, 『도덕 이론을 현실 문제에 적용시켜 보면』, 서광사, 1994, 95, 141, 185, 232쪽을 볼 것. 여기에서 저자는 몇 가지 기준을 설정하고, 이를 근거로 윤리 이론 간의 비교에서 공리주의와 인간 존중의 윤리가 상대적으로 나은 이론임을 보여 주고 있다.

비해 단순하고 설명력이 있으며, 다른 이론에 비해 소수의 보조 가설을 통해 지지될 것이라는 등의 전제로부터 자신의 가설이 참이라고 추론을 하게 된다.16) 그런데 우리가 윤리 이론을 선택할 때에도 이와 유사하게 상대적인 우위를 갖는 이론을 선택해야 할 것이다. 물론 흠 잡을 데 없는 완벽한 윤리 이론을 만들거나 발견해 낼 가능성을 부인할 수 없다. 하지만 인간이 가지고 있는 한계로 인해 모든 현상들을 포괄하고 정리해 주는 윤리이론을 발견하기란 불가능할 수 있으며, 아예 그러한 이론 자체가 존재하지 않을 수도 있다. 어쩌면 그러한 이론이 모든 윤리적 문제들을 깔끔하게 해소해주기에는 우리의 삶이 너무 복잡하고 다양한지도 모른다. 이렇게 보았을 때 어떤 새로운 윤리 이론이 설득력을 인정받아 과거의 전통적인 윤리이론을 대체하기 전까지는 다소 문제점이 있다고 하더라도 과거로부터 상대적으로 좋은 평판을 유지해 왔던 이론을 선택하는 편이 좋을 것이다.

이제 공리주의나 권리론이 약점은 있지만 그럼에도 이들을 궁극적인 도덕 판단의 기준으로 생각하는 것이 잘못된 선택은 아니라고 전제해 보도록 하자. 그리고 이하에서는 고통을 느낄 수 있는지의 여부를 중요한 도덕 판단의 기준으로 생각하는 공리주의적인 측면에서만 곤충을 고려해 보도록 하자.17) 잘 알려진 바와 같이 공리주의는 고통을 느낄 수 있는지의 여부를 도덕적 배려에 대한 기준으로 삼는다. 이러한 기준으로 보았을 때 만약 곤충이 고통을 느낄 수 있다면 도덕

---

16) G. Harman, "Interference to the Best Explanation" in Philosophical Review 74, 1965, 89쪽.

17) 공리주의와 권리론 중에서 어떤 것을 선택하는 것이 더 나은 선택인지에 대해서는 논란의 여지가 있다. 라이더(R. Ryder)는 권리마저도 고통으로 환원시켜 설명하며, 이러한 입장을 고통중심주의(Painism)이라고 부른다. R. Ryder, "Painism" in Encyclopedia of Applied Ethics Vol. 3, 417쪽을 볼 것. 여기에서는 지면 관계상 공리주의적 접근만을 제시하도록 하겠다.

적 배려의 대상이 되겠지만, 그렇지 않다면 곤충은 도덕적 배려의 대상에서 배제될 것이다. 그렇다면 곤충은 고통을 느낄 수 있는가?

이미 여러 문헌에서 언급된 바와 같이 고통을 느낄 수 있는지는 ① 행동이나 표정, ② 신경 생리학적 반응의 변화, ③ 진화 계통상의 유사성, 그리고 ④ 중앙신경계를 가지고 있는지의 여부를 통해 확인할 수 있다.[18] 그런데 이러한 기준이 너무 느슨하기 때문에 어떤 존재가 고통을 느끼는지를 확인하는 데에는 부족하다는 지적이 있을 수 있다. 예를 들어 오늘날의 너욱 상세한 신경과학을 통해 어떤 존재가 고통을 느낄 수 있는지를 확인해 볼 필요가 있다는 주장이 제기될 수 있으며,[19] 진정으로 고통을 느끼기 위해서는 고통을 감각하는 것 외에 고통을 의식하기도 해야 한다는 주장 또한 제기될 수도 있다.[20] 이러한 기준은 고통을 느낄 수 있는지에 대한 한 걸음 더 나아간 세밀한 논의로, 전자는 앞에서 언급한 네 가지 기준보다 더 구체적으로 고통을 느낄 수 있는지를 확인하기 위한 기준이며, 후자는 고통을 느끼는 방식에서도 인간과 인간 아닌 동물이 차이가 있음을 보여 주기 위한 기준이다.

이 중에서 새로운 기준으로 보았을 때 곤충이 고통을 느낄 수 있다는 명백한 증거는 없다. 곤충은 오늘날의 신경과학적 설명을 통해서도, 고통을 의식할 수도 없다는 측면에서 고통을 느낄 수 없다고 말할 수 있다. 그들은 고통의 '감각'을 동반하지 않지만 유해 수용(nociception)만

---

18) M. Rolands, Animals Like Us, 윤영삼 역, 『동물의 역습』, 달팽이, 2004, 24-31쪽.

19) 관련 논의에 대해서는 최훈, 「동물의 감각과 동물의 의식」, 중앙대학교 철학연구소 하계학술발표회(중앙대학교 철학과, 2010년 6월11일)를 볼 것.

20) B. Bermond, "The Myth of Animal Suffering" in Susan Armstrong and Richard Botzler ed., The Animal Ethics Reader, Routledge, 2003, 79쪽.

하는, 고통을 느낄 수 있음이 명백하게 입증이 되지 않은 존재에 포함된다. 그럼에도 기존의 기준으로 판단해 보았을 때 잡으려 하면 도망을 가려 하는 행동을 보여 준다는 측면에서 곤충이 고통을 느낄 가능성을 완전히 배제할 수는 없는 듯하다. 싱어는 이러한 경우를 의식해 동물해방 제2판에서는 의심의 이득 원리[21]에 따라 아예 모든 동물을 먹지 않겠다고 선언한다.[22] 이처럼 의심의 이득의 원리를 이용할 경우 곤충은 고통을 느낄 가능성이 있다는 이유로 도덕적 배려의 대상이 될 여지가 생긴다. 실제로 우리가 완전히 다른 존재가 되어 보는 것이 불가능하다면 다른 존재가 고통을 느끼지 못한다는 것에 대해서는 개연적인 가능성만을 말할 수 있을 뿐인 듯하다. 그리하여 아무리 신경과학적 지식을 통해 고통을 느낄 수 없음을 보이려고 해도 결국 의심의 여지없이 명확하게 다른 존재가 고통을 느끼지 못한다는 것을 보일 수는 없는 것처럼 보인다. 물론 더욱 많은 증거 자료들이 제시될수록 어떤 존재가 얼마만큼 고통을 느끼며, 어떤 존재가 고통을 느끼지 못하는지가 좀 더 확실해질 수는 있을 것이다. 하지만 설령 고통을 감각하는 신경 구조를 해명함으로써 고통을 느끼는 경로나 고통의 실재성 등이 밝혀진다고 해도, 그래서 그러한 기준을 통해 어떤 존재가 고통을 느낄 수 없음이 비교적 확실해진다고 해도, 만약 확인대상이 내가 아니라면, 그것도 다른 종이라면 거기에는 여전히 의문이 제기될 수 있다. 과학적 지식은 아무리 엄밀한 과정을 거쳤어도 결국 귀납적 지식일 따름이다. 때문에 100%의 확률로 다른

---

21) 사냥을 할 때, 덤불 속에서 움직이고 있는 것이 사슴인지 아니면 다른 사냥꾼인지 분명하지 않을 때는 쏘지 말아야 한다는 원칙. 최훈, 『벤담 & 싱어-매사에 공평하라』, 김영사, 2007, 210쪽.

22) P. Singer, Animal Liberation, 김성한 역, 『동물해방』, 인간사랑, 1999, 300쪽.

존재가 고통을 느낄 수 있는지의 여부를 말할 수는 없다. 증거가 확보될수록 어떤 믿음이 강화될 수는 있겠지만 계속적으로 증거에 대해 의심을 제기하는 경우 그러한 의심을 완전히 잠재울 방법은 없는 듯하다. 오늘날의 자연과학적 지식으로 미루어 보건대 곤충은 고통을 느낄 가능성보다 느끼지 않을 가능성이 상대적으로 크다. 그럼에도 의심의 이득의 원리에 따라 곤충들이 어느 정도 고통을 느낄 수 있는 능력이 있을 여지를 허용한다면, 우리는 부득이한 경우가 아닌 상황에서 함부로 곤충의 생명을 다루어서는 안 될 것이다.

그럼에도 여기에서 선택은 결단의 문제인 것처럼 보인다. 왜냐하면 하등한 동물들을 의심의 이득의 원리에 따라 도덕적 배려의 대상으로 삼건, 반대로 현재의 자연과학적 지식을 기준으로 그러한 동물들이 고통을 느낄 수 없는 존재라고 판단하여 도덕적 배려의 대상에서 제외하건 어느 쪽을 선택해도 현재 우리가 취할 수 있는 지식으로 미루어 보았을 때 결코 잘못이라 하기가 어렵기 때문이다. 여기서 유의해야 할 것은 설령 공리주의적 입장에서 곤충들을 도덕적 배려의 대상으로 생각하게 된다고 해도 중앙신경계를 가진 다른 동물들의 생명과 곤충들의 생명에 동등한 도덕적 지위를 부여하는 것은 아니라는 점이다. 모든 동물들이 느낄 수 있는 고통은 다르며, 그 생명이 죽어 없어질 때 그로 인해 초래될 수 있는 고통의 양 또한 다르다. 때문에 우리는 동물 종들의 생명을 차등적으로 파악해야 한다. 만약 우리가 어떤 존재의 생명을 선택해야 할 것인가에 대한 딜레마에 직면했다고 가정한다면 다양한 고차원적인 정신 능력을 갖춘 인간의 생명이 최우선적인 고려의 대상이 되어야 할 것이며, 중앙신경계를 가진 인간 아닌 동물들의 생명은 다음으로 중요하게 생각되어야 할 것이다.[23] 중앙신경계를 가진 인간 아닌 동물들의 생명은 그들이 고통을 감각하긴 하지만 의식하지 못할 가능성이 높다는 측면에서 인간의 생명에 비해 덜 존중되어야 할 것이다. 마지막으로 중앙신경계를 갖지 않은 나머지 동물들은 고통을 느낀다고 여길 만한 증거가 가장 적게 확보된 상태이며, 이에 따라 설령 고통을 느낄 수 있는 가능성이 있다고 하더라도 배려의 대상으로서의 순위가 가장 낮게 평가되어야 할 것이다. 이러한 입장을 취하는 것은 차별이 아닌 정당한 근거를 갖는 정당한 방식의 처우라 할 것이다.

4. 식물 배려의 윤리

지금까지 우리는 동물들이 도덕적 행위자가 아닐 수 있지만 그럼에도 크고 작은 방식으로 도덕적 배려의 대상이 되어야 한다는 생각을 살펴보았다. 그렇다면 고통을 기준으로 삼고 있는 공리주의적 입장에서 보았을 때 식물은 도덕적 배려의 대상이 될 수 없는가? 이에 대해 공리주의자인 싱어는 부정적인 입장을 취한다. 그는 앞에서 언급했던 기준으로 미루어 보았을 때 식물들이 고통을 느낄 수 있다고 말할 수 있는 명백한 증거는 아직까지 발견되지 않았다고 말한다. 물론 그 가능성을 전적으로 배제할 수는 없고, 우리가 식물이 되어 볼 수 없는 한 아무리 정교한 장치를 통해 확인을 하고자 해도, 결국 그로부터 확보할 수 있는 증거는 간접적인 것에 불과하다. 때문에 이러

---

23) 물론 예를 들어 한 명의 인간의 목숨과 백 마리의 침팬지의 목숨을 비교할 경우 어떻게 해야 할 것인가 등에 대해서는 별개의 논의가 필요할 것이다.

한 증거에 대해서는 항상 반론의 여지가 있으며, 우리는 의심의 이득의 원리에 따라 식물들이 고통을 느낄 여지를 남겨 두어야 한다고 말할 수도 있다. 실제로 엄밀한 과학을 통해 입증된 것은 아니지만 식물들 또한 고통을 느낀다고 주장하는 사람들도 있다. 만약 그들의 주장이 설득력이 있을 수 있음을 인정해 식물이 고통을 느낄 가능성을 열어 놓아야 한다면 우리는 식물 또한 도덕적 고려의 대상으로 삼아야 할지도 모른다.

여기서 염두에 두이야 할 점은 어찌되었건 우리가 생존을 위해 먹고살아야 한다는 것이다. 설령 식물들이 고통을 느낄 수 있는 여지가 있다고 하더라도 우리가 아무것도 먹지 않고 굶어 죽는 선택을 할 수는 없다. 우리는 무엇이건 먹어야 하는데, 이러한 상황에서 우리에게 주어진 최선의 선택은 무엇일까? 아마도 이에 대한 답변은 "식물을 먹어야 한다"일 것이다. 설령 우리가 의심의 이득의 원리에 따라 식물이 고통을 느낄 여지를 남긴다고 하더라도, 생존을 위해 어쩔 수 없이 어떤 것을 선택해 먹어야 한다면 우리는 고통을 느낄 가능성이 가장 낮은 식물을 먹어야 할 것이다. 이는 차별이라 할 수 없는데, 그 이유는 아무런 이유가 없는 것이 아니라 고통을 느낄 가능성이 희박하다는 근거를 들어 채식을 권하는 것이기 때문이다.

그런데 이와 같은 생각은 공리주의적 입장을 취할 경우에 받아들여야 할 결론이다. 적지 않은 사람들은 공리주의적 입장을 받아들이지 않으려 하며, 다른 이론을 받아들일 여지가 있다는 이유로 채식에의 권유를 받아들이지 않으려 한다. 예를 들어 맹주만은 "직접적으로 식물의 존재론과 가치론에 기초한" 제3의 윤리 이론을 만들어낼 경우 육식을 선택하고 채식을 포기해야 할지도 모른다고 주장한다.[24]

물론 이러한 가능성은 열려 있다. 그럼에도 이러한 주장을 옹호해 내야 할 부담은 채식주의를 옹호하는 사람들이 아니라 채식 또한 육식과 다를 바 없이 잘못되었다고 주장하는 사람들에게 있을 것이다. 왜냐하면 많은 사람들은 일반적으로 지구상의 존재 중에서 인간의 생명을 가장 중요하게 생각하며, 다음으로 동물들을, 마지막으로 식물의 생명을 중요하게 생각하며, 만약 동물과 식물 중 오직 한 가지만을 선택해야 한다면 동물보다는 식물을 먹어야 한다고 생각할 것이기 때문이다. 어찌 되었건 만약 식물 중심의 윤리 이론이 제시될 경우, 우리는 그러한 이론을 본격적으로 채택하기에 앞서 그것을 검증해 보아야 할 것이다. 그러한 이론은 여러 기준에 근거하여 다른 이론보다 훌륭하다는 점이 객관적으로 밝혀져야 할 것이다. 그렇다면 이와 같은 후보가 될 수 있는 이론에는 어떤 것이 있을 수 있을까? 식물들에 대한 최우선적인 배려를 정당화할 수 있는 기준은 찾기가 쉽지 않은 것처럼 보인다. 그럼에도 우리는 식물에게 동물 못지않은 도덕적 지위를 부여할 수 있는 윤리 이론을 생각해 볼 수 있는데, 생명 중심의 윤리와 자연물 중심의 윤리는 이에 해당한다.

1) 생명 중심의 윤리

생명 중심의 윤리는 윤리적 고려의 대상을 생명이 있는 모든 존재에까지 확장하는 입장이다. 이러한 입장에 따르면 생명을 가지고 있는 존재인 인간을 포함해 동물과 식물은 도덕적 배려의 대상이 됨에 반해 생명체가 아닌 무생물은 도덕적 고려의 대상이 아니다. 물론 이

---

24) 맹주만(2007), 252쪽.

와 같은 생명 중심의 윤리가 오직 식물만을 배려하는 윤리는 아니다. 그럼에도 생명 중심의 윤리는 식물이 생명을 가지고 있다는 측면에서 도덕적 배려의 대상에 포함시킨다는 점에서 검토해 볼 만하다 할 것이다.

생명 중심의 윤리의 대표자로는 요나스(Hans Jonas), 슈바이처(Albert Schweitzer) 그리고 테일러(Paul Taylor) 등을 들 수 있다. 요나스에 따르면 생명체들은 죽지 않고 살아남기 위해 노력을 한다. 이는 너무나도 자명하기 때문에 굳이 증명할 수 없고 증명할 필요도 없다. 이러한 자명성은 우리가 받아들일 수밖에 없는 존재론적 공리와 같은 것이다.[25] 슈바이처 역시 생명이 그 자체로 신성하다고 말하면서 생명에 대해 외경심을 가져야 함을 강조한다. 생명의 중요성을 강조하는 것은 테일러 또한 마찬가지다. 그는 생명체가 그 자체로 고유한 선을 가지고 있다고 생각한다. 이와 같이 고유한 선을 가지고 있다고 말하는 이유는 어떤 생명체건 '목표를 추구할 수 있는 자연스러운 능력(natural goal-seeking ability)'이 있기 때문이다.[26] 하지만 테일러에 따르면 이와 같은 능력 자체가 생명체에게 도덕적 지위를 부여하는 것은 아니다. 생명체는 '본래적인 가치(inherent worth)'를 가지고 있기 때문에 도덕적 지위가 부여되며, 이로 인해 인간은 생명체에 대한 도덕적 의무를 지게 된다.[27]

생명 중심의 윤리는 생명을 가지고 있는 모든 존재에게 도덕적 지위를 부여하고, 우리가 그들에 대한 도덕적 의무를 진다고 주장하고

---

25) H. Jonas, Das Prinzip Verantwortung, 이진우 역, 『책임의 원칙: 기술시대의 생태학적 윤리』, 서광사, 1994, 150쪽.

26) 이와 같은 능력을 갖추고 있는 것이 과연 고유한 선을 갖는 충분한 이유가 될 수 있는가에 대해서는 이론의 여지가 있다.

27) P. Taylor, Respect for Nature, Princeton Univ. Press, 1986, 71-77쪽 참조.

있다는 측면에서 공평무사하다고 말할 수 있을 것이다. 하지만 이러한 이론을 현실적으로 활용할 수 있는지에 대해서는 부정적인 평가를 내릴 수밖에 없다. 만약 모든 생명이 동등하다면 우리는 어떤 경우에도 더욱 많은 생명을 보존하는 선택을 해야 할 것이다. 이 경우 우리는 꽃 두 송이를 살리기 위해 한 명의 인간을 희생시켜도 된다는 입장마저도 허용해야 하는 상황을 맞이할 수 있다. 또한 육식동물이 인간을 잡아먹건 인간이 동물을 잡아먹건 만약 생존을 위해 동일한 수의 개체를 잡아먹는 것이라면 그 어떤 쪽도 허용해야 한다고 말해야 될지 모르며, 자칫 밟아 죽일 수 있는 개미나 잡풀의 생명을 고려해 마음대로 걸어 다녀선 안 될지도 모른다. 생명 중심주의는 특히 식사 문제를 고려할 경우 심각한 문제에 봉착하게 된다. 만약 모든 생명 자체가 동일한 가치를 갖는다면, 모든 살아 있는 개체는 동일한 도덕적 지위를 부여받게 될 것이다. 이 경우 인간의 생명과 모기의 생명, 나아가 이름 모를 풀의 생명마저도 동일하다고 생각해야 할 것인데, 인간으로서 우리가 생명 보존을 고려해야 한다면 이는 받아들이기 힘든 생각이다. 이처럼 모든 생명이 동등한 도덕적 가치를 갖는다고 생각할 경우 인간은 생존을 위해서마저도 다른 생명체들을 먹을 수 없는 상황에 놓이게 된다.

이러한 비판은 생명 중심주의를 세련된 형태로 제시하고 있는 테일러마저도 벗어날 수 없다. 그는 이상에서의 문제를 벗어날 수 있는 몇 가지 해결책을 제시하고 있다. 그리하여 자기 방어(self-defense), 균형(proportionality), 최소한의 악 초래(minimum wrong), 분배적 정의(distributive justice), 배상적 정의(restitutive justice) 등의 경우에 필요하다면 다른 생명을 빼앗을 수 있다고 말하고 있다.[28] 하지만 이와 같은 입장은 생명 간의

차이를 전제하지 않는 이상 여전히 설득력을 얻기에는 역부족인 듯
하다. 왜냐하면 이와 같은 예외적인 경우마저도 본래적 가치를 동등
하게 지니고 있는 다른 생명체의 생명을 앗아가는 것에 대해 문제가
제기될 수 있기 때문이다. 물론 이와 같은 생명 중심주의 윤리가 인
간의 시각을 넘어서 더욱 공정한 입장을 취하고 있는 것일 수도 있다.
하지만 우리가 현실 속에서 채택할 수 있는 이론이 무엇인가를 고려
해 보았을 때 생명 중심주의 윤리는 현실적으로 인간 종의 성원으로
서의 우리가 채택히기 힘든 입장인 듯하다. 헤이워드가 밝히고 있는
바와 같이 "가치 평가를 하는 존재가 인간이라면, 가치 기준의 선택
은 부득이하게 이러한 사실의 제약을 받을 수밖에 없다. 이는 근본적
으로(radically) 비-인간중심적인 가치 기획을 배제할 것이다."[29] 이와
같은 주장이 오직 인간만을 위해야 한다는 주장은 아닐 것이다. 그럼
에도 인간이 채택하는 윤리라면 적어도 인간의 생명이나 이익 등이
배제될 수 있는 이론에 대해 긍정적인 평가를 내리긴 어려울 것이다.
요컨대 식물의 도덕적 지위를 보장하는 방법으로 채택되는 생명 중
심의 윤리는 실천 가능성이라는 측면에서 받아들일 수 없는 문제가
발생한다고 생각해 볼 수 있다.

2) 자연물 중심의 윤리

그렇다면 자연물 중심의 윤리는 어떤가? 자연물 중심의 윤리란 "여
느 생물들과 달리, 의식이 없는 데다가 원시적인 생물학적 조직조차
없는 무생물들도 도덕적인 고려의 대상이 될 수 있다"[30]는 입장을 말

---

28) P. Taylor(1986), 263쪽 이하를 볼 것.

29) T. Hayward, "Anthropocentrism" in Encyclopedia of Applied Ethics Vol. 1, 180쪽.

한다. 자연물 중심의 윤리가 제기될 수 있는 이유 중 한 가지는 인간 중심의 윤리나 동물 중심의 윤리, 나아가 생명 중심의 윤리에서 도덕적 배려의 대상이 되는 이유로 채택되는 기준들이 임의적이라는 비판이 가능하기 때문이다. 만약 이성의 유무라는 기준이 임의적이라면, 쾌락과 고통이라는 기준이 임의적이지 않다고 이야기할 수 없는 것처럼 보이고, 만약 이러한 기준 또한 임의적이라고 말할 수 있다면 생명이 기준이 되지 말아야 할 이유가 없고, 나아가 무생물이 기준이되지 말아야 할 이유도 없다. 이처럼 미끄러운 언덕길을 미끄러져 내려오다 보면 심지어 무생물까지도 도덕적 배려의 대상으로 삼아야한다는 생각에까지 이를 수 있게 될 것이다.

이와 같은 자연물 중심의 윤리는 크게 무조건적인 자연물 중심주의와 조건적인(qualified) 자연물 중심주의라는 두 가지로 나누어 볼 수 있을 것이다. 무조건적인 자연물중심주의란 별다른 이유 없이 단지 그것이 자연물이라는 이유 때문에 도덕적 가치를 부여받는 입장을 말함에 반해, 조건적인 자연물 중심주의란 자연물이 갖는 어떤 구체적인 특징으로 인해 자연물이 도덕적 가치를 부여받는다는 입장을 말한다. 이 중에서 무조건적인 자연물 중심주의는 단지 자연물로 분류되기 때문에 배려의 대상이 된다고 말하는 것인데, 이는 더 많은 논의의 여지가 있음에도 그 가능성을 차단하고 있는 입장이기 때문에 설득력이 떨어진다.

반면 조건적인 자연물 중심주의는 자연물들이 가지고 있는 어떤 공통적인 특성으로 인해 도덕적 지위를 부여받게 된다고 말하고 있

---

30) R. Elliot, 「환경윤리」, N. 다우어 외, 『응용윤리』, 김성한 외 옮김, 철학과현실사, 2005, 47쪽.

다는 측면에서 상대적으로 긍정적으로 생각해 볼 수 있다. 그런데 자연물에 도덕적 지위를 부여할 수 있는 기준에는 어떤 것이 있을 수 있는가? 자연물이 공통적으로 갖추고 있다고 말할 수 있는, 이들에게 도덕적 지위를 부여할 수 있을 만한 특징은 찾기가 쉽지 않은 것처럼 보인다. 그럼에도 아름다움이라는 특징이 사물이 가지고 있는 공통적인 기준이며, 이를 기준으로 존재들의 서열을 정할 수 있다고 가정해 보자. 이러한 기준을 선택할 경우 우선 아름다움의 본질이 문제가 될 수 있다. 물론 아름다움에 대한 실재론적 입장을 취할 수 없는 것은 아니겠지만 그럼에도 아름다움이란 대체로 인간의 관점이 반영되는 것처럼 보인다. 이 경우 아름다움은 다른 존재들의 입장에서는 억울할 수도 있는 임의적인 기준이 될 수 있다. 장자(莊子)가 말하고 있듯이 "암 원숭이는 긴 팔 원숭이가 짝을 삼고, 순록은 사슴과 교배하며, 미꾸라지는 물고기와 논다. 모장(毛嬙)이나 여희(麗姬)는 사람마다 미인이라고 하지만, 물고기는 그를 보면 물 속 깊이 숨고, 새는 그를 보면 하늘 높이 날아오르며, 순록은 그를 보면 기운껏 달아난다. 이 넷 중 어느 쪽이 이 세상의 올바른 아름다움을 알고 있을까."[31]

　아름다움이라는 기준이 인간 중심적인 관점을 벗어날 수 없다는 문제점을 차치하고라도, 아름다움이라는 기준을 채택한다고 했을 때, 이는 생명 중심주의 윤리의 경우에서와 유사하게 실천 가능성이라는 측면에서 심각한 문제점을 드러낸다. 아름다움을 기준으로 먹을거리를 결정한다고 가정했을 때 우리는 각각의 존재에 아름다움의 순위를 매겨 아름답지 않은 존재들을 선택해서 먹어야 할 것이다. 이 경

31) 莊子, 『장자』, 안동림 역, 현암사, 1998, 76-77쪽.

우 기준이 아름다움이기 때문에 우리는 동물이건 식물이건 가리지 않고 아름답지 않은 동식물을 먹을 수 있을 것이다. 하지만 문제는 이러한 기준을 채택할 경우 자칫 아름다움을 갖추지 못한 인간마저도 식용으로 활용할 여지가 생기게 된다는 점이다.[32]

이러한 논의에도 불구하고 지금까지 발견되지 않은 새로운 이론이 설득력 있게 채식이 육식 이상의 잘못을 범하는 것임을 훌륭하게 논증할 가능성은 열려 있다. 이때 채식주의자들은 육식으로 전환해야 할 상황에 처하게 될 것이다. 하지만 그러한 이론을 발견하거나 만들어낼 가능성은 희박한 듯하며, 특별히 예외적인 경우가 발생하지 않는 이상 인간-동물-식물 순서로 생명의 중요성에 층차를 두게 될 가능성이 크다. 그 이유 중 한 가지는 특정 이론이 어떤 기준을 제시하면서 인간의 생명에 최고의 도덕적 지위를 부여할 경우, 그 기준에 부합되는 측면이 많은 생물은 아무래도 식물보다는 동물일 것이기 때문이다. 이는 진화론적 측면에서의 상관성을 고려해 보았을 때에도 그렇고, 소위 인간만이 가지고 있다고 일컬어지는 특징과 유사한 것들을 어떤 존재가 더욱 많이 소유하고 있는가를 따져 보았을 때도 그렇다.

마지막으로 언급해야 할 것은 식물과 동물 그리고 인간이 어떤 공통적인 특징을 가지고 있다고 해서 무엇이든 가리지 않고 먹어도 상관없다는 결론이 나오지는 않는다는 점이다. 예를 들어 인간과 동물이 일부 동일한 특징을 가지고 해서 인간과 동물을 가리지 않고 먹는

---

32) 우리가 아름다움이란 기준 외의 어떤 기준을 선택해도 식물에게 도덕적 지위를 부여하고자 할 경우 아름다움을 도덕적 배려의 기준으로 삼을 때와 거의 다를 바 없는 문제점이 드러날 것처럼 보인다. 무엇보다도 식물에 대한 우선적인 배려를 정당화할 수 있는 기준을 발견하기가 쉽지 않고, 이를 받아들일 경우 설령 그것이 공평성이라는 측면에서 더욱 나은 입장이라고 할지라도 인간으로서의 우리가 채택할 수 있는 기준이라고 말하기 힘들 것이다.

것이 도덕적으로 정당화되는 것은 아니다. 그 이유는 인간은 동물과의 공통점 외에도 동물들이 가지고 있지 않은 훨씬 다양한 이해 관심을 가지고 있으며, 이에 따라 인간이 죽음을 맞이하는 것이 더욱 나쁜 것이 될 수 있기 때문이다. 만약 이러한 논변에 설득력이 있다면 우리는 동물과 식물에 대해서도 유사한 주장을 할 수 있다. 설령 식물과 동물 사이에 공통점이 있다고 해도 우리는 육식을 피하고 채식을 선택해야 한다. 왜냐하면 현재 우리가 알고 있는 지식을 총동원해 보았을 때 동물이 식물에 비해 더욱 다양한 이해관심을 가지고 있으며, 이로 인해 동물들의 죽음이 식물들의 죽음에 비해 나쁜 것이 되기 때문이다. 물론 인간에게 미칠 영향 등을 종합적으로 고려해 동물보다 식물들을 우선적으로 고려해야 하는 경우도 있을 것이다. 하지만 이는 식물들을 직접적으로 배려한 결과이기보다는 식물 외의 다른 존재에게 미칠 영향을 고려한 결과일 따름이다.

결론적으로 채식과 육식이 다를 바 없다는 주장을 뒷받침해 줄 근거는 아직까지 발견되지 않았다. 채식과 육식에 차이를 두지 않으려는 사람들은 단지 채식 옹호 논변을 비판하는 데에서만 그칠 것이 아니라, 적극적으로 자신들의 입장을 정당화할 수 있는 설득력 있는 논거나 윤리 이론을 제시해서 채식 옹호 논변과의 경쟁에서 승리를 거두어야 할 것이다. 채식 옹호 논변에 약점이 노출되었다고 해서 육식과 채식에 동일한 도덕적 지위를 부여할 수는 없다. 오직 반대 논변이 채식 옹호 논변에 비해 더욱 설득력이 있다는 판정을 받았을 때에야 비로소 육식과 채식의 차이가 무화될 수 있을 것이다.[33]

---

33) 스티븐스(W. Stephens)는 크게 분배적 정의, 환경적 해악 제거, 여성 해방에 대한 간접적인 기여, 동물에 대한 도덕적인 배려, 인류의 건강을 위해 채식을 해야 한다고 주장한다. W. Stephens, "Five Arguments

참고문헌

맹주만, 「피터 싱어와 윤리적 채식주의」, 『철학탐구』 제22집, 중앙철학연구소, 2007.
_____, 「동물의 고통과 식물의 감각」, 『철학탐구』 제26집, 중앙철학연구소, 2009.
_____, 「톰 레간과 윤리적 채식주의」, 『근대철학』 제4집, 서양근대철학회, 2009.
최 훈, 「동물의 감각과 동물의 의식」, 중앙대학교 철학연구소 하계학술발표회
      (중앙대학교 철학과, 2010년 6월 11일).
이부영, 『분석심리학』, 일조각, 1991.
최 훈, 『벤담&싱어-매사에 공평하라』, 김영사, 2007.
莊 子, 『장자』, 안동림 역, 현암사, 1998.
Darwin, C., Descent of Man, 김관선 역, 『인간의 유래1』, 한길사, 2006.
Elliot, R., 「2환경윤리」, N. 다우어 외, 『응용윤리』, 김성한 외 옮김, 철학과현실
      사, 2005.
Harris, C., Applying Moral Theories, 김학택 · 박우현 역, 『도덕 이론을 현실 문제
      에 적용시켜 보면』, 서광사, 1994.
Jonas, H., Das Prinzip Verantwortung, 이진우 역, 『책임의 원칙: 기술시대의 생태
      학적 윤리』, 서광사, 1994.
Rolands, M., Animals Like Us, 윤영삼 역, 『동물의 역습』, 달팽이, 2004.
Singer, P., Practical Ethics, 김경동 · 황경식 역, 『실천윤리학』, 철학과현실사, 1997.
_____, Animal Liberation, 김성한 역, 『동물해방』, 인간사랑, 1999.
Trigg, R., The Shaping of Man, 김성한 역, 『인간 본성과 사회생물학』, 궁리, 2007.
Wilson, E. & Lumsden, C., Promethean Fire, 김성한 역, 『프로메테우스의 불』, 아
      카넷, 2010.
Bermond, B., "The Myth of Animal Suffering" in Susan Armstrong and Richard Botzler
      ed., The Animal Ethics Reader, Routledge, 2003.
Graft, D., "Speciesism" in D. Callahan & R. Chadwick ed., *Encyclopedia of Applied
      Ethics Vol.4*, Academic Press, 1997.
Harman, G., "Interference to the Best Explanation" in Philosophical Review 74, 1965.
Hayward, T., "Anthropocentrism" in D. Callahan & R. Chadwick ed., *Encyclopedia of
      Applied Ethics Vol.1*, Academic Press, 1997.
Pluhar, E., "Animal Rights" in D. Callahan & R. Chadwick ed., Encyclopedia of

      for Vegetarianism" in The Animal Ethics Reader, Roultedge, 2003, 202-3쪽.

Applied Ethics Vol.1, Academic Press, 1997.

Rachels, J., *Created from Animals-The Moral Implications of Darwinism*, Oxford Univ. Press, 1990.

Ryder, R., "Painism" in D. Callahan & R. Chadwick ed., *Encyclopedia of Applied Ethics Vol.3*, Academic Press, 1997.

Solomon, R., "Discussion of Group Three" in Gunther Stent ed., *Morality as a Biological Phenomenon*, Univ. of California Press, 1980.

Stephens, W., "Five Arguments for Vegetarianism" in Susan Armstrong and Richard Botzler ed., *The Animal Ethics Reader*, Routledge, 2003.

Taylor, P., *Respect for Nature*, Princeton Univ. Press, 1986.

환경갈등에 대한 철학적 반성을 통한 자아실현1)

−Self−materialization through Philosophical Reflection On Environmental Conflict−

정민걸(공주대학교 환경교육과 교수)

I. 자아실현과 환경갈등

1. 개인과 사회의 갈등과 자아실현

인간은 위기 상황에서 자신을 알 수 있다. 자신감이 없는 자는 우왕좌왕하며 방향을 잡지 못하고 좌절할 것이다. 방향을 잡지 못하는 것은 우유부단하기 때문이다. 내적 갈등이 있다는 이야기이다. 어느 방향이 더 좋은지 판단하지 못하거나 모두 다 좋아 보여서 선택하지 못하는 것이다. 자신에 대해 확신이 없는 것이다. 이는 자아실현이 되지 않았기 때문이다. 자아의 정체성이 없어서 방황하는 것이다.

여기서 자아실현은 절대적인 선과 악을 전제로 하여 도덕적으로 궁극적인 최고선의 목적에 부합하는 자아의 본질을 완성하거나 실현하는 것을 의미하는 것이 아니라, 선과 악을 주체가 주관적으로 판단하고 자신이 선으로 규정한 가치를 이루는 최고선의 목적에 부합하

---

1) 이 글은 생명연구 제18집(2010년 11월)에 실렸던 글을 수정 보완하여 수록하였다.

는 자아(정체성)를 확립하는 것을 의미한다.

자아의 정체성을 확립했다는 것은 판단의 기준점이 뚜렷하게 있다는 것이기 때문에 가치 비교가 가능하고 판단이 가능해진다. 이는 자신감으로 나타난다. 따라서 자신감이 있는 자는 단순히 타인을 따라가지 않고 방향을 설정하고 위기를 헤쳐 나가려 할 것이다. 그런데 자아정체성의 특성에 따라 방향이 달라지고 위기를 극복할 수 있는지도 달라진다. 또한 위기를 극복한 결과에 대한 사회적 판단도 달라진다.

여기서 선과 악을 정의할 필요가 있다. 무엇이 선이고 무엇이 악인가. 일차적으로는 기준이 되는 주체에게 이로우면 선이 되고 해로우면 악이 되는 것으로 생각할 수 있다. 하지만 인간은 사회적인 동물이기 때문에 선과 악의 기준은 결국 사회에 이로운지 해로운지가 될 수밖에 없다. 그런데 개인에게는 선인 것이 때로는 사회적으로는 악이 될 수도 있다. 따라서 개인적 선과 사회적 선이 갈등하는 상황이 왕왕 발생한다.

그런데 사회적으로 바람직한 자아실현(사회적 선의 정체성 실현)을 한 자는 사회적인 업적을 성취할 수 있다. 다시 말해서 사회적 선의 정체성을 실현한 자는 위기를 극복하는 것은 물론 사회적으로 성공을 성취할 것이다. 그러나 사회적 악의 정체성을 실현한 자의 결과는 설령 위기를 극복하더라도 사회적으로 비난의 대상이 되고 궁극적으로는 실패에 도달할 것이다.

2. 경제성장 위주와 상대적 박탈감

　개인에게는 생존과 풍요가 선이다. 하지만 사회적 수준에서 보면 개인과 개인의 선이 충돌하는 경우가 많다. 극단적인 예를 들면 제로섬 게임을 들 수 있다. 한 사람이 더 많은 풍요를 가져가면 나머지 사람들은 더 적은 풍요를 나누어야 한다. 더 많은 풍요를 차지하는 한 개인의 선은 나머지 개인들의 악이 된다. 이런 전제에서는 개인과 개인이 충돌하게 되고 이를 피하기 위한 노력이 필요해진다. 결국 균등 분배가 사회적으로는 모두가 만족할 수 있는 선이 된다. 하지만 현실적으로 균등 분배는 실현되지 못한다. 개인의 능력 차이도 있고, 각자의 자아 정체성이 다르기 때문이다.

　풍요가 일정하다면 갈등이 상존하고 커질 것이다. 이를 극복하는 한 방법은 풍요를 계속 늘여 가는 것이다. 그렇게 하면 이론적으로는 최소한 자신의 몫이 줄어드는 사람은 발생하지 않을 수 있다. 그래서 기본적인 생존이 보장된 후에도 경제성장이 인류의 지상 목표가 되어온 듯하다. 하지만 경제가 성장해도 여전히 몫이 줄어드는 사람들이 발생한다. 게다가 성장하면 할수록 더 많은 풍요를 차지하는 사람과 평균적인 풍요를 차지하는 사람의 상대적인 격차가 더욱더 커진다. 그리고 평균 이하의 풍요를 차지하는 사람의 상대적 박탈감은 더욱 극심해진다.

　이런 상황을 극복하기 위해 풍요를 합리적으로 니누는 것보다는 경제성장을 더 추구하는 방향을 선호하는 것이 일반적인 경향이다. 풍요가 적은 사람들조차도 경제성장을 추구하는 것이 사회적으로 바람직한 것으로 받아들인다. 기본적인 생존이 해결되고 과거보다는 더 많은 풍요를 누리게 된 경험 때문이다. 그러면서도 상대적 박탈감 때문에 생계에 더 매달리거나 불행을 느끼며 상위 계층만 바라보면서 극악해지거나 좌절하는 악순환이 반복된다.

이런 경제성장 지상주의 때문에 가장 피해를 입는 것은 자연이다. 지금 당장은 자연의 훼손이 인류에게 미치는 해악이 인지되지 않아 많은 사람들에게 문제로 인지되지 않기 때문이다. 하지만 자연은 인류 생존의 기본 바탕이다. 따라서 후세들의 자연에 대한 권리 훼손 이전에 사연의 훼손은 인류의 미래 생존에 막대한 영향을 미칠 것이다.

3. 욕망의 한계

미래가 당장에 인지되지 않는 현실에 안주하는 많은 사람들에게는 불확실한 인류의 불행을 구실로 경제성장을 저해하는 환경주의 주장이 터무니없다. 뿐만 아니라 환경주의를 단순한 이념 논쟁이나 정쟁 정도로 치부하면서 부작용을 침소봉대하며 사회적 암으로까지 여기는 듯하다. 그들에게는 시장이라는 비강제적인 합리적 분배 수단이 있고 경제성장의 부작용을 막을 수 있는 과학과 기술이 있다.

비록 1972년 Meadows 등이 '성장의 한계(The Limit to Growth)'를 발표하여 지금의 경제성장 중심의 사회는 자원고갈과 환경오염으로 파국에 이를 것이라고 경고하였지만 경제성장 지상주의는 수그러들 기미가 보이지 않는다. 20세기 말부터 환경시대를 언급하면서 지속가능한 발전(Sustainable Development, SD), 더 나아가 환경적으로 건전하고 지속가능한 발전(Environmentally Sound and Sustainable Development, ESSD)을 사회적 지향점으로 언급하고는 있지만 그 내용에 있어서 과거에 대한 반성이 없는 듯하다. 심지어는 환경운동이나 환경교육을 하는 사람들조차도 과거보다는 더 많은 물질의 풍요를 전제로 삶을 향유하려는 경향이 있는 듯하다.

SD를 경제가 지속적으로 성장할 수 있는 방안을 모색하기 위한 표어 정도로 여기는 경우가 많다. 특히 일반인들에게는 그런 경향이 더 많다. ESSD도 환경이 건전하면서도 경제가 지속적으로 성장하는 개발[2]로 받아들이고 싶어 한다. 과거 성장이 부조리나 부작용을 수반하였지만 지속적으로 물질의 풍요를 늘리기를 희구하는 본능적 속성을 부정하기 어렵기 때문이다.

따라서 환경, 즉 자연을 우선하는 것으로 인식되는 환경주의가 설 자리가 현실적으로 확고하지 못하다. 2007년 미국의 부동산 위기가 격발한 세계 경제위기 상황에서 부실한 환경주의 발판이 여실히 드러났다. 자연 보존의 가치를 우선하면서 개발이 자연에 가해지는 영향을 막거나 최소화하는 것이 소명인 UNEP조차 2008년 '세계 녹색 뉴딜(Global Green New Deal)'을 내세우면서 자연 보존보다는 경제적 가치를 높이는 자연의 변형을 통한 '녹색성장(Green Growth)'을 강조하는 형국이 되어 버렸다.

그런데 녹색성장은 자연의 이용을 줄이는 경제를 지향하는 '녹색발전(Green Development)'을 피상적으로 가장한 것뿐이다. 다시 말해서 경제성장보다는 자원의 재순환과 자연의 한계 안에서 지속되는 사회를 지향하는 녹색발전의 이념을 이어받은 것처럼 위장한 것이 녹색

---

2) 개발과 발전에 해당하는 영어 용어는 하나이지만 여기서는 둘을 명확히 구분하고자 한다. 개발은 대규모 물리적 변형이 따르는 인간의 행위를 뜻하는 것으로 발전은 개발 행위가 있거나 없거나 인간의 행동을 포함하여 사회가 문화·정신적으로 더 바람직한 상태로 변하는 과정을 뜻하는 것으로 규정한다.

성장이다. 비록 녹색성장이 녹색이라는 수식어로 포장했지만 무한의
경제성장을 추구하는 성장 위주의 이념이 표출된 것일 뿐이다.

4. 녹색성장의 굴레

녹색성장의 주된 목표는 과거에 부정적이라고 지적된 방식을 탈피
하되 자연을 최대로 이용하여 경제성장을 추구하는 것이다. 녹색성장
은 환경에 부정적인 영향은 없으면서 물질의 풍요가 늘고, GDP가 증
가하며, 일자리가 창출된다고 유혹한다. 환경이 건전하고 경제성장이
지속가능한 개발로서 ESSD를 구현하는 최상의 정책이 녹색성장 정책
이라고 안주하게 한다.

예를 들어 태양에서 무궁무진하게 들어오는 에너지를 인위적인 활
동에 직접 사용할 수 있게 전환하는 태양광(열) 에너지를 개발하고 이
용을 확대하여 이산화탄소가 발생되는 석탄, 석유 에너지를 대체함으
로써 온실효과에 기여하지 않아 지구온난화를 방지하는 녹색성장을
추구한다.

그럴 듯한 녹색정책 설명이다. 하지만 에너지의 사용량이 늘어나
면 무질서도(entropy)가 높아지는 것은 물리학의 기초 상식이다.[3] 즉,
에너지를 집중적으로 이용하는 지역의 기온이 높아질 수밖에 없다.
온도가 높아지면 토양과 물에서 더 많은 이산화탄소가 대기로 유출
될 수밖에 없다. 또한 온도 분포를 불균형하게 하고 대기를 더욱 불
안정하게 함으로써 이상 기온이 더욱 심하게 발생하게 될 것이다. 그

---

3) 열역학 제2법칙으로 무질서도 (증가의) 법칙이라고도 한다.

리고 인간이 중간에서 태양 에너지를 차단함으로써 자연적으로 유입되어 자연에 기여하던 에너지가 줄어들어 자연의 과정에 변화가 생길 것이다. 이것이 지구 환경에 미칠 영향은 전혀 고려되고 있지 않다. 단지 더 많은 에너지를 인간이 직접 이용하는 것에만 관심이 있다.

이 외에 언급되는 많은 종류의 녹색에너지도 에너지의 불균형적인 이용 분포를 심화하여 기상 등 자연 과정에 영향을 줄 것이다. 또한 더 많은 에너지를 이용하는 만큼 더 많은 재생 불가능한 자원(non-renewable resource)을 이용하게 되어 고갈이 촉진될 것이다. 설령 일부 폐기물을 재생(recycle)하더라도 인간의 욕망을 절제하지 않는 한 증가하는 수요를 재생만으로 채우기에는 부족하다. 또한 같은 풍요를 누리기 위해 원자원을 이용하는 생산보다 재생에 더 많은 에너지가 필요하다. 즉, 더 증가된 생산(재생) 활동만큼 더욱더 많은 부산물(폐기물)이 생산될 것이고 처리 부담이 늘어날 수밖에 없다.

환경에 해를 주지 않으면서 욕망을 무한히 채울 수 있는 방법은 없다. 다만 생존과 단세포적 욕망의 충족이라는 개인적 선에만 매달리면서 사회적 선을 도외시하는 자아들만 팽배하게 하는 것이 녹색성장 정책이다. 반면에 진정한 녹색정책은 가능한 자연의 과정에 부합하는 방식으로 삶의 양식을 바꾸는 것이다. 이를 위해서 녹색발전은 경제 유인책을 이용하여 자원 사용량을 줄이는 삶의 양식을 지향하는 것이다.

5. 자연 훼손의 정당화와 바람직한 자아실현의 필요성

세계 경제위기의 주장이 나오기 이전에 지향하던 녹색발전을 포기하고 경제성장 위주의 녹색 뉴딜로 전환한 UNEP가 녹색 뉴딜의 예로 언급하고 있는 한국의 '4대강 사업(The Four Major Rivers Project)'은 UNEP도 인정하는 대로 생태적인 문제가 심각하다(UNEP, 2010). 그런데도 UNEP가 4대강 사업을 자신들이 주창한 세계 경제위기 탈출 전략의 예로 든 이유는 짐작이 가능하다. 비록 경제위기를 탈출하고 싶은 욕구가 있어도 감히 자연을 파괴할지도 모르는 행태를 서슴없이 자행할 만큼 오만한 문화국가가 없기 때문이다. UNEP는 마땅한 예가 없던 차에 자신들의 전략이 성과가 있는 모양새를 갖추고 싶어 한국 정부가 녹색 뉴딜을 통한 녹색사업이라고 선전한 사업을 예로 든 것으로 보인다. 실제로 4대강 사업에 대한 보고서를 작성한 Edward Barbier는 4대강 사업이 좋다거나 나쁘다고 평가하는 의도는 없었다고 밝히고 있다(Normile, 2010).

비록 4대강 사업이 지역 경제를 활성화할 것이라고 주장하지만 실제로는 오히려 일자리가 줄어들었고 농업 생산량이 감소했다[충청남도 4대강(금강)사업 재검토 특별위원회, 2010]. 더구나 4대강 사업의 주된 목적인 홍수 예방과 물 확보는 명백히 허구의 주장이다. 정부는 홍수 예방 사업이 긴급히 필요한 이유를 강원도나 산간, 도서 벽지를 예로 들어 설명한다. 하지만 4대강 사업은 상습 홍수 피해나 가뭄 피해 지역과는 전혀 상관이 없는 지역에서 행해지고 있다. 심지어는 댐을 중·하류에 16개나 건설하여 강물의 흐름을 저해하기 때문에 오히려 새로운 통합 홍수 방제 관리체계를 연구해야 한다(국토해양부,

2009).4) 또한 댐 때문에 수질이 악화하는 것을 방지하기 위해 하·폐수 처리 비용이 막대하게 늘어날 수밖에 없다. 그러면서도 새로운 홍수 피해 방제 체계나 수질 개선 대책의 실효성도 담보하지 못한다.

게다가 마치 현재 4대강이 죽어 있는 것처럼 주장하기 위해 외국의 황폐한 강의 모습이나 4대강 사업 지역이 아닌 국지적으로 문제가 있는 현장의 사진을 4대강의 현재 모습으로 허위 홍보를 한다(대한하천학회, 2010; 천주교 주교회의 정의평화위원회, 2010). 그러면서 죽은 4대강을 살리기 위해 생태 복원을 해야 한다고 주장한다. 그러나 생태적으로 사업의 내용을 검토하면 단순히 할당된 예산을 쓰기 위해 잘 발달한 4대강의 자연 생태계를 파괴하고 인공 화단과 인공 숲을 강에 조경하는 것이라는 것을 쉽게 알 수 있다(대전지방국토관리청, 2010).

4대강 사업은 기본적으로 16개의 댐을 건설하여 4대강을 계단식 저수지로 개조한다. 다시 말해서 4대강을 없애고 낮은 수심과 여울이 필수적인 수서동물과 새들이 살 수 없는 인공 호수로 만드는 것이다. 또한 친수공간을 조성한다는 미명하에 둔치에 자연적으로 발달한 자연 습지를 파헤치고 지형을 바꾸어 체육시설과 인공 화원과 숲을 조성한다. 자연의 습지는 눈에 거슬리고 잘 다듬어진 인공의 조경 공원만 가치가 있는 것으로 생각하는 것이다.

정부가 주장하는 4대강 사업의 목적 어느 하나도 사실과 같지 않은데도 4대강 사업이 진행되는 까닭은 정부의 구성원이나 국민들의 자아 성체성에 문세가 있기 때문이다. 다시 밀해서 자아를 실현하는 과정에서 최우선의 가치를 단순히 경제성장과 개인의 이익에만 두는

---

4) 그런데 4대강 사업이 실질적으로 끝난 2012년 6월에도 정부는 통합관리체계를 발표하지 못하고 있다.

자아 정체성이 형성되었기 때문에 실효성이 없는 허구의 주장을 외면하고 자연을 마구잡이로 개조하는 사업이 용인되는 사회가 된 것이다.

이런 무모한 자연훼손과 인공조경은 궁극적으로 한국 사회에 큰 부담으로 남을 것이다. 또한 인류 문화사에서 구약성경 이후 또 다른 바벨탑 쌓기의 오만으로 기록되는 수치로 남을 것이다.

왜 이런 반문화적인 사업이 진행될 수 있는지 4대강 사업을 계기로 첨예하게 드러난 환경갈등의 근저에 깔린 자아 정체성을 논할 필요가 있다. 더 나아가 세계를 선도하는 문화를 이룩하기 위해 당장만이 아니라 미래를 생각할 줄 아는 인류의 구성원으로서 추구해야 하는 바람직한 자아실현이 왜 필요한지 논할 필요가 있다.

II. 환경갈등의 내용

1. 가치의 의미

가치는 사전적으로 '욕망을 충족하는 재화의 중요 정도', '대상이 주관의 요구를 충족하는 성질' 또는 '정신 행위의 목표로 간주되는 진, 선, 미 따위'라고 정의된다(민중서림편집국, 2001). 이는 주관적으로 평가되는 값이 가치이고 상대적으로 더 높은 값인지 아닌지가 중요한 평가 요소라는 말이다. 하지만 우리는 절대적 가치를 추구한다. 과연 절대적 가치는 있는가. 비교의 대상 없이 가치가 있는 것이 있을 수 있는가.

사랑을 예로 들어 보자. 부모가 자식을 사랑할 때 자식의 가치를 비교하지 않는 듯하다. 그저 자식이라는 것 하나만으로 사랑할 만큼 가치가 있는 것이 절대적 가치인 것처럼 생각된다. 하지만 자식이라는 것과 자식이 아니라는 것의 근본적인 비교가 전제되어 있으므로 절대적 가치가 될 수는 없다.

그러면 인간은 존엄하다는 가치가 절대적인 가치인가. 인간인 한 존엄하다는 것은 인간이 아니면 존엄하지 않을 수 있다는 것을 뜻한다. 완전하게 대비되는 것은 아니지만 역시 인간에게만 주어지는 상대적 가치일 수밖에 없다.

인간의 존엄함을 생명의 존엄함으로 확대하는 도덕적 접근을 보면 인간과 유사함에서 찾는 경향이 있다. 이성적 능력이 있는지, 인간처럼 고통을 느끼는지, 혹은 감정이 있는지 등을 기준으로 생명의 존엄함을 인정하려 하고 인간에게 필요한 쓰임새와 무관한 존재 가치가 있다고 하려 한다(김완구, 2009; Des Jardins, 2005). 심지어는 식물도 인간처럼 감정이 있기 때문에 생명으로서 존중해야 한다고 주장하려고 노력한다. 결국 인간 중심의 사고를 벗어나지 못하는 경향이 있다. 이런 점에서 존재의 가치를 무생물의 환경으로까지 확대하는 것은 더욱 힘들어진다.

비록 탈인간 중심을 추구할지라도 인간이 사고의 중심에 있는 한 인간의 사고를 벗어나는 것은 불가능하다. 다만 인간에게 가치가 있다는 깃이 판단의 기준이 되지 않아야 한다는 면에서 탈인간 중심이 되는 것이다. 즉, 판단의 주체인 인간의 욕구를 충족하는지가 가치의 판단이 되지 않는 것이 탈인간 중심이라 할 것이다. 또한 진, 선, 미조차 인간의 눈에 따라 판단되지 않아야 할 것이다. 하지만 결국은 인간의 판단 기준에 의존할 수밖에 없다는 점에서 탈인간 중심의 접근은 한계가 있고, 진정한 탈인간 중심인지가 늘 논쟁의 중심에 설 것이다.

이런 모호한 탈인간 중심의 개념에도 불구하고 인간의 욕망을 벗어난 환경(자연)의 가치를 추구할 필요성이 있고 인간의 욕망에 종속되지 않은 자아실현의 바탕을 마련해야 하는 시대가 되었다. 그런 바탕을 마련하기 위해 자연의 가치를 여러 측면에서 고찰하기로 한다.

2. 자원으로서 자연의 가치

인간이 자연에서 얻는 가치 중에서 가장 기초적인 것은 자원이다. 인간이 생존해야 하기 때문이다. 생존하기 위해서는 먹어야 하고 편히 쉴 곳이 필요하다. 즉, 생존의 기본적인 조건은 안전한 장소(서식지)와 식량(먹이)이다. 이런 자원을 제공하는 자연이 없다면 인간은 생존할 수 없다.

그런데 자연에는 인간에게 이로운 것만이 있는 것이 아니다. 먹으면 안 되는 것도 있고, 인간에 해가 되는 것도 많다. 병을 일으키는 것과 인간의 생명을 직접 해치는 것도 있다. 병원균, 맹수 등 생명체도 있지만, 홍수, 지진, 태풍 등 극심한 물리적 힘도 있다. 그리고 기후는 직접적으로 또는 생태계와 농작물에 미치는 영향을 통해 간접적으로 해를 주기도 한다.

그래서 인간은 자연을 인간에게 이로운 것과 해로운 것의 2가지로 크게 분류한다. 그중에서 이로운 것을 가치가 있다고 하고 인간에게 유용한 자원이라고 한다. 따라서 자연은 인간에게 가치가 있는 한에서 존재 가치가 있는 것으로 평가된다.

그리고 인간의 기술이 발전하여 자연을 통제하는 능력이 확장되면서 자원으로서 자연의 가치를 창출하게 되었다. 이런 경향은 극단적으로 자연을 인간에게 유용성을 줄 수 있게 변형하는 것이 참된 가치로까지 인식되게 하기도 한다. 그리고 그런 기술적 변형은 자연을 무한히 이용할 수 있다는 착각에 빠지게 한다. 결국 자연을 인간의 편의를 위해 무한히 변형하는 것을 선으로 여기는 사회적 풍조가 만연하게 된다. 그 이면에는 개인의 욕구 충족이라는 개인적 선이 자리잡고 있다.

비록 1972년 "성장의 한계" 이후 자연은 화수분이 아니며 인류 문명이 지속되기 위해서는 방향을 전환하여 절제하고 자연을 지키는 노력을 경주해야 한다는 인식이 높아졌지만 자연은 여전히 자원으로서만 가치가 있다고 여기는 풍조가 사라지지는 않고 있다. 자연을 자연 자체로서 가치가 있다는 관념을 수용하기가 어려운 것이다. 따라서 동일하게 ESSD를 말하지만 자연에 대한 두 상반된 가치의 충돌은 사라지지 않는다.

3. 생태계의 관점에서 본 자연의 가치

사실 생태계의 생물 구성원도 생존하기 위해서 생태계의 다른 구성원을 자원으로 이용해야 한다. 따라서 각 구성원의 처지에서 보더라도 자연은 자원으로서 가치가 있을 것이다. 하지만 인간과는 명확한 차이가 있다.

인간 이외의 생물은 능력의 한계가 명확하다. 선천적으로 타고난,

즉 생물학적 한계 내에서만 자연을 이용할 수 있을 뿐이다. 그래서 생태계 내에서는 필요 이상으로 자연을 착취하는 일이 좀처럼 발생하지 않는다(정민걸, 2005). 그와 같은 일이 발생하더라도 극히 일시적일 뿐 지속되지 못한다. 따라서 외형적으로 볼 때 상당히 안정되고 평형을 유지하는 것으로 보인다.

예를 들어 Pearl S. Buck(1931)의 『대지(The Good Earth)』에 나오는 메뚜기 떼의 광폭한 증가는 자연의 불합리한 불안정으로 보이지만 광풍이 시난 후 네뚜기 떼는 다시 안정된다. 이런 광적인 메뚜기 떼의 증가가 주기적으로 오는 것도 장기적인 시각에서 보면 일정한 양상이 있는 안정성으로 간주될 수 있다.

거의 매년 발생하는 태풍도 생태계에 막대한 영향을 준다. 생물만이 아니라 무생물 환경에도 엄청난 변화를 초래한다. 하지만 이런 영향은 일시적이며 생태계는 다시 새롭게 주기를 시작한다. 사실 태풍은 오래 묵어 효율성이 떨어진 생태계를 다시 젊게 태어나게 하는 활력소가 된다.

생태계는 태풍 등의 자연적인 교란과 더불어 장기적인 면에서 조화롭게 유지된다. 이런 조화 속에서 생태계의 생물 구성원들은 각자의 능력 한계 내에서 생존하기 위해 노력하고 때로는 타자의 생존을 위해 생명을 잃는다. 비록 생명이 오가는 교란 속이라도 마치 아무 일 없는 것처럼 장구하게 흘러가는 것이 생태계이고 생물 구성원들이다.

생물 구성원들은 서로가 서로에게 필요한 자원이면서도 극단적으로 간섭하지 않아 지속가능한 생태계를 유지한다. 또한 생물과 무생물 구성원들은 태양 에너지 등에 의한 대기와 물의 순환에 부합하는 복합체를 유지한다. 다시 말해서 생태계의 구성원들은 서로 자원이면서 동시에 협조자로서 유기적인 상호작용을 하며 공존한다. 이런 관계에 문제가 발생하면 각 구성원의 생존에 문제가 발생한다. 따라서 생태계의 모든 구성원은 특정한 구성원의 필요나 가치 판단이 아니라 생태계 전체적인 틀에서 존재할 가치가 있다.

4. 독립된 존재로서 자연의 가치

생태계 측면에서 보아도 자연은 직접적이거나 간접적으로 생태계가 유지되게 하는 자원으로서 가치가 있다. 다만 인간에게 인식되는 자원으로서 자연의 가치와는 다르게 일방적이지는 않다. 인간에게 인식되는 자연은 단지 인간에게 유용하다는 점에서만 존재 가치가 인정되는 경향이 있다. 하지만 생태계에서 그 구성원은 특정한 방향에서만 가치를 판단할 수 없다. 그 존재 가치를 명확한 관계나 이유만으로 설명할 수 없다는 면에서 독립적이라고 할 수 있을 것이다. 특정한 구성원이나 요소에 가치가 종속된 존재가 아니라는 말이다.

하지만 특정 요소에 종속되지 않는다는 것이 독립적이라고 말할 수 있는 이유가 될 수는 있더라도 가치가 있다고 말하기는 어렵다. 얽히고설킨 복잡한 관계에서 한 구성원이 다른 구성원 각각에 따라 해가 되기도 하고 이익이 되기도 하기 때문이다. 앞에서 논의한 대로 가치가 상대적으로만 평가할 수 있다는 전제에서 보면 생태계의 틀 속에서는 가치의 유무를 단순하게 말할 수 없다. 다만 생태계 전체의 틀에서는 한 구성원이 존재하지 않게 된다면 생태계에 변화가 발생하게 될 것이라는 측면에서 존재 가치를 논할 수 있을 것이다. 이때에도 생태계의 변화가 바람직하지 않다는 것이 전제될 때만이 존재의 가치가 있다고 할 수 있을 것이다. 그런데 바람직한 것이 무엇인지 규정하기 어렵다.

이런 규정하기 어려운 논리적 존재 가치보다는 인간의 존엄성에 기초를 둔 존재 가치의 윤리적 확장에서 자연의 독립적 가치를 찾는 노력이 주로 진행되어 왔다(김완구, 2009; Des Jardins, 2005). 하지만 인간이 인간이기 때문에 존엄한 것처럼 자연도 자연이기 때문에 존재 가치가 있다는 것을 인간이 인식할 수 있는 가치관으로 전환하는 작업은 그리 쉽지만은 않은 듯하다. 인간이라는 존재의 존엄한 가치조차 사회적으로 수용되기 어렵다는 것을 고려하면 더더욱 그렇다.

사형 제도가 도덕적으로 옳은지 여전히 논란이 되고 있다는 것이 그런 사실을 단적으로 보여 준다. 이유가 어떠하든 인간이 인간의 생명을 앗는 것은 도덕적으로 옳지 않다는 주장은 인간이라는 이유만으로 존재 가치를 인정해야 한다는 말이다. 인간이 인간의 생명을 앗는 행위를 정당화하는 것 자체가 부도덕하고 인간의 생명을 경시하게 하여 인간의 존엄성을 해치는 관행을 만들 수 있기 때문이다.

하지만 많은 사람들은 인간이라도 인간다운 속성이 없다면 존엄하게 지켜져야 할 존재라고 인정하지 않으려 한다. 인면수심의 인간은 이미 인간이기를 포기한 것이기 때문에 사형으로 제거하여 사회를 지켜야 한다고 주장하기도 한다. 즉 인간이라는 존재도 사회적 선이라는 기준에서 가치를 판단하고 그에 따라 존엄성이 결정되어야 한다는 주장이다.

인간의 존엄성에 대한 사회적 합의조차 어려운데 이를 자연으로 확장하는 작업은 더더욱 어려울 수밖에 없다. 하지만 시대적으로 자연의 독립적 가치를 수용하는 방향으로 사회가 바뀌고 있다는 것도 부정하기는 어렵다.

5. 경제적 인간과 생태적 존재의 갈등

논리적 논의이든 도덕적 확장이든 인간의 현실적 욕구와 충돌하는 자연의 독립적 가치를 인정하는 것은 더욱 어려워진다. 자연이 인간의 단순한 생존에 필요한 자원이라면 자연의 독립적 가치를 인정하는 것은 그다지 어렵지 않을 것이다. 모든 자연이 인간을 위해 이용되어야 할 필요가 없고, 따라서 자원으로 이용되지 않을 자연의 존재를 부정할 필요도 없기 때문이다.

그런데 인간은 단지 목숨을 연명하려 하는 것이 아니라 상대적으로 더 풍족해지기를 바라는 욕망이 있다. 다시 말해서 인간은 단순히 생존하기 위해 사는 것이 아니라 타인보다 더 부유하게 살기를 욕망한다. 그리고 과거보다 더 부유하게 살기를 원한다. 게다가 다른 생물종과는 다르게 이런 욕망을 채울 수 있는 능력이 인간에게 있다. 타고난 신체의 한계를 넘어 무한하게 욕망을 채울 수 있을 듯한 기술이 있기 때문에 인간의 욕망은 점점 더 커진다.

욕망을 채우는 사회적 틀은 경제이다. 경제를 통해 더 많은 부를 축적하고 축적된 부에 의해 상대적으로 부유함을 만끽할 수 있다. 그런데 인간은 단지 타인보다 상대적으로 더 부유하다는 것에 만족하지 못하고 과거의 자신보다도 더 부유해지기를 원한다. 결국 채워질 수 없는 욕망의 늪에 빠지기 쉽다.

끝없는 욕망을 채우기 위한 노력은 GDP의 증대라는 경제성장 위주의 사고로 자리 잡을 수밖에 없다. 앞에서 논한 대로 경제성장 위주의 사회는 상대적 박탈감을 더 키울 것이다. 하지만 더 큰 문제는 자연의 이용 가치, 즉 도구적 가치만 중시되어 모든 자연을 인위적으로 개조하는 작업에 매진하게 되는 것이다. 그러나 자연이 모두 인간의 편의와 경제적인 추구를 위해 개조되면 오히려 자연의 지속성이 사라질 것이다. 즉 생태적으로 유기적인 구성원들의 관계가 깨지면서 자연의 과정에 따라 유지되던 자연이 더는 존재하지 못하게 될 것이다. 따라서 인위적으로 조작된 환경을 유지하기 위해 더 많은 에너지가 투입되어야 하고 급기야는 거의 모든 에너지가 인간을 위해서가 아니라 조작된 환경을 유지하는 데 투입되어야 하는 극한 상황에 처하게 될 것이다. 이는 경제조차 지속하지 못하는 지구 환경이 되게 할 것이고 인류의 미래에도 암울한 그림자가 드리워질 것이다.

인간의 경제적 욕구와 자연의 생태적 존재의 충돌 속에서 인간의 무한한 욕구만을 채우려 하면 초기에는 마치 경제적 욕구가 채워지는 듯하겠지만 궁극적으로는 자연의 생태적 지속성을 훼손함으로써 경제적인 파국은 물론 문명의 몰락까지 가져올 수 있다.

Ⅲ. 환경갈등 해소의 난점

1. 생존 욕구와 회피 본능

인간뿐만 아니라 모든 생물은 생존하고자 하는 욕구가 있다. 그런데 많은 생물들이 생존 욕구를 의식하거나 사고하지는 않는 듯하다.

하지만 생태계를 보면 생물이 생존하기 위해 존재하고 그런 의식 속에서 존재하는 것처럼 해석될 수도 있다. 그래서 이솝우화처럼 자연물을 의인화하고 오히려 생물 등 자연물이 인간과 동일한 동기로 의도적인 삶을 산다고 믿는 경우까지 생기는 듯하다. 더 나아가 관심이 있는 자연물에게도 인간과 동일한 환경을 인위적으로 조성해 주는 것이 필요하다고까지 오해한다. 그런데 문제는 자연물에 필요한 것을 인간이 알지 못한다는 것이다.

과거 인간은 자연의 힘 앞에 무기력할 수밖에 없었다. 그래서 인간의 역사는 가능한 자연의 과정이 인간에게 영향을 미치지 못하게 하기 위해 노력해 온 역사였다. 특히 도구를 이용하는 기술이 탁월하여 다른 어떤 생물도 흉내 낼 수 없는 문명을 이루었다. 자연의 수확을 조절하고 저장하여 식량을 항시 안정적으로 취할 수 있게 되었다. 또한 자연의 과정에서 얻을 수 있는 것보다 훨씬 더 많은 자원을 취하고 신체적 한계를 뛰어넘어 불가능한 일이 없을 듯한 문명이 되었다. 마치 신의 영역에 들어선 것처럼 오만하기 쉬운 사회가 되었다.

이런 오만이 자연조차 인간이 원하는 방식으로 가공하는 것이 자연물에 도움이 될 것이라는 미신을 만들고 있다. 사실 자연물에 도움이 되는 일을 하겠다는 것이 아니라 인간에게 도움이 되지 않는 자연은 존재 가치가 없다는 미망에 빠져 자연을 없애는 것이다.

하지만 생태계는 인간이 알지 못하고 이해하지 못하는 상호작용의 복잡계이다. 그래서 생물권 II(Biosphere II) 연구에서 확인했듯이 인간이 접근할 수 있고 통제가 가능할 것으로 믿어졌던 규모에서조차 인위적인 환경을 지속하지 못한다(Alling and Nelson, 1993). 따라서 섣부르게 자연을 조작하면 생태계의 지속성이 붕괴되면서 무한의 에너지를 투입해도 회복이 불가능해지고 결국 인류에게도 피할 수 없는 해악이 될 것이라는 것을 과학적으로 추론할 수 있다.

그런데도 인간은 과거 무분별하게 자연을 인위적으로 조작하여 얻은 가시적인 풍요의 증가만 보려고 하는 경향이 있다. 자연의 조작이 불러올 위험을 경고하는 과학적 추론이 있더라도 애써 긍정적인 면만 바라보며 안주하고 싶어 한다. 불행을 외면하여 자신을 보호하는 심리적 현상이 작용하는 것이다. 이런 회피 심리는 정신적 고통에 빠져 좌절히는 일이 발생하지 않게 하기 위한 생존 욕구의 발로로 볼 수 있다. 하지만 지금의 인류처럼 엄청난 규모로 인간과 접하는 모든 자연을 가공하여 생길 부작용은 단순히 심리적인 보호만으로 해결되기 어려운 재앙이 될 것이다. 이것을 깨닫기에는 단세포적인 생존 욕구가 너무 강한 모양이다.

2. 기본적인 생존 반응

사람은 인적이 적고 으슥한 곳에 들어서면 마음이 불안해지고 긴장하게 된다. 정확하게 인지하지는 못하지만 위험이 있을 수 있다는 생각이 자신도 모르게 들기 때문이다. 적정한 수준의 긴장감은 생존에 도움이 된다. 그런데 종종 반응이 지나쳐 오히려 자신의 생존에 해가 될 수 있는 방향으로 나타난다. 오금이 저려진다든지, 약간의 낯선 것에도 소스라치게 놀라며 소리를 질러 자신의 위치를 노출하거나 몸이 굳어져 행동이 부자유스러워진다.

간혹 도로에서 야간에 갑자기 나타난 자동차 불빛에 놀란 고라니 등이 제자리에 얼어붙어 치여 죽는 사고가 일어나는 것도 같은 이유에서이다. 일상의 위험 상황에서 움직이지 않는 것이 도움이 될 수 있는 경우가 더 흔하기 때문인지도 모른다. 즉 생존에 도움이 될 때가 많기 때문에 나타나는 반응일 수 있다. 물론 결과는 치명적이지만 일상에서 도움이 되는 반응이 특수한 상황에서도 나타나는 것은 자연스러운 것이다.

과거에 인간의 생존에 도움이 되는 것은 자연의 과정을 가능한 억제하는 것이었다. 인간의 힘이 미미했기 때문에 자연을 통제하는 것에 매달려도 여전히 자연의 위험을 막을 수 없었고 자연은 자연의 본질을 잃지 않았다.

그런데 이제는 인간의 힘은 기술의 힘을 빌려 스스로 신의 힘에 버금가는 정도라는 자만에 빠질 정도가 되었다. 그런데도 인간은 여전히 과거처럼 자연을 간섭하고 그 과정을 억제하려 한다. 그것이 인류에게 도움이 될 것이라는 본능적 반응에 따라 행동하는 것이다.

하지만 문명의 간섭은 자연의 위협과는 사뭇 다른 방식으로 인간은 물론 자연에 영향을 미치고 있다. 따라서 과거 자연에 대한 단순한 생존 반응과 같은 방식의 반응은 이제 더는 인류의 생존에 도움을 줄 수 없을 것이다.

3. 여유로운 생존의 양면성

종종 목가적인 삶을 이상적인 삶으로 추상한다. 그리고 농촌의 삶을 목가적인 삶으로 언급한다. 그런데 현실은 농촌을 떠나 도시로 몰려들고 있다. 추상의 이상적인 삶과 현실의 삶이 괴리하는 이유가 무엇인가. 목가적인 삶의 전제가 논의에서 빠져 있기 때문이다.

서구에서는 과거에 목가적인 삶을 살 수 있는 잘 관리되는 숲과 초원은 왕이나 귀족만이 소유하였다(Van Dyke, 2008). 이 관리되는 자연에는 일반인의 출입이 금지되었고 오직 소유주와 소유주가 허락한 사람만이 자연의 풍족함을 누릴 수 있었다. 일반에게 공개될 경우 자연이 피폐해질 것을 알았기 때문이다. 목가적인 삶은 삶에 허덕이는 평민이 농촌에서 사는 삶이 아니라 풍족한 삶이 보장된 귀족이 여유롭게 자연을 즐기는 삶이었다.

그런데 시구기 산업화하면서 시민의 권리가 일반에게 확장되고 자연이 점점 산업지로 변형되었다. 이때 과거 귀족이 누리던 목가적 삶의 중심이었던 관리되는 자연에 대한 향수가 목가적 삶이라는 이상적인 삶으로 추상화한 것이다. 과거 소수가 독점하던 관리된 자연을 일반 시민 모두 즐기기를 원하면서 문제는 더욱 심각해지는 듯하다. 일반 시민의 풍요를 보장하기 위해서는 자연을 더욱 가공하기를 바라면서도 또한 목가적인 삶을 위해서는 관리된 자연을 바라는 이중성이 사회적으로 나타나게 된 것이다.

자연을 파괴하지만 자연이 남기를 바라는 상반된 욕구가 생명이 없는 조화(造花)가 만연하게 하는 이유인 것이다. 비록 향기도 없고 꿀도 없어 벌과 나비가 찾아오지는 않지만 관리를 하지 않아도 오랫동안 꽃의 모양이 지속되어 자연과 함께 있다는 착각에 빠질 수 있다. 또 다른 측면에서 보면 해충 등 사람에게 성가신 벌레들이 꼬이지 않아 더욱 선호하게 된다. 아마도 벌과 나비가 보고 싶으면 로봇 벌과 나비를 도입하면 더욱 안전하고 청결할 것이다.

하지만 앞으로는 거짓 자연에 만족할 것인지 진정한 자연을 추구할 것인지가 문화 수준의 척도가 될 것이다. 굶주림에서 허덕이다가 갓 벗어난 문화는 거짓 자연만이 자신들의 여유로운 생존을 유지할 수 있다며 순수한 자연은 아무 이용 가치도 없는 존재로 볼 것이다.

4. 과욕과 행복

자연을 파괴하며 거짓의 자연을 만드는 풍요를 추구하는 욕망의 끝은 있는가. 욕망의 끝은 결국 인간이 결정해야 할 것이다. 결정이 아니라 수용해야 할 것이다. 왜냐하면 비교하고 시기하고 질투하며 상대적 가치를 판단하는 인간에게는 절대적인 만족이 있을 수 없기 때문이다.

인간의 능력에 절대적인 한계가 있다면 수긍하고 욕심을 더는 부리지 못할 것이다. 하지만 인간은 이미 육체의 한계를 넘어 무한한 기술 발달을 상상하는 특수한 존재가 되었다. 과거보다는 더 많은 풍요를 창출할 수 있다는 확신에 젖어 있다. 게다가 인간의 경제 체제는 직접 생산하지 않아도 부를 축적할 수 있는 이상한 체제가 되었다. 아니 오히려 직접 생산하는 것보다는 관리를 통해서 더 풍족해질 수 있는 사회가 만들어졌다.[5] 그래서 개인이 끝없는 부를 축적할 수 있는 체제가 마련된 것이다.

한 개인의 부는 다른 개인의 부에 비해 상대적으로 적다. 또한 현재 개인이 축적한 부는 미래에 예측되는 부보다 적다. 따라서 더 많은 풍요를 향해 늘 굶주린 상태에 있을 수밖에 없다. 영원히 다다르지 못할 풍요의 목표를 향해 안달하고 초조해하면서 살 수밖에 없다.

---

5) 예를 들어 농장이나 공장에서 직접 생산하는 사람보다 주식을 사고파는 사람이 더 많은 부를 축적할 수 있다.

성취하는 과정에서 일시적이고 말초적인 행복을 느낄 수는 있겠지만 늘 목마름에 불행할 수밖에 없다. 자신이 현재에 머물러 버리면 누구든 곧 자신을 앞지를 것이라는 압박감에 시달릴 수밖에 없다.

끝없는 풍요의 욕망은 자연을 끝없이 자원으로 이용해야만 한다는 강박관념에 빠져들 수밖에 없다. 천연의 자연은 낭비로만 보일 수밖에 없다. 그런데 자연을 훼손하면서 자연의 상실감도 더 커질 것이다.

이런 끝없는 순환의 불행을 끝내는 유일한 방법은 인류 스스로 무한힌 능력으로 착각하는 기술의 한계와 만족의 한계를 설정하는 것이다. 하지만 욕심을 어떻게 버릴 수 있는지가 문제가 될 것이다.

IV. 환경갈등 해소의 철학적 바탕

1. 생태계의 이해

생태계를 말할 때 물질이 무한히 순환하는 계처럼 말할 때가 많다. 하지만 생태계에서 물질은 완벽하게 순환하지 못한다. 어느 생태계는 물질이 외부에서 끊임없이 유입되어야 유지되고 어느 생태계에서는 끊임없이 외부로 유출된다. 아니 엄격히 말하면 물질은 생태계 밖에서 안으로 끊임없이 들어오고 또한 안에서 밖으로 끊임없이 나간다. 다만 총체적으로 유입이 더 많은지 적은지가 생태계의 상태에 따라 다를 뿐이다.

사실 화석연료는 과거 석탄기에 활발한 광합성의 산물이 장시간에 걸쳐 지층에 매몰되어 생태계의 순환 밖으로 빠져나가 저장된 것이다. 그것을 인간이 도로 꺼내서 단시간에 현재의 생태계로 대량으로 되돌려 놓고 있다. 이런 인위적인 개입은 자연적인 순환, 즉 유입과 유출에 큰 영향을 줄 수밖에 없다. 그리고 부정적인 영향을 우려하는 것은 자연스러운 합리적 해석으로 보아야 할 것이다.

에너지 면에서 보면 지구생태계는 주된 에너지가 태양에서 끊임없이 공급되고 높아진 무질서도가 지구 밖으로 계속 유출되면서 복잡한 생태계가 유지된다. 태양광이나 지열 등 자연적인 에너지의 유입에 적응되어 유지되던 생태계에 인위적인 에너지 투입이 커져 생태계에 영향을 줄 때 결과가 긍정적일 것인지 부정적일 것인지 적확한 예측은 사실 없다. 다만 지금까지 우리가 관찰한 결과는 지구생태계에 바람직하지 않을 가능성이 크다는 것이다. 여기서 바람직하지 않다는 것은 인류의 미래에 바람직하지 않다는 것이다. 인간이 없는 생태계에 대한 절대적 가치를 논하는 것은 인간에게 무의미하다는 면에서 그렇다는 것이다.

어느 생물도 다른 생물과 무관하게 독립적으로 존재할 수 없다. 그리고 생물 사이의 어떤 상호작용이 생태계에, 아니 특정 종에게 절대적으로 중요하고 다른 상호작용은 무시되어야 하는지 알지 못한다. 예를 들어 눈신토끼의 주기적인 집단 크기 변동이 스라소니의 포식과 관련되는 듯한 관찰에 따라 눈신토끼의 주기적 변동은 포식 때문이라고 단정했었다. 그러나 스라소니와 같은 뚜렷한 포식자가 없는 곳에서도 눈신토끼의 주기적 변동이 관찰되었다. 원인을 규명하기 위한 조사에서 아마도 바이러스의 감염이 스라소니의 포식과 유사한 작용을 했을 것이라고 결론지었다(정민걸, 2005). 하지만 눈신토끼 집단의 동태에 영향을 미치는 것이 단순히 스라소니나 바이러스만은 아니다. 먹이가 되는 식물의 성장에 영향을 주는 기후 변화도 있을 것이다. 가뭄이나 홍수 등도 분명이 큰 영향을 줄 것이다. 사실 연중 우기와 가뭄의 변동은 식물의 분포에 막대한 영향을 주고 있어서 곤충 집단 등 포식자의 동태에도 영향을 준다(Andrewartha, 1971).

환원론적 접근이 생태계에 대한 이해를 높여 주는 것은 사실이지만 여전히 전체적인 틀에서 환원적 요소만으로는 설명이 불가능한 것이 생태학적 현실이다. 비가 온 뒤에 대청댐 등에서 녹조가 발생하는 것도 아직 원인을 제대로 규명하지 못하는 것이 현실이다. 녹조의 주된 원인으로 알려진 총인의 농도나 수온만으로 설명이 되지 않을 때가 많기 때문이다.

아무튼 암중모색과 같은 생태계에서 생물 구성원들은 직간접으로 상호작용을 하며 단기적으로는 안정된 모습으로 유지되면서도 장기적으로는 끊임없이 변하는 동태적인 공동체이다.

2. 자연과 인간의 괴리

과거 신체적 한계에 갇혀 있던 인간에게서 동태적인 공동체는 두려움 자체였을 것이다. 어느 순간 개인은 생명을 잃어야 한다. 그리고 종족도 사라질 수 있었다. 어떻게 하든 그런 동태에서도 살아남을 수 있는 방안을 찾아내야 했을 것이다. 그 결과 인류는 기술 문명을 획득하여 자연적인 동태에서 벗어난 경제적인 존재가 되었다.

어쩌면 다른 생물의 생존 욕구와 적응 방식과는 전혀 다른 방식의 생존 욕구와 적응 방식이 인간에게는 자연스러운 것인지 모른다. 여기서 인간의 존재 방식과 욕구 충족 방식이 자연과 배치되게 되었는지도 모른다. 인간 중심의 이기적 사고가 탄생한 것이다.

인간은 인간이 원하는 모든 것을 달성해야만 하는 밑 빠진 욕망의 항아리가 된 것이다. 물질의 풍요를 누리며 다른 어떤 생명체도 감히 따라올 수 없는 통제 능력으로 자만과 오만이 넘치는 특수한 존재가 되었지만 아무리 채워도 채워지지 않는 갈증의 항아리가 된 것이다.

갈증의 항아리를 채우기 위해서는 자연의 과정을 용인해서는 안 된다는 사고가 진리인 것처럼 자리 잡게 되었다. 결국 자연과 인간이 양립할 수 없는 이상한 문명을 추구하게 된 것이다. 하지만 인간이 자연을 완벽하게 통제할 수도 없고 자연에서 완전히 벗어날 수 없다는 현실도 인식하는 모순된 존재가 인간이다. 이런 모순이 사회 현상에서는 서로 다른 이념과 가치관으로 나뉘어 끊임없이 갈등하고 때로는 무모한 치킨 게임을 하기도 한다. 자연을 없앨 것인지 인간을 없앨 것인지 극단의 대결까지 나타난다. 그래서 서로를 이해하고 포용하는 공존은 없을 듯한 상황까지 연출되기도 한다. 자연을 모두 자원으로 이용하려는 인간의 무한한 욕심과 참 자연이 공존하기 어려워진 것이다.

3. 모자람의 지혜(frugal wisdom)

자연에서 관찰되는 생물들도 욕심꾸러기임에는 틀림없다. 나무는 자신의 생존에 필요한 것보다 훨씬 더 많은 광합성을 하여 몸이 자꾸만 비대해지고 불필요할 정도로 많은 씨앗을 만든다. 사실 그 덕에 초식동물들은 배부르게 먹을 수가 있다. 그리고 많은 초식동물들은 쉴 새 없이 먹이를 먹고 있다. 또한 많은 경우 엄청난 수의 알을 낳거나 많은 새끼를 낳는다. 그리고 알이나 새끼의 대다수가 포식자의 먹이가 되거나 죽는다. 의인화한 설명으로는 일종의 보험이라고 한다. 험난한 세상에서 모든 새끼가 살아남을 수 없기 때문에 보험을 드는 것과 마찬가지라고 비유적으로 설명을 하면 쉽게 수긍한다.

과연 그런가. 사실 초식동물들 사이에 경쟁도 별로 없다. 단순히 좋아하는 식물종이 다르다거나 위치가 달라서가 아니다. 흔히 10% 법칙으로 알려진 Lindeman의 생태학적 효율이 정확한 것은 아니지만 평균적으로 먹이 단계 에너지의 10%만이 상위 단계로 이전된다(정민걸, 2005). 즉 먹이의 양은 피식자 양의 10배가 된다는 것이다. 먹이를 위해 경쟁을 하지 않아도 될 만큼 충분하다. 초식동물의 숫자가 적은 이유는 먹이 부족이 아닌 것이 틀림없다.

그러면 앞에서 설명한 눈신토끼의 예처럼 포식자가 초식동물의 수가 폭발하는 것을 방지해서 늘어나지 못하는 것일까? 답은 그렇지는 않은 것 같다는 것이다. 10% 법칙은 이 단계에서도 여전히 대략적으로는 옳다. 따라서 포식자가 있어도 초식동물이 폭발적으로 늘어날 수 있는 여력은 여전히 남아 있다. 사실 포식자들도 극심한 경쟁을 하지는 않는 것이 관찰된다. 동일한 영양단계의 포식자 종들이 한 지역에서 공존하는 것은 흔히 관찰된다. 이들을 묶어서 하나의 단위로 Guild라고 한다(Root, 1967; Pianka, 1980). 피상적으로 그들은 경쟁자이지만 직접적으로 먹이를 취하기 위해 싸우는 경우는 드물다. 스스로 알아서 싸움을 피하기 때문이다. 둘의 싸움은 서로에게 치명적인 상처를 줄 수 있다는 것을 본능적으로 알고 있는 듯하다.

무엇이 초식자가 모든 식물을 먹지 못하게 하고 포식자가 피식자를 모두 먹어치우지 못하게 하여 공존하게 하는 것인가. 또한 같은 먹이를 두고 경쟁해야 하는 포식자 종들이 한 지역에서 공존할 수 있게 하는 것인가.

사실 그들은 겉보기에 엄청난 욕심쟁이들이다. 가능하다면 모든 먹이를 다 먹어치울 수 있을 듯한 식욕이 있다. 겨울잠을 자는 곰은 겨울이 오기 전까지 닥치는 대로 먹어서 지방에 모든 에너지를 저장하여 겨울을 난다. 위장의 크기나 비만이 식욕을 떨어뜨리기보다는 더 자극하는 것으로 생각된다. 인간이 비만이 되는 이유도 그런 데 있다고 생각된다. 먹이가 충분히 많을 때 더 먹어서 지방으로 에너지를 몸에 저장하기 위해서이다(Bellisari, 2008).

그런데도 욕심쟁이들이 먹이를 다 먹어치우지 못하는 이유는 단순하다. 포식자의 능력에 한계가 있어서이다. 양껏 먹어치우고 싶지만 그럴 능력이 없기 때문에 먹이종이 상당히 많이 살아남는 것이다. 또한 속박당하지 않는 자유가 있어서이다.

무당벌레를 관찰해 보라. 진딧물이 바글거리는 식물에서 무당벌레는 참으로 게걸스럽게 먹이를 먹는다. 하지만 진딧물의 숫자가 적어지면서 더 많은 먹이를 먹으려고 식물을 부지런히 돌아다니며 탐색한다. 그런데 무당벌레는 너무도 많은 먹이 개체들을 스쳐 지나간다. 눈이 나쁘기 때문이다. 인간의 눈에는 지천에 널린 먹이를 그냥 스쳐 지나다닌다. 그러면서도 새잎이 나오는 곳을 파헤쳐 가면서 먹이를 더 먹으려고 애를 쓴다. 결국 자신이 돌아다니며 소모하는 에너지가 먹이에서 취하는 에너지보다 더 거질 때 즈음 식물을 떠나서 다른 곳으로 먹이를 찾아 날아간다(정민걸, 2005). 아직도 인간의 눈에는 무당벌레가 떠난 식물에 진딧물이 상당히 많다. 이 많은 진딧물들은 포식자가 떠난 후 다시 그 수를 늘려서 다음에 찾아오는 무당벌레에게

만찬을 제공할 것이다.

치타 역시 먹이가 되는 얼룩말을 시도 때도 없이 잡아먹지 못한다. 얼룩말이 치타가 잡아먹으라고 얌전히 있는 것이 아니라 도망도 가고 때로는 발로 차서 치타가 위험해질 수도 있다. 그래서 치타도 굶어 죽지 않을 만큼만 포식을 하는 것이다.

이렇듯 포식자의 능력에 한계가 있기 때문에 포식자가 있어도 상당히 많은 포식자가 피식자와 공존할 수 있고 포식자 종들이 격한 경쟁 없이 공존할 수 있는 것이다. 즉 능력의 모자람이 뜻히지 않게 공존의 지혜로 나타나게 되는 것이다.

4. 공존의 이념: 무심의 공존(disinterested coexistence)

인간의 능력이 모자랄 때는 자연과 인간이 공존하였다. 아니 인간은 늘 불안해했을지도 모른다. 인간의 모자람 때문에 굶어 죽기도 하고, 병에 걸려 죽기도 하고, 잡아먹히기도 했을 것이다. 그러다가 인간의 존재 가치를 스스로 인식하게 되면서부터는 자연과의 공존을 인간의 존재에 위협이 되는 것으로 인식하게 되었을 것이다.

따라서 인간은 모자람을 극복하기 위해 식량을 안정적으로 확보하기 위해 노력하였고, 병을 퇴치하기 위해 노력하였으며, 인간의 포식자가 살 수 없게 노력하였다. 늘 사고하고 인식하며 인간에게 바람직한 환경을 조성할 생각을 할 수 있게 만든 기술 문명이 탄생한 것이다.

기술 문명은 인간에게 풍요와 편안을 가져왔다. 그런데 어딘지 늘 부족함이 있다. 자연의 존재였던 인간에게는 자연에 대한 향수가 있기 때문이다. 더구나 인간에게 해가 될 것들을 많이 제거하고 통제하게 된 상황에서 자연은 목가적이고 혜택만을 주는 아낌없는 존재로 여겨진다. 그러면서도 여전히 통제되지 않은 부분이 늘 마음에 걸린다. 결국 그런 꺼림칙한 모든 것을 제거하고 싶은 욕망이 솟는다. 자연이 아닌 자연을 공존하고 싶어 한다.

그러나 자연이 아닌 자연은 Rachel Carson(1962)의 『침묵의 봄(Silent Spring)』에서 말하는 새가 울지 않는 숲일 뿐이다. 새가 울지 않는 허상의 자연은 인류에게 혜택을 주지도 않고 생존이 지속할 수도 없게할 것이다. 인간에게 직접적으로 이용되지도 않고 혜택을 주지 않는 많은 자연의 구성원들은 생태계 전체의 틀에서 상호작용하는 복잡계를 통해 인류에 생존의 바탕을 마련해주고 있기 때문이다.

그러면 인간과 자연이 어떻게 공존할 수 있을 것인가. 무당벌레나 치타 등은 마치 생존 욕구를 충족하려는 생각조차 없는 것처럼 살고 있는 듯이 보인다. 비록 살기 위해 발버둥치는 듯한 모습을 순간순간 보여 주지만 죽음이 오면 달게 받고 살 수 있으면 사는 것처럼 보인다. 아무 생각도 계획도 없는 쓸모없는 존재처럼 생각된다. 하지만 이제는 그런 무당벌레나 치타처럼 인간도 타고난 능력의 한계에서 자연과 공존할 수는 없을 것이다. 그러기에는 능력도, 생각도 너무 많아졌다.

다행히도 인간은 단순히 당장의 생존을 위한 생각만 하는 것이 아니라 사회의 공존과 미래도 생각하는 능력이 있다. 그것이 만물의 영장이라는 증거는 아니어도 적어도 인간 스스로 존엄하다고 귀결지을 수 있는 가치가 있는 이유이다. 한 개인의 생존 욕구를 채우는 것에 매달려 사회를, 미래를, 더 나아가 인류가 생존할 수 있게 하는 생태계를 파괴하지는 않아야 한다는 것도 인식하고 생각할 수 있는 것이 인간의 가치이고 존엄한 이유인 것이다.

따라서 인간과 참 자연이 공존하기 위해서 인간은 자연의 구성원을 얼룩말을 멀뚱히 바라보는 치타처럼 볼 수 있는 마음가짐이 될 수 있어야 할 것이다. 비록 생존하기 위해서 얼룩말을 능력의 한계 내에서 잡아먹지만 그 외에는 아무 욕심 없이 바라보는 치타와 그런 치타를 아무 생각 없이 바라보며 옆에서 풀을 뜯는 얼룩말이 가르쳐주는 무심의 공존을 받아들여야 한다. 다시 말해서 지나치게 확장한 기술문명의 능력을 스스로 절세할 때 인간과 인긴은 물론 인간과 자연이 공존할 수 있게 될 것이다.

V. 자아실현: 탈자아적 자아

4대강 사업은 법적 절차도 민주적 절차도 무시하고 참 자연을 인위적으로 개조하여 거짓 자연으로 만드는 사업이다(정민걸, 2009 · 2010). 이런 사업이 정부에 의해 추진되는 이유는 무엇인가. 개인의 욕구에만 충실한 자아실현자가 너무도 많기 때문이다. 목전의 이익만 바라보며 사는 부나비와 같은 삶에 만족하는 퇴행적 풍조가 만연한 까닭이다.

참 자연과 공존하기보다는 거짓 자연을 만드는 과정에서 얻어질 수 있는 당장의 금전적 이익은 개인적 선에만 충실한 사람들에게는 거부하기 힘든 유혹이다. 거짓의 자연에 익숙하고 참 자연을 배제해 가는 과정에서 전체적으로 물질의 풍요가 늘어나는 것만을 목격해 온 사람들에게도 장밋빛 청사진으로 오인되기 쉬운 대규모 국토 개조가 4대강 사업이다.

그런데 4대강 사업은 후유증으로 사회적 비용이 증가하는 것조차 개인적 이득으로 보일 수 있는 대표적인 녹색성장 사업이다. 예를 들어 16개의 댐으로 강을 막아 인공 저수지가 되면, 상류에 댐이 만들어진 후 매년 발생하는 녹조 문제를 해결하기 위한다는 명목으로 수질 개선과 연구에 매년 투자되던 예산이 배증하여 수질과 관련한 산업과 연구에 종사하는 사람들은 더욱 부유해질 것이다. 물론 이를 위해 사회적으로는 조세 부담이 더 늘어날 것이다. 하지만 이런 부담의 증가는 이득을 보는 사람들보다 훨씬 더 많은 수의 국민들에게로 분산되어 크게 느껴지지 않을 것이다.[6] 아니면 사회적인 비용으로만 생각되는 복지 수혜가 상대적으로 감소하게 될 것이다. 따라서 4대강 사업은 함께 공존하는 사회를 위한 것이 아니라 타인보다 상대적으로 더 나은 개인을 추구하는 분열 사회에 걸맞은 사업인 것이다.

이런 사업을 둘러싸고 일어나는 갈등은 참 자연을 지키려는 이념과 개발 이익을 원하는 이념의 단순한 환경 갈등이 아니다. 참 자연이 파괴되는 과정의 오류가 엄청나기 때문에 그동안 환경 갈등에서 좀처럼 드러나지 않았던 온갖 사회적 병폐가 뚜렷하게 보이게 된 것이다. 그래서 일부 언론의 침묵에도 불구하고 종단과 이념을 떠나 다양한 계층의 사람들이 4대강 사업의 문제를 지속적으로 제기하는 것이다.

하지만 개인적 선에만 충실한 사람들은 그동인 부조리가 드러나지 않아 합리화하던 관행대로 4대강 사업과 관련하여 자기 합리화를 하

---

6) Hardin(1968)이 지적한 공유지의 비극이 일어나는 것과 동일한 현상이다.

기 때문에 그런 병폐를 짐짓 외면한다. 심리적 회피 반응으로 가시적인 안정을 찾으려 하기 때문에 병폐가 보이지 않거나 과거와 같이 쉽게 봉합되어 감추어질 수 있을 것이라고 착각한다.

그래서 어느 때보다도 더 뚜렷한 사회적 병폐를 인식하는 사람들과 과거의 병폐에서 개인적 선을 추구하던 사람들 사이의 갈등이 더욱 고조된 것이다. 우리 사회의 현 모습이 개인적 선의 자아 정체성을 실현한 사람들과 사회적 선의 자아 정체성을 실현한 사람들이 대등하든지 아니면 개인적 자아 실현자들 쪽으로 치우쳐 있기 때문이다.

이런 상황은 사회적으로 바람직하지 않다. 자신의 개인적 욕구를 충족해 줄 수 있어야만 만족할 수 있는 사람들이 많거나 힘을 발휘하는 사회는 구성원들이 공존할 수 있는 에너지가 없기 때문에 지속되기 어렵다. 각 구성원이 자신만을 위해 행동하기 때문에 갈등이 커지고 배타적인 경쟁이 만연할 수밖에 없기 때문이다.

참 자연과 공존하기를 거부하고 거짓 자연에 안주하기보다는 자연에서 공존하는 생물들처럼 자신의 제한된 능력 내에서 생존을 위해 애쓰지만 무심하게 공존하는 태도가 사회적으로 대세가 될 때 발전된 사회가 지속될 수 있다. 지속가능한 사회에 기여하는 개인은 인간 특유의 역사 인식에 따라 영예롭게 기억되고 기록될 것이다. 다시 말해서 개인을 넘어 사회의 공동선을 추구하는 탈자아적 자아를 실현하는 것이 개인의 사회적인 성공인 것이다.

참고문헌

국토해양부 4대강 살리기 추진본부, 『4대강 살리기 마스터플랜』, 2009.
김완구, 「환경윤리에서 생명 논의의 윤리적 함축과 전망」 환경철학 8:57-93, 2009.
대전지방국토관리청, 금강 수변생태공간조성 설계, 2010.
대한하천학회, 『이 아름다운 생명의 강을 지킵시다』, 2010.
민중서림편집국, 『엣센스 국어사전, 제5판』, 민중서림, 2001.
정민걸, 『이해하는 생태학: 인간과 자연의 본성을 찾아서』, 공주대학교출판부, 2005.
_____, 「대규모 개발 사업의 양면성: 4대강 사업의 환경철학적 논점」 환경철학 8:117-139, 2009.
_____, 「목적이 불분명한 4대강 사업의 졸속 추진은 법치의 근간을 흔들고 있다」, SAPA News & Platform 16: 39-41, 2010.
천주교 주교회의 정의평화위원회, 『정부의 4대강 사업에 대한 그리스도인의 응답: 창조질서 거스르는 4대강 사업은 당장 멈추어야 합니다』, 2010.
충청남도 4대강(금강)사업 재검토 특별위원회, 『아름다운 강 비단 강을 위한 보고서』, 2010.

Alling, A. and M. Nelson, *Life under Glass: The Inside Story of Biosphere-2*, The Biosphere Press, 1993.
Andrewartha, H. G., *Introduction to the Study of Animal Populations, 2nd ed.* The University of Chicago Press, 1971.
Bellisari, A., "Evolutionary Origins of Obesity", Obesity Reviews 9:165-180, 2008.
Buck, Pearl S., *The Good Earth*, John Day, 1931.
Carson, Rachel, *The Silent Spring*, 1962.
Des Jardins, Joseph R., *Environmental Ethics: An Introduction to Environmental Philosophy, 4th ed.*, Wadsworth Publishing. 2005.
Hardin, G., "The Tragedy of the Commons", Science, 162:1243-1248, 1968.
Meadows, Donella H., Dennis L. Meadows, Jørgen Randers, and William W. Behrens Ⅲ, *The Limit to Growth*, Universe Books, 1972.
Normile, Dennis, "Restoration or Devastation?", Science 327:1568-1570, 2010.
Pianka, E. R., "Guild Structure in Desert Lizards", Oikos 35:194-201, 1980.

Root, R. B., "The Niche Exploitation Pattern of the Blue-grey gnatcatcher", Ecol. Monogr. 37:317-350, 1967.

UNEP, *Overview of the Republic of Korea's National Strategy for Green Growth*, 2010.

Van Dyke, Fred, *Conservation Biology, 2nd ed.*, Springer, 2008.

인간과 자연: 큰 자아실현과 다중심주의[1]

김완구(서강대학교 생명문화연구소 상임연구원)

머리말

인간과 자연의 관계에 대한 탐구를 시작하면서 제일 먼저 해야 할 작업은 당연히 인간과 자연의 관계가 어떤 종류의 관계인지를 밝히는 것이지만, 문제는 그러한 관계가 해명되기 위해서는 먼저 인간은 무엇이고 자연은 무엇인가에 대한 해명이 필요하다는 것이다. 이러한 문제들은 커다란 쟁점이자 영원한 물음이고 삶에 의미와 통찰을 제공하는 방식으로 모든 문화권에서 다루어져 왔으며 주로 종교와 철학에서 먼저 다루어 왔다. 그러나 철학의 많은 문제가 그렇듯 이러한 질문에 대한 답은 쉽게 마련되지가 않는다. 그럼에도 어쨌든 인간들은 자신들이 누구이고 자연은 무엇인지에 대한 견해를 가져왔으며, 그에 따라 자연과의 관계를 나름대로 설정해 왔다. 그러나 철학적이고 종교적인 전통에서의 이러한 인간과 자연의 관계설정이 바람직한 것이었는가?

---

[1] 이 글은 『생명연구』 제18집(2010년 11월)에 실렸던 글을 편집한 것이다.

무엇보다도 이러한 질문은 인간의 삶의 편익을 위해 환경오염, 파괴, 훼손, 남용, 착취 등이 일상화되고 있는 오늘날의 환경위기 시대에 무엇보다도 심각하게 고민해야 할 문제로 보인다. 물론 이것은 환경위기의 문제를 다루어 나가는데 기본적이면서도 중요한 문제이기에 많은 사람들이 나름대로 고민을 해왔고 많은 환경 관련 책들에서 언급되어 왔다. 그럼에도 아직 결정적이면서도 확정적인 혹은 만족할 만한 구체적인 답변들이 제시되지는 않은 것으로 보인다. 그저 '인간과 자연의 조화로운 관계'라는 모호한 표현들로 언급되기 일쑤이다. 그렇다면 인간과 자연의 조화로운 관계를 찾기 위해 인간은 무엇이고 자연은 무엇인지, 그것들은 서로 관계를 맺기나 하는 존재들인지, 관계를 맺는다면 상하의 위계적 관계인지, 평등한 관계인지, 상호 의존적인 관계인지 그리고 어떤 단위들로 서로 관계를 맺는 것인지 등을 살펴보아야 한다. 그리고 또한 당연히 자연의 흐름에 따라 맺는 관계 말고 우리가 인위적으로 맺어주어야 하는 자연과 인간의 윤리적인 이상적 관계라는 것이 있는 것인지 등등의 많은 문제들을 살펴볼 필요가 있다.

이 외에도 특히 우리는 자연의 나머지 것들과 똑같은 재료로 이루어져 있는가, 우리는 세계의 나머지 것들을 지배하는 똑같은 원리에 의해 지배를 받는가, 혹은 우리는 그것과 궁극적으로 그리고 본질적으로 구분되는가 라는 등의 질문들은 심각하게 물을 수 있다. 이러한 것들에 대해서 우리가 어떻게 대답하느냐는 우리 자신에 대한 우리의 생각은 물론이고 우리와 세계의 관계에 대한 우리의 견해들에 상당한 영향을 미칠 것이다. 왜냐하면 우리와 자연 세계와의 관계는 우리의 태도에 의해 형성이 되고 우리의 태도들은 우리의 믿음들에 의해 형성되기 때문이다.

그렇다면 우리는 우선 인간과 자연의 정체를 명확하게 살피기가 어렵다고 하더라도 적어도 인간들은 자신들과 자연을 무엇이라고 생각하고 있는지에 대한 검토가 선행되어야 할 것이다. 그리고 인간과 자연에 대한 정체와 그 관계가 사실적으로 규명이 된다면 그다음에는 아마도 인간과 자연이 바람직하게 관계하고 있는지가 검토되어야 하고 만약 바람직하게 관계를 맺고 있지 못하다면 바람직하거나 이상적인 관계가 무엇인지에 대한 탐구가 있어야 할 것이다. 그리고 그러한 관계를 유지하거나 맺어가기 위한 구체적인 실천적 방안들이 탐구되어야 할 것으로 보인다.

인간과 자연

그러면 먼저 인간과 자연이 무엇이며 인간은 그러한 자연에 대해서 어떠한 식으로 접근하고 관계를 맺어 왔는지에 대해 간략하게 살펴보는 것으로 시작을 해보자. 인간에 대한 이해는 그리 쉽지가 않지만 이러한 논의에서 인간의 본질을 명확하게 규명하는 것은 아주 중요하다. 그리고 인간이 어떻게, 어디에서 와서, 어떻게 존재하게 됐는지를 밝히는 일도 중요하다. 인간이 창조에 의해 존재하게 되었다면 인간은 신(창조주)이 없었다면 존재할 수 없었을 것이다. 인간이 진화의 산물이라면 인간은 자연 없이 존재할 수 없었을 것이다. 그렇다면 인간이 구체적으로 무엇에 의해 어떻게 창조되고 진화되었건 그것은 인간이 아닌 다른 것들에서 존재하게 되는 것이다. 그렇다면 인간은 인간들 간의 관계에 의해서만 존재할 수 있는 존재가 아니다. 인간은 다른 존재들과의 관계에 의해 그 존재가 가능했을 것이다. 또 지금도 사실 인간은 다른 인간들은 물론 다른 존재들과 끊임없이 관계해야만 존재가능하다고 할 수 있다.

이렇게 인간이 자연과 관계하지 않는다면 존재할 수 없었으리라는 그리고 앞으로도 존재할 수 없으리라고 생각이 된다면 인간을 다른 존재와 별개로 생각할 수 없는 것인가? 다시 말해 인간의 본질 혹은 본성에 내해서 얘기힐 때 창조주나 자연을 생각하거나 언급하지 않고도 무엇이라 얘기할 수 있거나 그 정체를 밝힐 수 있는 것인가? 환경이라는 말이 생존주체나 생명체를 상정하지 않는다면 그 의미를 상실하는 것처럼, 인간이라는 개념도 자연이라는 개념을 상정하지 않는다면 의미를 상실하는 상대적인 개념인가? 그런데 사실 자연이라는 개념 또한 간단하게 규명이 되는 개념이 아니다.

자연이란 말은 라틴어 *natura* 혹은 *natus*("자라다"와 "태어나다")라는 동사로부터 유래한다. 이것은 다시 *pregnant*(임신한), *genesis*(발생, 기원) 그리고 *native*(출생의, 원산의)에 남아 있는 어원들인 그리스어 *gignomai*, "태어나다"라는 어원과 관련된다. 그렇다면 생겨난 것과 존재하게 되는 것은 무엇이든 자연이다. 때로 자연은 그것을 초월하는 '초자연적(supernatural)'이라는 것과 대비된다. 그리고 다른 때에 그것은 '인공적(artificial)'이나 '문화적'이라는 말과 대비된다. 그래서 주요 사전적 정의 중의 하나는 다음과 같다. 즉, "자연은 물질적이거나 물리적인 세계, 특히 식물들, 동물들, 지형 등등을 포함하는 인간에 의해 영향을 받지 않은 세계 혹은 이러한 것들이 대체적으로 인간의 영향을 받지 않고 존재하는 장소들이다."[2] 그런데 이처럼 자연을 정의하는 데 인간 혹은 인위적인 요소를 배제하기도 하지만 또 다른 입장은 인간을 포함한 존재 전체를 가리키기도 한다. 따라서 마찬가지로 자연 또한 그 정체를 파헤치고 간명하게 정의를 내리거나 규명하기가 쉽지 않은 개념이다. 그렇다면 자연도 인간이나 비자연적인 혹은 초자연적인 어떠한 개념과 대비해서만 이해되는 개념인가?

인간과 자연의 관계가 무엇인지를 명확히 하기 위해서는 인간과 자연에 대한 정확한 이해가 선행되어야 하지만 이렇듯 인간과 자연에 대해서조차 무엇이라 분명히 얘기하기가 쉽지 않다. 그러나 인간과 자연은 상호 의존적인 개념이라서 자연에 대해 생각할 때 인간에 대해 생각하지 않을 수 없고 인간에 대해 생각할 때 자연에 대해 생각하지 않을 수 없는 것처럼 보인다. 피터슨(Anna L. Peterson)은 『인간이라는 것(Being Human)』이라는 책에서 이러한 점을 다음과 같이 이야기한다. "우리는 암시적으로든 명시적으로든 인간에 대한 생각들을 참고하지 않고 자연에 대해 이야기할 수 없는 것과 마찬가지로 그렇게 우리는 인간들을 포함하거나 제외하는 것으로서, 또는 아마도 보다 흔하게는 인간을 제외하는 것으로서의, 근본적인 자연에 대한 생각 없이 인간임(humanness)에 대해 이야기할 수 없다." 그리고 그는 더 나아가 인간에 대한 생각과 자연에 대한 생각은 서로 얽히어 있을 뿐만 아니라 윤리적인 체계들과 관행들까지도 형성한다고 이야기한다.[3] 따라서 인간으로 간주되는 것과 그렇지 않은 것은 무엇인가, 그리고 자연적인 것과 비자연적인 것은 무엇인지 하는 인간과 자연에

---

2) Louis P. Pojman, *Global Environmental Ethics* (Mayfield Publishing Company, 2000), p. 136.

3) Anna L. Peterson, *Being Human* (Berkeley and Los Angeles, California: University of California Press, 2001) p. 1.

대한 질문들은 단순히 철학적인 논쟁을 부채질하는 것일 뿐만 아니라 도덕적이고 정치적인 우선순위를 결정하고 행위의 패턴들 그리고 제도적인 구조를 결정하는 데 상당한 도움을 준다고 말한다.[4] 이렇듯 인간이 무엇을 해야 하는지 하는 것, 즉 윤리학은 인간이 무엇인지에 대한 규정에 상당히 의존할 수밖에 없다. 인간을 무엇으로 보느냐에 따라 우리가 해야 하는 것도 아마 그것에 의존되어 결정될 것이다. 마찬가지로 환경을 보호하거나 해를 끼치거나 하는 데 영향을 주는 관행들이나 생활형식들도 종종 암묵적이기는 해도 인간의 본성에 관한 가정들에 의존할 것이다.

대부분의 서양사상의 전통들은 인간을 생명체들 중에서도 독특한 것으로 정의하고 인간을 자연과 근본적으로 분리시킨다. 플라톤에 따르면 물질의 세계로 생각되는 자연세계는 인간의 비물질적 본질인 영혼의 감옥으로 간주된다. 이러한 견해에서 우리는 본질적으로 자연과 다르고 그것보다 우월하다.[5]

이러한 생각은 우리는 신의 모습으로 만들어진다는 기독교적인 생각으로 결실을 맺는다. 전통적인 기독교 신학에 의하면 신이 세계를 창조했다. 신은 세계와 동일하지 않고 그것과는 분명히 다르다. 창조자는 피조물과는 구별된다. 또한 신은 피조물들보다 우월한 것으로 얘기된다. 신은 완전하고 세계를 초월한다. 인간들은 신을 닮았기에 인간도 또한 세계를 초월해야 한다. 인간의 창조주와의 이러한 특별한 관계는 또한 인간을 다른 창조물들과의 특별한 관계를 갖는다는

---

4) Ibid., pp. 1-2.

5) Frederik Kaufman, *Foundations of Environmental Philosophy*: A Text with Readings (McGraw-Hill Humanities/Social Sciences/Languages; 1 edition (September 27, 2002) p. 38.

것을 의미한다. 신과 같이 인간들 또한 그것들보다 우월하다.

이렇듯 인간을 독특한 창조물이라고 믿게 되면 당연히 인간은 자연과 분리된 존재라는 것이 결론으로 따라 나온다. 역사적으로 이러한 믿음들을 가진 사람들은 인간은 모든 다른 창조물들로부터 떼어놓는 능력을 소유한다고 주장해 왔다. 인간만이 영혼을 갖는다는 것이다. 말하자면 "인간들은 다른 동물들에게는 없고 인간을 그것들과 분리시킬 뿐만 아니라 그것 위에 위치시키는 어떤 본질적 특성 x를 가진 유일한 동물"이라는 것이다.[6] 서양의 종교적 전통에서는 보통 x의 후보가 불멸의 영혼이다. 반면 세속적인 철학자들은 종종 합리적 사유와 개념적인 언어사용 능력과 같은 이성의 능력에 초점을 맞춘다. 인간에 대한 이러한 "내세적인 설명"은 단지 종교적인 것만은 아니다. 이것은 철학적 근거에서도 옹호될 수 있다.

『성찰』에서 데카르트(Descartes)는 인간은 인간의 육체와 같은 것이 아니라고 주장한다. 데카르트에 따르면 인간은 본래 마음, 즉 의식이지 한 덩어리의 물질과 같은 것이 아니다. 데카르트는 인간들은 육체 없이 존재할 수 있다고 말함으로써 이러한 것을 보여 주고자 한다. 만일 이것이 가능하다면 인간은 인간의 육체와 똑같은 것일 수 없다. 왜냐하면 어떤 다른 것 없이도 어떤 하나의 것을 가지는 것이 가능하다면 그것들은 동일한 것일 수 없기 때문이다.[7]

인간을 어떻게든 규명해 보려는 노력들은 여러 가지가 더 있었다. 그러나 현대의 사회 구성주의적인 접근방식들은 인간의 본성은 고정

---

6) Anna L. Peterson, *Being Human* (Berkeley and Los Angeles, California: University of California Press, 2001) pp. 1-2.

7) Frederik Kaufman, *Foundations of Environmental Philosophy*: A Text with Readings (McGraw-Hill Humanities/Social Sciences/Languages; 1 edition (September 27, 2002) p. 39.

된 본질이 아니라 문화적이고 환경적인 형성의 끝없는 가능성에 열려 있는 백지(blank paper)와 같은 것으로 보기도 한다.[8] 그런데 피터슨(Anna L. Peterson)은 이러한 접근 방식은 보편적인 인간 본성의 문제 있는 가정을 피하기 위해 만들어 졌음에도 불구하고 "본질"이라는 근대적인 개념을 "결여(absence)"라는 것으로 대치하는 것이라고 본다. 이러한 견해에 의하면 우리가 본유적인 특성들을 결여하고 있다는 것이 결국은 바로 정확하게 우리를 규정하는 독특한 특성이 되는 것이다. 따라서 인간의 자기창조(self-invention)가 초월적인 신의 작업을 대치한다고 보는 것이다.

인간의 본성에 대한 이러한 견해들만으로 우리가 윤리적 결정들을 내리는 데 충분하지는 않지만 이러한 것들은 우리가 윤리적 결정으로 내리는 데 필요하기는 하다. 그러나 환경을 염두에 둔 이러한 논의에서 중요한 것은 인간의 본성이 결정되지 않았고 인간의 본질이 인간의 필요에 의해 구성되는 것이라면 인간과 자연의 관계에 해롭지 않은, 달리 말해 환경에 해를 끼치지 않는 어떠한 인간의 본성을 찾아내는 것이라는 생각이 든다. 그런데 인간이라는 것은 다른 존재들과 관계를 하지 않는다면 이해될 수 없는 것처럼 보인다. 그렇기에 인간의 본성을 규명하는 데 인간만을 따로 떼어 놓고 규명한다는 것은 여러 가지로 문제가 있다. 그러면 이제 인간을 자연과 분리되는 것이 아닌 자연의 일부로 보는 견해들을 먼저 간략히 살펴보자.

인간들만이 정신을 가지고 자연의 나머지 대상들은 그것을 갖지 않는다면, 인간과 자연 대상들은 분리된다. 인간은 자연의 일부이고 자

---

8) Anna L. Peterson, *Being Human*(Berkeley and Los Angeles, California: University of California Press, 2001) p. 3.

연 속에서 생겨났으면서도 동시에 이성과 언어 그리고 문화를 가지고 세계와 자연을 인식하며 이를 변화시킬 수 있는 세계 초월적 존재로 자신을 이해해 왔다. 그러나 과연 인간만이 이러한 정신을 가지는가? 정신과 물질 사이의 근본적인 구별에 대해서는 비록 데카르트가 옳다고 치더라도 우리는 여기에서 자연 전체에서 정신이나 의식의 범위에 관해서 여전히 의심할 수 있다. 자연에 의식 혹은 정신이 있다는 증거나 주장은 심심치 않게 제기된다. 많은 동물들은 인간과 신체적으로나 행동적으로 많은 점에서 유사성을 가지고 있다. 데카르트가 어느 정도 옳다고 하더라도 의식을 인간에게만 제한하는 것은 그럴듯하지 않다. 그렇다면 여기에서 우리는 인간이 자연의 일부에 지나지 않을 수도 있다는 견해에 이르게 된다. 인간은 자연과 구별되지 않는다. 인간은 특별한 능력을 가지고 있지도 않다. 인간은 다른 존재들과의 종류에 있어서의 차이가 아니라 정도의 차이만 있을 뿐이다.

인간을 넘어서 '자연에 존재하는 의식의 중심들'의 존재 가능성은 중요한 도덕적 함축들을 가진다. 왜냐하면 어떤 점에서 우리와 유사한 의식을 가진 다른 존재들이 있다면 우리는 그것들과 어떻게 관계를 맺어야 하는지 물을 수 있기 때문이다. 우리는 인격체들을 다루듯이 자연에 대한 도덕적 의무를 상정하고 자연을 인격체로 혹은 적어도 인간과 유사한 어떤 것으로 다루고자 하는 유혹이 생긴다.

그러나 이것을 뒤집어서 자연에는 마음이 없고 우리에게도 역시 마음이란 것은 없다고 생각하게 되면 또한 우리와 자연 사이에는 뚜렷한 구분이 없다고 생각할 수도 있을 것이다. 이러한 견해에 의하면 우리는 물리적 세계의 나머지 대상들처럼 온통 물질로 이루어진다. 그렇다면 우리는 세계 속에 속해 있는 세계의 일부이지 데카르트나 대부분의 서양의 종교적이고 철학적인 전통에서 얘기하는 것처럼 세계와 맞서 있는 구별되는 어떤 것이 아니다.

그런데 인간들은 아마도 자신들이 이렇게 똑같은 법칙의 지배를 받고 똑같은 구속을 받고 있는 자연의 나머지 대상들과 정확하게 똑같은 면에서 이해되는 것에 기분이 상할 수도 있을 것이다. 만일 우리가 결국 물질적 존재에 지나지 않고, 그래서 자연의 나머지 대상들과 마찬가지로 원자들로 이루진 존재라면, 우리의 행위는 실제로 그저 세계의 나머지 것들을 지배하는 인과법칙들에 지배를 받는 것에 지나지 않게 되기 때문이다. 우리들은 그렇게 하기로 자유롭게 선택했기 때문에 행동하는 것이 아니라 우리의 머릿속에 있는 앞선 물리적 조건들이 원인이 되었기 때문에 행동하는 것이다. 우리가 어떤 특정한 경우에 했었던 것과 다르게 행동할 수도 있었을 것이라는 의미에서의 인간의 자유는 이러한 설명으로 사라진다. 이렇듯 자연의 나머지 대상들과 우리를 연속적인 존재로 보는 것은 우리의 가장 독특한 특성을 위협하는 것처럼 보인다. 다시 말해 자유롭게 행동함으로써 물리적 세계를 초월하는 우리의 능력을 위협한다.

위와 같이 인간 혹은 자연을 무엇으로 보느냐에 따라 인간과 자연과의 관계는 다르게 설정이 된다. 이러한 관계 설정은 또한 피터슨이 말한 대로 인간의 자연에 대한 윤리적인 관계를 설정하게 될 것이라는 것은 자명하다.

자아와 자연

그런데 여기서 우리는 자연과 관계하는 주체들의 단위들에 대해서 잠시 생각을 해볼 필요가 있다. '인간과 자연의 관계'라고 할 때 자연과 관계를 맺는 주체는 나인가 아니면 인간 전체인가? 아니면 나라는 개체와 자연 속의 또 다른 개체들과의 관계인가? 아니면 원자들에서부터 우주 전체에 이르는 수많은 개체단위들이건 전체단위들이건 이들 모두의 상호 복합적인 관계인가? 자연의 모든 것들은 어떠한 식으로든 다른 존재단위들과 관계를 맺고 있을 것이다. 그것이 위치관계이건 거리관계이건 어떠한 식으로든 관계되어 있다. 정부가 4대강 정비 사업을 벌이는 것도 강이라는 자연과 관계하는 것이고, 반대하기 위해 개인이 혹은 단체가 보에 올라가 공사를 저지하는 것도 강이라는 자연 정부라는 자연과 관계하는 것이다. 아니면 수수방관하거나 방치하는 개인도 정부나 강이라는 자연 그리고 환경운동가들과 관계하는 것이다. 그런데 그러한 관계는 정확히 어떠한 관계인가? 그것은 올바른 관계인가? 올바른 관계라면 누구를 위해서 올바른 관계인가? 혹은 누구에 의해서 올바른 관계로 평가되는가? 어떻게 평가할 것인가? 윤리이론들을 들먹일 것인가? 경제 이론들을 들먹여야 하는가? 아니면 자연의 법칙을 들먹여야 하는가? 아니면 신이나 종교를 들먹여야 하는가?

이렇게 따져 들어가면 좀처럼 인간과 자연의 관계를 해명하려는 작업은 요원한 일이며 점점 더 미궁으로 빠져들지도 모른다. 그렇다면 여기에서는 일단 생존주체이자 인식주체이며 행동 주체인 나를 자연 혹은 환경과 관계 맺는 주체로 상정하자. 그렇다면 이제 앞에서와 같이 나는 누구이고 나와 마주하는 자연은 무엇이며 그것과의 관계가 무엇인가 라는 문제가 다시 제기될 것이다. 그러면 나는 누구인가? 나를 나이게 해주는 본질은 무엇인가? 개인의 정체성에 대한 이러한 문제는 철학의 또 다른 중요한 쟁점이다. 철학적으로 나의 본질로 거론되는 후보는 육체, 기억, 뇌, 영혼 등등이 있었지만 이러한 것들은 모두 나를 나이게끔 해주는 본질로서 혹은 나의 정체성을 확보해주는 데 실패한다.

그렇다면 나는 누구인가? 니는 그저 자의식을 지닌 생존주체일 뿐인가? 오늘도 내일도 살아가고 있는, 그리고 때때로 변해가고 있는, 그래서 어제와 오늘의 나는 다소 유사할 뿐인 그러한 생존주체인가? 그렇다고 하자. 그렇다면 이러한 생존주체인 나는 자존적 존재인가? 그리고 생존주체인 나를 외부인 자연과 구획지어 주는 것은 내 살가죽(피부)인가? 그렇지 않다. 나는 생존주체라고 하더라도 자존적이지는 못하고 내 살가죽은 나와 내 외부를 구획 지어주는 경계도 아니다. 나는 생존주체이지만 다른 것들과 의존해서만 존재 가능하며 나의 육체는 세계로 뻗어 있다. 따라서 나는 나의 육체인 것과 나의 육체 아닌 것을 구분할 기준이나 경계도 정하기가 어렵다. 그렇다면 우리는 자아를 어떻게 규정할 수 있을까?

1) 관계적 자아

지배적인 서양의 사유는 인간을 신의 이미지나 이성의 번득임(spark of reason)과 같은 고정되고, 근원적인 본질에 의해서 특징지어지는 것으로 해석한다고 캘리콧(J. Baird Callicott)은 주장한다.[9] 이러한 본질을 소유함으로써만 인간들은 나머지 창조물들이 배제되는 보편적인 어떤 것에 참여하는 것이 되는 것이다. 서양의 전통에서는 이러한 "수직적(vertical)" 관계가 진정으로 인간을 정의하는 유일한 것이었다는 것이다. 그렇다면 여기에서는 모든 다른 관계들과 같은 것들은 "실제의" 자아에게는 "부대적인" 것 혹은 외적인 것이다.

하지만 이와 대조적으로 자아를 사회적으로 구성된, 즉 자연적이고 사회적인 관계에 의해 충분히 정의된 것으로 이해하는 입장들이 있다. 이러한 입장들에서는 인간은 관계들의 총합이거나 "관계들에다가 자연적이고 사회적인 상호작용들의 이러한 특정한 혼합으로부터 나오는 독특성(uniqueness), 즉 개별성(individuality)을 더한 것의 총합"이다.[10] 여기서는 아마 독특성이나 개별성이라고 하는 것들은 실재적이기는 하지만 소용돌이가 물과 분리되지 않는 것과 마찬가지로 다른 것들과 분리될 수 없다. 내스(Arne Naess)와 메이시(Joanna Macy)는 이러한 점들을 각각 다음과 같이 표현한다. 내스는 우리가 세계를 관계의 터전(relational field), 즉 "완전하게 분리 가능한 대상들이 존재하지 않고, 그래서 어떠한 분리 가능한 자아(ego)나 매개물(medium) 혹은 유기체가 존재하지 않는 터전으로 생각한다고 주장한다. 그러한 터전 안에서는 어떠한 구체적인 내용이든 분할할 수 없는 구조들에, 즉 요소들의 배열에 일대일로 관계될 수 있을 뿐이다."[11] 또한 매시는 "인격(person)이

---

9) Anna L. Peterson, *Being Human* (Berkeley and Los Angeles, California: University of California Press, 2001) p. 93.

10) Callicott, J. Baird., *Earth's Insights: A Multicultural Survey of Ecological Ethics from the Mediterranean Basin to the Australian Outback* (Berkeley and Los Angeles: University of california Press, 1994) pp. 79-80 in Anna L. Peterson, *Being Human* (Berkeley and Los Angeles, California: University of California Press, 2001) p. 93에서 재인용.

11) Arne Naess, Ecology, *Community and Lifestyle* (Cambridge: cambridge Univ. Press, 1989), pp. 56-57 in Gus diZerega, "Empathy, Society, Nature, and the Relational Self: Deep Ecology and Liberal Modernity" in The Ecological Community ed., Roger S. Gottlieb (Routledge, New York, London, 1997) p. 64에서 재인용.

된다는 것은 …… 우리 존재의 모든 단계에서 우리의 피부로 둘러싸인 혹은 우리의 이름을 가지고 확인되는 실재보다도 더 폭넓은 실재에 참여하는 것이다"라고 이러한 점들을 표현한다.[12]

자아에 대한 이러한 견해는 환경철학과 윤리학에서 중요하다. 왜냐하면 모든 다른 존재들과 마찬가지로 인격들이 관계들에 의해 구성된다는 생각은 자신과 다른 존재들 그리고 환경 간의 뚜렷한 구별을 무너트리기 때문이다. 현대의 생태과학과 심층생태학(Deep Ecology) 이론은 유기체들은 그들의 다른 개별자들과 종들의 상호작용에 의해서 형성된다고 주장한다. 이러한 생태학적 견해는 전체론적(holistic)이다. 왜냐하면 그것은 실재물들을 독특한 관계들의 망에서 특정한 위치에 의해 구성된 각각의 실재물들과의 무수한 관계들에 의해 한데 모아지는 것으로 기술하기 때문이다.

피터슨은 이러한 관계적 자아에 대한 생각은 지배적인 서양 인간학의 개체론(individualism)에 대한 근본적인 대안이라고 이야기하면서 다음과 같은 논의를 한다. 서양의 종교나 철학은 보통 개인들은 자족적이고 관계들은 부수적인(혹은 비본질적인, 우연적인) 것으로, 즉 먼저 존재하고 있는 자아에 부가적으로 더해지는 것으로 간주한다. 반면에 인격들을 사회적으로 구성되는 것으로 보는 입장에서는 내적인 관계라는 생각에 의존한다. 어떤 사람이 누구이고 무엇이냐 하는 것은 본질이나 유형 혹은 보편적 특성에 의해 정해지는 것이 아니고 그것의 자연적이고 사회적인 관계들에 의해 정해진다는 것이다. 달리

---

12) Joanna Macy, *Mutual causality in Buddhism and General Systems Theory* (Albany: SUNY Press, 1991) p. 184 in Gus diZerega, "Empathy, Society, Nature, and the Relational Self: Deep Ecology and Liberal Modernity" in *The Ecological Community* ed., Roger S. Gottlieb (Routledge, New York, London, 1997) p. 64에서 재인용.

말해 관계들이 내적이라고 얘기하는 것은 그것들을 기술하는 것이 인격을 기술하는 데 본질적이라고 말하는 것이다. 인격성(personhood)에 대한 이러한 생각은 환경론자들에게는 매력적일 수밖에 없다. 왜냐하면 그것은 인격들이 다른 인간들과만 밀접하게 관계되어 있는 것이 아니라 보다 일반적으로는 자연과 밀접하게 연결되어 있다는 점을 암시하기 때문이다.[13]

이러한 상호의존성은 기술적(descriptive)이면서도 규제적인(prescriptive) 힘을 지닌다. 왜냐하면 우리는 다른 존재들에게 의존하기 때문에 우리는 우리 자신들을 넘어 다른 사람들에게 불가피하게 영향을 미치게 되기 때문이다. 그런데 만일 우리가 이러한 관계에 있다는 것을 안다면 당연히 우리는 우리가 선택한 행위들의 부정적인 결과들을 최소화하도록 할 것이며 이러한 결과들에 책임감을 지니게 될 것이다. 그래서 자아에 대한 관계적인 견해는 소비를 줄이고, 인구를 줄이고, 오염, 종들의 멸종 그리고 다른 생태학적으로 해를 끼치는 관행들을 줄이는 데 강력한 철학적 기초를 마련해 준다. 이러한 행위는 계몽된 자기이익으로부터 나올 수도 있고 혹은 상호 관련된 세계에 대한 의무감으로부터 나올 수도 있다. 그리고 동정과 감정이입의 덕을 실현하기 위한 욕구로부터 나올 수도 있다.[14] 그러면 이제 여기에서 자아에 대한 이러한 관계적인 시각이 심층생태학에서는 어떠한 식으로 더 진전되어 논의되고 있는지를 더 살펴보도록 하자.

---

13) Anna L. Peterson, *Being Human* (Berkeley and Los Angeles, California: University of California Press, 2001) p. 95.

14) *Ibid.*

2) 심층생태학의 자아실현

우리는 환경 관련 문제를 고민할 때 생태학에 많이 의존한다. 그러나 환경문제는 많은 경우 윤리적이고 철학적인 측면을 지니기에 환경문제를 다루는 데 있어 우리가 과학적 생태학에 지나치게 의존하는 것은 바람직하지 않고 문제가 있을 수도 있다. 그런데 심층생태학은 환경과 혹은 생태학과 관련된 많은 철학적 통찰을 마련해 준다. 특히 그것은 환경문제에 대한 제한된 단편적이고 피상적인 접근방식을 넘어 포괄적인 종교적 철학적 세계관을 명확하게 표현하고자 한다. 그래서 심층생태학은 '독특한 인간 개체'라는 것은 무엇을 의미하는가, 개체적인 자아들은 자아와 다른 것들 사이의 명확한 구분이 없는 전체 체계의 불가분의 모습으로 존재하면서 어떻게 그 독특성을 유지하고 증대시키는가와 같은 물음들을 묻는다.[15]

심층생태학은 인간들을 자연의 나머지 것들과 고립되고 근본적으로 분리된 것으로, 그리고 다른 창조물들보다 우월하고 지배하는 것으로 간주하는 기술 산업사회의 지배적인 세계관과는 명확한 대조를 이룬다.[16] 서양의 문화는 점점 인간이 아닌 자연에 대한 인간의 지배, 여성에 대한 남성의 지배, 가난한 사람에 대한 부자와 권력자들의 지배, 비서양문화에 대한 서양의 지배와 같은 지배라는 생각에 사로잡히게 되었다. 심층생태학적 의식은 우리들로 하여금 이러한 잘못되고 위험한 환상들을 꿰뚫어 보도록 한다. 그래서 잘 알려진 '큰 자아실현(Self-realization)'과 '생명중심적 평등(biocentric equality)'의 원리가 심층생태학의 궁극적인 규범으로 등장하게 된다. 큰 자아실현은 사람들

---

15) Bill Devall and George Sessions, *Deep Ecology* (Salt Lake City, Peregrine Smith Books, 1985) p. 65.
16) *Ibid.*, pp. 65-66.

이 자신들을 자연의 나머지 대상들과 철저한 상호연관 속에 존재하는 것으로 이해하는 과정이고 생명평등의 의식은 모든 유기체들과 존재들이 상호 관련된 전체의 동등한 구성원이라는 것을 인식하는 것이다.[17)]

큰 자아실현이라는 심층생태학의 규범에서의 자아는 주로 쾌락적인 만족이나 혹은 이승에서나 저승에서의 좁은 의미의 개인적인 구원을 추구하는 고립된 자아로 정의되는 근대 서양에서 얘기하던 그러한 자아를 넘어서는 것이다. 내스는 "인간의 본성은 충분히 폭넓게 전면적으로 성숙하게 된다면 우리는 우리의 자아를 모든 다른 살아 있는 존재들과 일체화(identification)하지 않을 수 없는 것"이라고 주장한다. 그러면서 내스는 이러한 일체화를 인간을 넘어 자연에까지 확장할 것을 요구한다. 이렇게 함으로써 "지구를 인간과 인간이 아닌 것들 모두의 계몽된 자기이익(enlightened self-interest)을 침해하고 기쁨에 넘친 존재(joyful existence)의 잠재성을 감소시키고 있는 생태학적 황폐화로부터 구출해야 한다"는 점을 강조한다.[18)]

일반적으로 이들이 말하는 정신적인 성장, 혹은 전개(unfolding)라는 것은 우리가 우리 자신들을 고립되고 편협한 경쟁하는 자아들(egos)로 이해하기를 그만두고 우리 가족과 친구들로부터 결국 우리의 종들에 이르는 타자들과 일체화하기 시작할 때 비로소 이루어지기 시작한다. 그러나 심층생태학적으로 이해된 자아는 더 이상의 성숙과 성장을 요구한다. 말하자면 인간을 뛰어넘어 인간이 아닌 세계를 포함하는

---

17) Joseph R. DesJardins, *Environmental Ethics: An Introduction to Environmental Philosophy*, Forth Edition (Thomson Wadsworth, 2006) p. 215.

18) Arne Naess, "Self-realization: An Ecological Approach to Being in the World" in George Sessions, ed., *Deep Ecology for the Twenty-First Century* (Boston & London, Shambhala, 1995) pp. 225-239.

일체화를 요구하는 것이다. 심층생태학에서의 이러한 자아의 완전한
전개는 또한 다음과 같은 구절에 의해 요약될 수 있다고 디밸과 세션
스(Bill Devall and George Sessions)는 말한다.[19] "우리가 모두 구출될 때
까지는 어느 누구도 구출되지 않는다." 그런데 여기에서 "'누구'라는
구절은 개별적 인간인 나뿐만 아니라 모든 인간들 고래들, 회색곰, 다
우림의 생태계들, 산과 강들, 토양 속에 있는 가장 작은 미생물들 등
등을 포함한다"는 것이다.

이깃이 지니는 윤리적 함축은 분명히다. 큰 자아실현을 통해 나와
자연이 하나라는 것을 인식하게 되면 자연의 이익은 나의 이익이고
자연의 고통은 나의 고통이다. 따라서 우리는 자연과 별개가 아니기
에 자연을 내 몸처럼 아끼고 그것과 조화롭게 하나가 되는 삶을 영위
해야 한다는 식일 것이다. 캘리콧은 "세계가 인간의 육체라면, 그리
고 인간의 의식이 그것의 특별한 내용에 있어서 세계의 이곳저곳을
생생하게 묘사할(image) 뿐만 아니라 인간의 영혼과 이성적인 능력들
의 구조가 자연의 생태학적인 조직과 적응하려는 상호작용에 의해서
형성된다면, 인간의 자아는 물리적으로든 심리적으로든 그것의 중심
으로부터 환경으로 녹아들고, 그래서 사람들은 물리적으로든 정신적
으로든 자신과 환경 사이의 명확한 경계를 그을 수 없다"고 말하면서
이러한 점들을 다음과 같이 묘사하고 있다.

> 내가 미시시피 강변에 서서 멤피스(Memphis)로부터 흘러온 산업폐
> 수와 도시 하수의 검은 플륨(plume)[20]을 흡수하고 있는 갈색의 토

---

19) Bill Devall and George Sessions, *Deep Ecology* (Salt Lake City, Peregrine Smith Books, 1985) p. 67.

20) 한 성질이 유사한 물줄기가 다른 성질을 가진 물줄기 속으로 길게 흘러드는 현상으로, 예를 들자면 퇴적
물을 포함한 강물이 줄기를 이루며 바다로 유입되는 것과 같은 현상을 말한다.

사로 메워진 강물을 뚫어지게 바라보고 있을 때, 그리고 나의 시선
이 신시내티(Cincinnati)나 루이빌(Louisville) 또는 세인트루이스(St. Louis)
로부터 계속해서 떠내려오고 있는 어떤 미지의 하찮은 베이지색
거품들을 따라가고 있을 때, 나는 알 수 없는 고통을 경험했다. 그
것은 분명히 두통이나 메스꺼움과 같은 것은 아니었다. 그럼에도
불구하고 그것은 아주 실제적이었다. 나는 그 강에서 수영을 할 계
획도 없었고, 그 강물을 마실 필요도 없었다. 그리고 그 강기슭에
있는 부동산을 살 의향도 없었다. 나의 편협한 개인적 이해관계는
영향을 받지 않았다. 그런데도 어쨌든 나는 개인적으로 상처를 받
았다. 그때, 즉 자아발견의 순간에, 내 머릿속에는 강이 나의 일부
분이었다는 생각이 떠올랐다.[21]

이것은 우리가 자연의 지배가 아니라 자연과의 조화를 이루는 삶
의 태도나 방식을 선택할 것을 이야기하는 것임이 분명하다.

그러나 나와 세계를 하나로 보는 이러한 심층생태학의 입장은 환
경과 관련하여 깊은 통찰을 제시하고 자연에 대한 우리의 태도에 대
한 훌륭한 지침을 제시해 주기는 하지만 문제가 없지는 않다. 심층생
태학의 탈인간중심주의적인(non-anthropocentric) 성향에 대해 그리고
지나치게 전체론적인 측면으로 흐르는 경향에 대해서는 파시즘이라
는 비판이 가능하다. 전체를 강조하다 보면 개체들의 이익이 희생될
수 있다는 것이다. 그리고 전체의 온전한 모습을 파괴하는 것이 인간
이라는 주장, 즉 환경파괴의 주범이 인간이라는 주장과 결합되면 심
층생태학은 인간혐오주의로 비추어질 수도 있다.[22] 그런데 자연과
나는 하나이기에 자연의 이익이 나의 이익이고 나의 이익이 자연의
이익이라는 이상적인 주장과는 달리 그야말로 현실적으로 인산의 이

---

21) J. Baird Callicott, *In defense of the Land Ethic: Essays in Environmental Philosophy* (State University of New York Press, 1989) p. 114.

22) Joseph R. DesJardins, Environmental Ethics: An Introduction to Environmental Philosophy, Forth Edition (Thomson Wadsworth, 2006) p. 219.

익과 인간이 아닌 자연세계의 구성요소들 간의 이익이 충돌할 때 어떻게 해야 하는가 하는 문제도 있다. 이때 인간의 편을 든다면 탈인간중심적 전체론을 포기하는 것처럼 보일 테고 인간이 아닌 자연세계의 편을 들자니 심층생태학이 부정하는 인간혐오주의의 입장으로 다가가는 것이 된다. 그렇다면 이것은 심층생태학자들에게 다시 어느 것이 더 가치 있는 것인지 위계를 확실히 할 것을 요구하게 되는 것이다.[23] 이렇듯 심층생태학은 '세계는 근본적으로 하나다'라는 주장이니 '큰 자아를 실현하라'는 주장으로부터 구체적인 해결책을 제시하는 데 어려움을 겪을 수 있다. 그러면 이제 이러한 전체론적 입장의 문제를 다소 해소할 수 있는 방안의 실마리를 찾기 위해 웨스턴(Anthony Weston)이 제시하는 다중심주의의 입장을 검토해 보자.

공중심주의의 문제와 다중심주의

내스가 주장하는 '자아의 성숙(maturity of the self)' 혹은 심층생태학에서 말하는 '정신적인 성장이나 전개'는 우리가 우리 자신들을 고립되고 편협한 경쟁하는 자아들(egos)로 이해하기를 그만두고 우리 가족과 친구들로부터 결국 우리의 종들에 이르는 타자들과 일체화하고 결국 인간이 아닌 세계 전체를 포함하는 일체화를 요구한다. 그러나 여기에서 내스 등의 심층생태학자들이 자아가 '성장', '성숙', '전개'한다고 얘기할 때, 그리고 이러한 일체화를 인간을 넘어 자연에까지

---

23) *Ibid.*

확장할 것을 요구할 때, 어쨌든 그 출발점은 바로 편협하고 고립된 이기적 자아이다. 그렇다면 이것은 확장의 맨 처음 축으로서의 중심에 아직 편협한 자아를 남겨 두고 있는 꼴이 된다. 이것은 심층생태학의 '평등주의'니 '자아와 나머지 자연 대상들과의 일체화'니 하는 치장에도 불구하고 아직 중심에 자아나 인간을 남겨두고 있는 것이다. 그리고 설사 그 중심을 확대하여 생명 전체, 자연 전체를 확대의 축에 집어넣는다 하더라도 그것은 중심으로서는 너무 크다. 과연 나와 다른 생명들 혹은 나와 자연이 평등하거나 혹은 심지어 같은 정체성을 지닌 하나의 존재라면 나는 그것을 위해 무엇을 해야 하는가? 실현이 불가능한 지나치게 무리한 도덕적인 요구는 가능한 도덕적 실천에 대해서도 회의적인 태도를 야기할 우려가 있다는 점에서 또한 비판이 가능하다.[24] 그리고 또한 이러한 입장에서는 내가 자연을 나의 확장으로 여기고 나처럼 소중히 여기거나 평등하게 대우하고 어떤 지침에 따라 도덕적으로 대우한다는 것이 가능하다고 하더라도 그것은 나의 일방적인 결정일 것이다. 따라서 이것은 그저 우리가 자연을 대하는 마음가짐이나 태도의 변화를 촉구하는 것으로 제안이 됐다면 그러한 점에서 상당한 의미가 있을지 모르겠으나 이것이 구체적인 환경윤리적인 행위규범들이나 지침들을 마련해 실천에 옮길 수 있게 하기에는 생각의 진전이 필요할 것이다.

그렇다면 여기에서 다소 진전된 웨스턴(Anthony Weston)의 다중심주의(multicentrism)에 관련된 논의를 통해 그 어떤 실마리를 찾아보도록 하자.[25] 웨스턴은 인간중심주의(anthropocentrism)뿐만 아니라 중심

---

24) 김명식 지음, 『환경, 생명, 심의민주의』, (범양사, 2002) p. 84.

25) Anthony Weston, Multicentrism: A Manifesto, In *Environmental Ethics* Vol. 26 Spring, (2004) pp. 25-40.

에 놓인 것에 패권을 부여하는 '중심주의(centrism)'의 꼬리표를 단 모든 중심주의의 문제점을 지적한다. 그리고 또한 자아나 인간과의 일체화를 통해 중심이 너무 커 버린 생물중심주의(biocentrism)를 비롯해 총체론적 입장으로서 윤리적 중심으로 단일의 생태학적 '전체들'을 주장하는 생태중심주의(ecocentrism) 등의 초대형중심주의(mega-centrism)의 문제들도 지적한다. 이러한 중심주의는 모체의 중심점(nodes of a matrix)이 모체 그 자체가 된다는 것이다.[26] 이것은 오히려 무중심주의(a-centrism)에 가깝다. 아니면 생태라는 전체를 위해 부분을 희생시키는 에코파시즘(ecofascism)에 빠지기 쉽다. 중심주의라는 꼬리표가 붙은 것들이 모두 이러한 문제를 가진다면 이제 우리가 할 일은 아마도 단일 중심주의 혹은 공중심주의(concentrism)를 포기하여 탈중심화(decentering)하는 것이다. 그렇다고 이것은 중심을 없앤다는 의미가 아니라 다중심화하는 것이다. 즉 "다중심화된(many-centered) 세계, 즉, 다양한 중심들로 이루어지고, 그리고 복잡하고 여러 마디로 이루진 그물 조직으로 이루어진 세계를 마음에 그리는 것이다. 수천의 인간들과 인간들 외의 존재들 각각은 자신들 주위에다 세계의 어떤 부분들을 조직하고 독특한 국소적인 패턴을, 즉 어떤 유기적인 완전성(completeness)과 결속(cohesion)을 형성하는 것이다."[27]

웨스턴은 이것을 단 한 개의 자갈을 연못에 던졌을 때 동심원을 그리며 일정하게 퍼져나가는 파문들이 아니라, 한줌의 자갈을 움켜쥐고 그것을 연못에 던졌을 때 수많은 지점들에서 각각 퍼져나가고 있는 물결들의 모습에 비유한다. 이 각각의 물결들은 저마다의 중심을 가

---

26) *Ibid.*, p. 36.
27) *Ibid.*, p. 30.

질 것이고, 각각의 물결들은 독특성을 잃지 않으면서 곧 다른 것과 교차하며 뒤섞일 것이며, 그리고 그 자신의 생겨난 자리와 물결을 일으키는 그 자신의 방식을 가질 것이다. 이를 통해 우리는 다양한 존재들이, 그것들이 아마도 세포들에서 우주에 이르기까지 어떤 단위의 어떤 크기의 존재들이든지 간에, 자신들의 중심과 내력 그리고 다른 것들과의 관계방식이나 존재 방식을 지니는 세계를 상상할 수 있을 것이다. 이렇듯 "다중심성(multicenteredness)에 대해서 이야기하는 것은 바로 많은 종류의 존재들로 가득한 혼잡한 세계를 떠오르게 하는 것"이고, "그 세계는 우리가 다른 혹은 보다 큰 힘의 장들이나 중력의 중심들 사이와 안에서 움직이는 그러한 세계이다."[28] "그리고 그것들은 또한 우리들 안에서도 움직인다. 왜냐하면 자아는 또한 일종의 다중심적인 연방공화국(federal republic)이기 때문이다."[29] 웨스턴은 이러한 식으로 생각하는 것이 바로 환경 윤리학이 처음부터 이야기하고자 했던 근본적인 직관이라고 생각한다.

이러한 다중심주의는 심층생태학의 자아와 자연을 한 덩어리로 보는 혹은 자연 전체를 우리 몸으로 보는 전체론적 관점과도 구분되는 것으로 볼 수 있다. 그래서 일단 이것은 전체론적 입장으로 흐르는 심층생태학이 큰 자아를 지나치게 강조한 나머지 개체적인 '자아'의 고유한 면을 놓치고 있다는 비판을 모면할 수 있는 것으로 보인다. 심층생태학자인 내스는 '모든 생명은 근본적으로 하나다(All life is fundamentally one)'는 것을 비유하는 것으로 '생명의 바다'라는 메타포를 사

---

28) *Ibid.*

29) Anthony Weston, Multicentrism: A Manifesto. In *Environmental Ethics* Vol. 26 Spring, (2004) p. 30, 주 15 참조.

용하는데, 이렇게 된다면 개체 생명체들이 가지고 있는 개체성이 사라진다는 것이다. 즉, 이러한 비유에서는 모든 개체적인 생명체들을 생명의 바다를 구성하는 물방울에 지나지 않게 되고, 그럴 경우 여기에서 물방울로 표현되는 개체들은 바다라는 전체에 함몰되면서 자신이 갖는 고유한 측면들을 사라지게 되는 것이다.[30] 다중심주의는 그것이 함축하는 모든 내용이 어떠하든 일단은 이러한 비판을 면하는 것으로 보인다.

그런데 다중심주의 또한 심층생태학이 그러하듯 윤리적인 실천을 함축하는 것으로 보인다. 웨스턴은 세계의 모든 것들이 저마다의 중심에서 저마다의 존재 방식이나 자격을 가지고 존재한다면 다중심주의는 우리가 이 세계 속에 있는 '모든 것들(everything)'에 세심하게 관심(attentiveness)을 가지고 주의할 것을 요구한다는 것이다.[31] 그리고 다중심주의는 이러한 세상의 모든 것들과의 상호작용을 위한 에티켓을 필요로 하게 된다는 것이다. 이러한 에티켓을 고려하지 않고 세상의 모든 것들에 대해 "품위 없게 행동하는 것, 거슬리는 태도 그리고 심지어는 시끄럽게 이야기하는 것 등과 같은 꼴사나운 짓들을 한다는 것은 우리가 우리 자신들을 보다 큰 살아 있는 우주 속에 살고 있는 것으로서 이해하지 못했다는 것이고, 그리고 또한 우리가 결정적으로 그 우주를 정돈하고 그 우주에 공동 참여하는 것에 실패했다는 것을 나타내는 것"이라고 웨스턴은 주장한다.[32]

그런데 이러한 환경 에티켓(environmental etiquette)은 단순한 예절의

---

30) 김명식 지음, 『환경, 생명, 심의민주주의』(범양사, 2002), p. 96.
31) Anthony Weston, Multicentrism: A Manifesto. In *Environmental Ethics* Vol. 26 Spring, (2004) p. 36.
32) *Ibid.*, p. 37.

수준이 아니다. 그리고 개인적인 처신의 범위를 넘어서는 것이다. 이를테면 우리는 어둡고 조용한 주택단지들을 설계하여 동물들이 거주하거나 이주하는 세계를 건설하는 것과 같은 등등의 일들을 할 필요가 있다는 것이다. 동물들의 이동이나 오로라 보레알리스(Aurorae Borealis)에 맞추어 새로운 휴일을 지정하기도 하고, 태양이 적도에서 가장 멀어졌을 때 그리고 유성이나 혜성이 쏟아지는 밤에는 모든 불들을 끄기도 하고, 학교에서는 원예나 조류 식별법을 가르치고 학급여행으로 산책을 할 필요도 있다는 것이다.[33]

그런데 또한 다중심주의를 가정할 경우 우리는 윤리학을 독자적으로 실행할 수 없다. 다른 중심들이 인정된다면 나의 판단에 따라 일방적으로 행위를 할 것이 아니라 다른 중심들, 즉 타자들과의 계약이나 협상에 정성을 들여야 한다는 것이다.[34] 다중심주의를 가정할 경우 인간 결정자들에 의한 일방적인 윤리적 실천만을 받아들이는 것은 이치에 맞지 않는다. 그래서 웨스턴은 인간의 영역을 훨씬 뛰어넘어 나아가는 "의사소통의 윤리학(communicative ethics)"을 이야기한다. 명령(imperative)은 친밀한 한 종들의 독백으로부터 다극적인 대화(multi-polar dialogue)로 이동한다는 것이다. 이것은 보다 큰 세계 그 자체를 의사소통의 영역으로 인정하는 것이다. 그리고 그는 실제로 이종 간(interspecies)의 의사소통의 여러 사례들이나 연구들에 대해 이야기한다. 웨스턴은 이러한 사례의 하나로 다음과 같은 이야기들을 소개한다.

1950년대에 [칼라하리(Kalahari) 사막]을 방문한 서양의 인류학자들

---

33) *Ibid.*, p. 38.
34) *Ibid.*, p. 32.

은 [부시맨(Bushmen)]의 취사용 모닥불 바로 저쪽에서 빛나고 있는 사자들의 눈을 주목했고, 그리고 동물들은 사냥꾼이 야영지의 가장 자리를 어슬렁거리면서 아이들이 잘 수 있도록 그들에게 소음을 낮추어 달라고 요구했을 때 그들의 포효소리를 그치곤 했다는 것에 주목했다. 인간과 사자는 샘물을 공동 이용했다. 하나는 그것을 낮에 이용하고 다른 하나는 밤에 이용했다.[35]

목장운영이 도입되었을 때…… 소들은 샘물을 일정에 상관없이 공동으로 사용하기 시작했다. 처음에 사자들은 마치 가축들이 인간 가족의 일부인 것으로 여겨 거리를 두었다. 그러나 그들은 결국 공격했다. 목동들은 그 보복으로 사자들을 사살했다. 그러자 불과 몇 년 안에 사자들은 여러 부시맨들을 죽였다.[36]

그런데 이러한 것뿐만 아니라 우리는 다양한 형태로 자연과 의사소통을 하고 협상을 할 수 있다는 점을 웨스턴은 이야기한다. 자연에 어떤 형태로 의사소통을 시도하든 자연은 우리에게 응답한다는 것이다. 그러한 협상의 기간은 길 수도 있다. 집적 협상을 하지 못한다면 협상대리인을 통해서 할 수도 있다. 이를 위해 웨스턴은 '종교차적(cross-species) 사절들'이라는 새로운 종류의 성직자를 상상해 볼 것을 요구한다. 즉, 모든 존재하는 것들의 회의(the Council of All Beings)나 '생태원들(ecosteries)', 이를테면 '생태학적 수도원들(ecological monasteries)'을 상상해 볼 것을 요구한다.[37] 생태원들에서 사람들은 자신의 일생을 인간 이외의 존재들을 위한 대리인으로 자연과의 조화를 이루는 일에 바칠 수도 있다. 이상과 같이 살펴본 것은 웨스턴이 자연이 훼손되어

---

35) Jim Nollman, in *Utne Reader*, March/April 1998, p. 100, Anthony Weston, Multicentrism: A Manifesto. In *Environmental Ethics* Vol. 26 Spring, (2004) pp. 38–39.

36) Jim Nollman, in Utne Reader, March/April 1998, p. 100, Anthony Weston, Multicentrism: A Manifesto. In *Environmental Ethics* Vol. 26 Spring, (2004) p. 39, 주 42에서 인용.

37) Anthony Weston, Multicentrism: A Manifesto. In *Environmental Ethics* Vol. 26 Spring, (2004) p. 40.

더 이상 우리의 도전을 미루어만 둘 수만은 없는 미래의 비상시를 대비하기 위해 제시한 다중심주의적인 윤리이다. 즉 구체적으로는 "가볍게 다녀라, 남겨진 것을 소중히 여겨라, 될 수 있는 한 재건하라, 커다란 위험들을 최소화하라"라는 것들이 그것이다.[38]

맺음말

이제까지 인간과 자연의 관계를 해명하면서 인간을 자연과 별개로 보고 인간을 우위에 두는 입장들, 인간을 자연의 일부로 보는 입장들 인간을 자연과 통째의 한 덩어리로 보는 입장들 그리고 다른 많은 중심들 중의 하나로 보는 입장들을 보았다. 그렇지만 우리는 이러한 크고도 근본적인 문제에 대한 그러한 시도들이 결정적인 답이 되지는 못한다는 것을 볼 수 있다. 앞에서도 언급한 바와 같이 자연과 인간의 관계에 대한 해명에 인간에 대한 해명은 선결조건이다. 그러나 우리는 인간은 물론 자아가 무엇인지에 대한 그 본질을 규명하기 쉽지 않음을 보았다. 그럼에도 어떻게든 우리는 인간이나 자아를 무엇이라 규정해왔고 자연과의 관계를 설정해 왔다. 그러나 그것이 바람직하고 이상적인지의 문제는 여전히 남는다.

그렇다고 우리는 과학문명의 발전 그리고 자연과 인간에 대한 우리의 잘못된 이해로 환경이 남용되고 착취되어 걷잡을 수 없이 파괴되어 가고 있는 이 상황을 그냥 내버려 둘 수는 없는 노릇이다. 이러

---

38) *Ibid.*

한 상황을 해결하거나 모면하기에 적합한 인간 및 자아의 본질을 규정할 필요가 있었다. 여기에서 살펴보고 검토해 본 심층생태학의 큰 자아실현 등등과 같은 것이 그러한 시도 중의 하나이다. 그러나 이러한 자아는 어디까지 확장되고 실현되어야 하는가? 즉, 나는 세상의 어디까지를 나의 일부로 볼 것인가? 나의 일부로 느껴지는 것은 세상의 어디까지인가? 아니면 세상의 어디까지를 나의 일부로 보는 것이 마땅한 것인가? 이러한 것을 온당하게 구분하는 것이 중요한 이유는 이 구분 여하에 따라 이것에 대한 내 느낌만이 달라지는 것이 아니라 이에 대처하는 내 행위의 내용이 달라지기 때문이다. 어느 것이 내 몸이냐 아니냐에 따라 거기에 대처하는 내 자세는 크게 달라질 것이다.[39] 이와 관련하여 위에서 여러 가지 입장들을 검토해 보았다. 그리고 그것들이 환경위기의 시대에 문제를 해결하기 위한 대안으로 어느 정도의 역할을 담당할 것이라는 점도 살펴보았다. 그럼에도 이러한 문제 역시 아마도 계속 진행 중이고 우리가 계속해서 고민해 가야 할 문제로 보인다.

이제 이러한 논의들과 관련하여 우리가 결론적으로 생각해 보아야 할 것은 자아 혹은 인간이 세계와 별개로 있건 세계와 하나로 있건 어차피 그것들은 인식주체이고 행위주체이며 생존주체라는 점이다. 그리고 이렇듯 인간은 세계 속에서 인식적인 측면에서건 생존의 측면에서건 하나의 중심으로서 자리하면서 다른 것들과 상호작용하는 존재라는 점이다. 그렇다면 이러한 주체로서의 자아나 인간이 다른 것들과 상호작용을 하는 과정에서는 주체의 생존에 필요한 다른 중

---

39) 과학사상연구회 편, 『온생명에 대하여: 장회익의 온생명과 그 비판자들』(통나무, 2003) p. 26.

심이 있을 수도 있을 것이고 필요 없는 다른 중심이 있을 수도 있을 것이다. 아니면 자아로서의 나나 인간들 자체가 다른 중심들에게 필요 없는 중심일 수도 있다. 이를테면 자연이 나를 필요로 하지 않을 수도 있다. 이렇게 본다면 이것은 일종의 인간혐오주의가 될 것이다. 특히 인간이 환경파괴의 원흉이라고 생각한다면 이것은 심각하다. 인간은 환경이라는 것의 정상적인 질서를 크게 왜곡시키고 환경을 아예 사멸시킬 수도 있는 존재가 되는 것이다. 장회익은 이러한 인간행위를 신체에 대한 암세포의 행위에 비유한다.[40] 즉 암세포란 신체에 침입한 외부의 침입자가 아니라 바로 자기 신체의 일부인데, 이것은 단지 신체 안에서 스스로를 무제약적으로 훼손시키고 증식시켜 나가는 성질을 가지며, 이러한 증식이 신체의 정상적인 기능을 가로막게 되고 급기야는 죽음을 불러온다는 것이다. 그리고 이처럼 인간도 또한 환경의 주요부분을 점유하여 서식하면서 이를 자신의 번영과 증식만을 위해 변형시키는 모습을 보여 주고 있다는 것이다. 이러하다면 심층생태학적인 전체론적 견지에서는 인간은 전체를 위해 멸종되어야 하는 존재이다.

그러나 다중심주의에서는 어떠한가? 인간은 다른 중심을 위해서 존재할 필요가 있기도 하고 없기도 하다. 또 인간을 위해서 다른 어떤 중심들은 있을 필요가 있기도 하고 없기도 하다. 사실 인류가 사라진다 해도 지구상의 새들 중 3분의 1은 그 사실을 눈치 채지 못한다는 것이다.[41] 그리고 우리에게 괴롭힘을 당하고 사냥을 당하고 하는 돼지나 닭, 멧돼지나 노루 등이 인간이 멸종하는 일이 벌어지면

---

40) 같은 책, p. 33.

41) 앨런 와이즈먼 지음, 『인간 없는 세상』, 이한중 옮김(랜덤하우스, 2007) p. 329.

그것을 축하할지 아쉬워할지는 알 수 없다. 개와 말처럼 인간과 교감을 하며 먹이를 얻어 먹던 동물들은 그것을 아쉬워할지도 모른다. 그리고 우리의 몸속 구석구석을 집처럼 여기고 살던 200여 종의 박테리아 등도 우리가 없으면 큰 상실을 맛볼지도 모른다. 그렇기에 다중심주의에서는 인간이 없어져야 한다거나 다른 중심들이 없어져야 한다는 결론은 나오지 않는다. 왜냐하면 이것들은 어떤 다른 중심들을 위해서 언젠가 필요할 수도 있고 또 실제로 필요하기 때문이다. 이러한 관계를 맺는 모습들은 아마도 자갈 한 줌을 연못에 던졌을 때 연못의 많은 물결들이 각각 동심원을 그리며 나아가서는 서로 뒤얽히는 모습과 같은 것이다.

이렇듯 세계가 유기적으로 관련된 존재, 즉 그물과 같은 존재라면 어느 것이든 중심이고 그것은 다른 무엇을 위해서라도 존재 가치나 이유가 있다. 또 그것이 무엇이든 그것들은 우주의 체계를 유지하기 위해서라도 존재 이유가 있다면, 우리에게는 모든 것을 존중하는 윤리가 요구된다. 그것이 다중심주의의 윤리이다. 그러나 구체적으로는 무엇인가? 다중심주의 윤리는 심층생태학처럼 우리가 세계의 모든 것들에 대해서 가져야 하는 일반적인 태도나 마음가짐에 대해서는 분명하게 말해주지만, 그리고 구체적인 행위 대안이 되는 규범들을 마련하기 위한 방안들에 대해서 단지 몇 가지 실마리를 제공하지는 하지만 이것 역시 구체적인 지침을 완벽하게 제공하지는 못한다. 그렇다면 이제 우리가 할 작업은 이러한 윤리를 용의주도하고 신중하게 개발하고 발전시키는 일이다. 우리가 용의주도하고 신중하게 접근해 가면 자연의 생명체들에게 무엇이 좋은 것인지 알 수 있다. 인간중심의 관점에서도 아니고, 생명중심적 관점도 아니고, 중심이 큰 전체의 관점에서도 아니고, 이 모든 것들을 아우르는 다중심적 관점에서 세계의 존재하는 모든 것들에 대해 고민하고, 그것들과 언어나 모종의 신호로, 빛으로, 냄새로, 진동으로, 바람으로, 체온으로 대화를 할 때 그것들에게 좋은 것이 무엇인지 알 수 있고 그것들에게 무엇을 해주어야 하는지에 대해서 알 수 있을 것이다. 시간이 걸려도 좋다. 완결되지 않은 결정적인 답이 당장 마련되지 않아도 좋다. 사실 그럴 수도 없다. 오랫동안 고민해왔던 인간들 간의 자유와 평등, 정의 등등의 이상들에 대한 탐구나 그 실현을 위한 노력도 아직 완결되지 않았고 계속 진행 중이다. 하물며 이제야 겨우 주목을 받기 시작하고 있는 인간과 자연의 조화, 더 나아가 모든 것들의 조화라는 이상은 어떠하겠는가? 이러한 것들에 대해 이제 우리는 본격적으로 고민할 때임은 분명하다. 주도면밀하고 용의주도한 탐구와 도전은 지속되어야 한다.

참고문헌

과학사상연구회 편, 『온생명에 대하여: 장회익의 온생명과 그 비판자들』, 통나무, 2003.

김명식 지음, 『환경, 생명, 심의민주주의』, 범양사, 2002.

앨런 외이즈먼 지음, 『인간 없는 세상』, 이한중 옮김, 랜덤하우스, 2007.

Anna L. Peterson, *Being Human,* Berkeley and Los Angeles, California: University of California Press, 2001.

Anthony Weston, Multicentrism: A Manifesto. In *Environmental Ethics* Vol. 26 Spring, 2004.

Arne Naess, "Self-realization: An Ecological Approach to Being in the World" in George Sessions, ed., *Deep Ecology for the Twenty-First Century,* Boston & London, Shambhala, 1995.

Bill Devall and George Sessions, *Deep Ecology,* Salt Lake City, Peregrine Smith Books, 1985.

Frederik Kaufman, *Foundations of Environmental Philosophy: A Text with Readings,* McGraw-Hill Humanities/Social Sciences/Languages; 1 edition, September 27, 2002.

George Sessions, ed., *Deep Ecology for the Twenty-First Century,* Boston & London, Shambhala, 1995.

Gus diZerega, "Empathy, Society, Nature, and the Relational Self: Deep Ecology and Liberal Modernity" in *The Ecological Community* ed., Roger S. Gottlieb, Routledge, New York, London, 1997.

J. Baird Callicott, *In defense of the Land Ethic: Essays in Environmental Philosophy,* State University of New York Press, 1989.

Joseph R. DesJardins, *Environmental Ethics: An Introduction to Environmental Philosophy,* Forth Edition, Thomson Wadsworth, 2006.

Louis P. Pojman, *Global Environmental Ethics,* Mayfield Publishing Company, 2000.

Walter H. O'Briant, "Man, Nature, and the History of Philosophy" in Frederik Kaufman, *Foundations of Environmental Philosophy: A Text with Readings,* McGraw-Hill Humanities/Social Sciences/Languages; 1 edition, September 27, 2002.

서강대학교 생명문화연구소

김용해(서강대학교 신학대학원 교수)
김완구(서강대학교 생명문화연구소 상임연구원)
심상태(수원가톨릭대학교 명예교수)
표영삼(전 천도교중앙총부 상주선도사)
유정길(전 한국불교환경교육원 사무국장)
최영진(성균관대학교 유학·동양학부 교수)
김성한(숙명여자대학교 교양교육원 교수)
정민걸(공주대학교 환경교육과 교수)

생태 생명의 위기와
대안적 성찰

과학을 넘어 종교와 철학에서 길을 찾다

초판인쇄 | 2012년 9월 24일
초판발행 | 2012년 9월 24일

지 은 이 | 서강대학교 생명문화연구소
펴 낸 이 | 채종준
펴 낸 곳 | 한국학술정보(주)
주   소 | 경기도 파주시 문발동 파주출판문화정보산업단지 513-5
전   화 | 031) 908-3181(대표)
팩   스 | 031) 908-3189
홈 페 이 지 | http://ebook.kstudy.com
E-mail | 출판사업부 publish@kstudy.com
등   록 | 제일신-115호(2000. 6. 19)

ISBN   978-89-268-3809-9 93330 (Paper Book)
        978-89-268-3810-5 95330 (e-Book)